政协文史“亲历、亲见、亲闻”文库

辛亥革命

·第八辑·

《“三亲”文库》编纂工作委员会　编

中国文史出版社

1911 年 11 月 9 日，福州“光复”。11 日，成立福建军政府。图为福建民军与清军争夺于山。

1911 年 11 月 13 日，福建都督府正式成立。图为福建都督府外景。

福建“光复”后炸弹队同志合影。

1911 年 11 月 21 日，蜀北军政府在四川广安成立。图为蜀北军政府旧址。

1911 年 11 月 22 日，重庆蜀军政府举行成立典礼。图为典礼后合影。

1911 年 11 月 26 日晚，随端方入川的湖北新军中的革命党人，在四川资州北门外东岳庙召开会议，决定立即起义，返鄂声援革命。图为资州东岳庙。

1911 年 11 月 27 日，四川成都宣布独立。图为庆祝独立集会时的场景。

1911 年 11 月 27 日，大汉四川军政府举行成立庆典。图为涌入成都皇城庆祝独立的民众。

目 录

第八辑 各方响应

（福建、四川）

辛亥福建“光复”回忆

刘　通*

余从清甲辰年（1904 年）即作革命运动，辛亥时在福州桥南社主《建言报》编辑，同盟会总机关部亦设在社内，因推余坐镇，故于福建革命活动及“光复”情况，知之最全面。余在广州任大本营建设部主任秘书时，即欲撰写福建“光复”史，以征集材料未齐，迄未着手。迨抗战上海失守，政府移重庆，立法委员疏散，余挈眷避居汉皋。翌春立法院在重庆复会，余因船挤先行，及武汉事急，爱人匆匆赴重庆，以材料笨重，寄存法租界同乡商铺。及武汉失守，不可复觅。10 余年积集，付诸一叹。现余 81 岁矣，记忆力日衰，仅有轮廓存于脑际，及今不图，过此以往，恐此轮廓亦将消失模糊。

* 刘通：时为福州《建言报》编辑，后任福建都督府秘书。
新中国成立后，任第三、四届全国政协委员，民革中央执行委员、福建省民革委员会主委。

因凭记忆力所及，写之作为国庆献礼，供后之编福建革命史者参考。

一 “光复”的前景

（一）曙光出现

甲午中日战争失败，日人索割辽东。清廷以辽东为其发祥地，且逼近北京，难之，遂有割闽换辽之议，引起闽人极大震惊。后虽改割闽为割台，然台故闽属，台人多闽籍，地理上、经济上关系极为密切，闽人固不能忘怀。而日人得寸进尺，舐糠及米，闽亦终将不保。又以清廷腐朽贪暴观之，非仅失台已也，又将亡国。于是开明人士、血气青年，竞起而谈国事，既愤外人之侵侮，尤愤清廷之无能与压迫，救国目标遂由对外而对内。于时活动可分三派：

1. 革命派；

2. 进步派；

3. 君宪派。

进步派人数最少，只有零星结合，设阅书社、办小学、组织讲演会等，目的在于开通风气，培养后进。君宪派发动最晚。革命派中有下渡文明社、侯官小学校、莆田励菁学校、连江光复会及高等学校、师范学校中学生。文明社由郑权、郑祖荫、林斯琛等创设，在下渡十境祠，以阅书社面目出现，内容则为革命机构，借开通风气之名，与社会上及学校师生具有革命思想者联络往来，而下渡小岭益闻小学校亦为其活动之地，并与省外通声气，尤其上海及留学日本同志。又以哥老会有反清宗旨，且在军队中具有势力，谋与结合，先由邹燕庭设法加入福州复明山堂。复明山堂为福建哥老会最大组织，燕庭加入后，吸引林斯琛、刘元栋、黄光弼、严汉民等相继加入。其中头目尹蔺亭等因时时往来，文明社渐引谣诼。燕庭又自设共和山堂，散卖票布。林斯琛等以过于招摇，而哥老会宗旨久失，仅成为江湖上秘密组织，不能起政治上作用，殊失所望，因渐停活动。然已为清大吏周莲所注目，缇骑四出，将兴祸狱，文明社遂解散。林斯琛数人避往莆田，事静乃回，秘密组织汉族独立会，机关设在下渡古榕书院。及中山先生在日本东京组织中华同盟会，委郑祖荫为福建支部长，林斯琛为总干事，于丙午夏季成立支部，汉族独立会并入同盟会。

（二）桥南公益社成立

古榕书院地虽稍僻，耳目较少，然为时久，往来繁杂，乡人疑为图谋造反，始而窃议，终而反对，因又不能不舍弃此据点，采取按区各自关联办法，但过于分散，不便活动。林斯琛因与热心公益负有乡望人士陈能光、郑季明、刘翰侯、林泽人、陈秀榕、王鸿慈商在梅坞设立桥南公益社，推郑季明为社长，社内附设去毒社、救火会，时清戊申年也。林斯琛坐镇其中，一面进行公益，一面筹划革命活动，社员对于公益持有兴趣，成绩斐然，去毒救火，尤受称道。桥北各境受鼓动，亦相继设立公益社，又以事业关联，设立联系机构于桥南社内，名为"社会办事处"。

桥南公益社虽仅为掩护革命工作，然公益事业范围广泛，在与腐败政治发生抵触，一方面则借以伸张民气，激动民愤，造成厌恶清廷心理；另一方面则暴露清廷罪恶和无能，挫削清吏威望，尤其在外交方面，如力争收回三府矿权之类，无形中为革命创造很多条件。次则便于注意有为之人，吸引其向于革命，或介绍为会员，其中最起作用者，为与君宪派合办之《建言报》。

君宪派势力单弱，以桥南公益社乡望甚隆，可为声援，由张海珊、赵桐友为中介，渐相接近。庚戌冬，林长民（宗孟）、刘崇佑（松生）等向桥南公益社建议，合办《建言报》，社址设在社内，馆务亦由桥南公益社主持，推举张海珊主笔。涉春，海珊离职赴厦，刘通接充报政，言论趋于革命方面。辛亥三月二十九日广州起义失败，《建言报》以侧面法表扬举义，表扬烈士。君宪派本欲利用《建言报》为宣传君宪工具，却变为宣传革命工具，认为上当，大起责言，然无可奈何矣。

（三）辛亥三月二十九日之惨痛

中国同盟会总部设在日本东京，辛亥二月间，决定攻取广州，福建同志遣林觉民回闽，征会员前往助战。觉民三月初至福建支部，则召开会议，决定两项：

1. 推刘元栋、冯超骧、刘六符、吴适及元栋所属郭维亮、林友基，吴适所属光复会会员前往；

2. 广州下后，林斯琛在厦门设法阻止福建军队援粤，刘通担任在福州响应。

议既定，吴适回连江部署。觉民在家，广宴亲友，隐示永诀之意。三月十一日，觉民出发赴香港，同行者刘元栋、冯超骧、刘六符及元栋所属郭维亮、林友基数人。吴适因会员散处，召集需时，定次期继往。斯琛以各同志均未到过广州，且不谙粤语，介绍方应团、李长顺加入本会，随往带路。斯琛旋亦赴港接洽。及三月二十九日失败，福建死者 30 余人：由日本东京往死事者林时塽、林觉民、林尹民、陈与燊、陈可钧、方声洞；由闽往死事者冯超骧、刘六符、刘元栋及连江光复会会员，仅郭维亮、林友基、黄以通生还，吴适被逮；由广西往死事者陈更新，而严汉民避入同乡鸦片烟铺获免。吴适率所部20余人于三月二十九日早始抵香港，即趁港粤早渡入广州参加，全数牺牲。吴适逃出小北门，以迷途越两日被获，判处斩监候，寄押番禺县监，夏中遣李质文赴广州探视营救。是役，福建中坚分子多死难，精华殆尽，人之云亡，有余痛矣。

（四）重整旗鼓

在闽革命同志既痛亡友，益伤国事，决以再接再厉精神，继承遗志。林斯琛赴沪，溯江访谭人凤等计议。时彭寿松锋芒稍露，闻于布政司尚其亨，欲以利禄诱之，召与温语，并为介于端方。端方在汉口，寿松商于同志，均主应行，且武汉同志甚多，可以有为。寿松至汉口，与张振武等取得联系，旋向端方托词回闽接眷，既归，即从事运动军队。一方面，以同盟会吸收会员甚严，难于发展，乃别设军警特别同盟会，使其侄荫祥主其事，张祖汉、李焕、黄震白等辅之，先树立中坚，然后逐渐广泛收罗，由下而上，由士兵而及官长，由僚佐而及实力人员；另一方面，寿松又运动哥老会各山堂，联合为一，密语为收通铺，就其中苦水多者组织联络员。苦水亦密语，谓敢做敢为敢杀人也。

桥南公益社借公益名义，设体育机构，培植武力，吸收仓前山教会学校如英华书院、福音斋等处学生，学校青年亦有加入，使冯金荣兼任教练。

徐锡麟、吴樾、温生才革命案件迭出，清吏尤其大员岌岌惴惴，草木皆兵。黄花岗战役，闽人壮烈牺牲，且多缙绅子弟、优秀学生。革命惊涛骇浪，并弥漫福建政界中。总督松寿思以温和手段，设计缓化；将军朴寿则厉兵秣马，积极备战，旗人中文楷等并组织杀汉团。

二 “光复”之情况

（一）酝酿

“光复”福建者，湘军之力；运动湘军举义者，彭寿松之力。

清光绪甲申，法军寇闽，清廷派左宗棠率师入闽，所带皆旧部湘军孙开华等。左宗棠病殁，湘军仍留闽，以原有绿营不可用也。湘军遂成福建唯一有力之军队。清廷改革军制，福建军队编为第十镇，时孙开华已故，湘军由其子道仁统率，因升任为统制。下设协统，许崇智任之（其他尚有直辖于总督如中协、城守协等，其兵力皆微不足道）。福建武备学堂第一期保送日本士官学校学生毕业回国后，添设炮兵、工程两营，以萧奇斌任炮兵营管带官，林文瑛任工程营管带官。军队情况概略如是。

彭寿松，湖南长沙人，父某以武弁随左宗棠来闽，曾任台湾某武职，病殁福州，因家焉。寿松捐资充福建佐杂，倜傥不羁，好用意气。某年元旦，在湖南会馆团拜，殴打同乡某，为布政司参劾，革职失业，怏怏仇恨清吏，并及清廷，因倾向孙中山革命主张，然无由自进。适福州人士陈不浮留学日本，毕业回国，在船上失足堕海，革命派利用为鼓吹，指为痛愤国事、蹈海而死，发起追悼大会，一般人附之，在泛船浦广东会馆举行，倾动城内外人。彭寿松撰挽联，将发辫剪附于联，悬挂台柱，并于会上致悼词。刘通、高鸿异之，相约造访，晤谈数次，见其革命意志坚决，遂成密友。刘通为介于林斯琛诸同志，斯琛等以寿松曾与福州恶少游，及任保甲局，恶少均被惩治，疑之，然亦予留意观察，颇有往来。后寿松移居下渡小岭，过从更多。辛亥三月，乃请其加入同盟会。寿松以革命须靠武力，争取武力必须从军警下手，而同盟会难于吸收会员，乃设军警特别同盟会，运动湘军。寿松既湘人，又湘军将门后人，有更深渊源，且系哥老会中人，故游说较易。光汉义旗照耀后，进展尤易。至九月初，军警全部加入矣。武昌举义，全国震动，寿松偕李质文赴上海有所商，质文并学制手掷炸弹。九月初同归，质文就孤儿院开制，而炸药需钾氯氧配合，钾氯氧为新译的名词，福州西药房无识者。刘通知旧译氯氧，乃得购。财力奇绌，工作几不能展开，斯琛电嘱李恢向总部借10万元，亦于九月初汇到。至是革命已进入发动阶段。孙道仁初甚犹豫，唯军队已全部加入革命，不得不顺从，先由洋行买办蔡展庞向林斯琛示意，并要款项后，乃与彭寿松、林斯琛等在甲板船上会商手续及部署日期等。议既定，却发现军士每人只有四五发子弹，不能发动，时守屏山军械库员兵亦皆加入军警特别同盟会，乃偷凿墙垣，于十六日、十七日两晚将子弹秘密输送。于是十九日拂晓炮声作。

（二）作战部署和兵力

十八日，统制孙道仁发出部署密令如下：

1. 令二十协协统许崇智为前敌总指挥。

2. 旗界除东门开放以外，汤门以南，环绕旗汛口、大王府、庆城寺、鳌峰坊、观巷等处与旗界交接各街道地带，都分布进攻和堵截部队，以于山为总攻阵地，前敌总指挥部设在于山观音阁。

3. 由桥南总机关部密报各社团联甲等，于本晚紧密巡防，严守栅门，9时以后，无口令不得犯夜过栅，口令另发（本晚口令为子女两字）。

陆军第十镇驻省垣之兵力如下：

1. 步兵第三十八标第三营兵力有4队，前、左、右、后各队由管带官胡季高指挥。

2. 骑兵未成营只有一队，马40余匹，由队官黄安源指挥。

3. 炮兵营只有两队。在战线上有德国造最新式克虏伯过山炮4尊。左队队官陈桂生，中队队官杨国政，由管带官萧奇斌指挥。

4. 工兵营只有两队，由管带官林文瑛指挥。

5. 辎重营原有一队，由队官郑坦指挥。

6. 宪兵营两队分驻城台两区，保卫治安，由管带官俞绍瀛指挥。

7. 二十协两标新征兵有5营，新兵皆未入伍，各营官长临时混合编成作战，军官队有孙葆镕、沈觐恩、王琛、林肇民、沈国瑛等，归总指挥部调遣。

8. 二十协两标征兵营尉级官长，有讲武堂初毕业学生孙本戎、朱震、张祖汉、方毅、郑庆奇等40余人，临时编入总指挥部作战卫队，称为学生军官队，归总指挥部调遣。

9. 延建邵统领徐镜清奉孙统制电召，率两营部队于十九日早到达省垣，加入作战。

10. 二十协三十九标第一征兵营驻长门划鳅港，管带官陈铮，又驻马江管带官吴景震召率全部队伍于十九日下午4时到达省垣。

此外，尚有非正式队伍协同作战，如下：

1. 先锋队及差遣队：由各山堂兄弟中退伍及闲散官兵编成，归彭寿松指挥。

2. 炸弹队、洋枪队：由桥南总机关部将体育会会员分编炸弹队，于是晚随彭寿松上于山作战；洋枪队分为一大队、三小队，大队保护仓前山领事馆及外侨，三小队分占大清银行分行、中洲水亭税厘局、泛船浦电报局。

3．民团义勇队由各社团练勇抽调及自愿参加战线工作者编成，由杨琦、方应团率领参加作战。

敌人之兵力如下：

敌军按八旗编制，上级为参领、协领，次为旗领，共2500名。清光绪末年，抽选精锐编为捷胜营，兵额2000名。预备作战时，又组织杀汉团，约500名，分两队，一为大刀冲锋队，一为汽龙洋油放火队。合计有5000名整。

（三）开战

许崇智奉到作战命令后，严密布置，是晚（即十八日晚），率队上于山。于山俯瞰旗界，为必争之地，敌人失此先着，已成为困守一隅之局。彭寿松亦率其组成之先锋队、差遣队上于山作战。寿松并于于山观音阁内设立军警同盟会办事处，管理临时事务。桥南总机关部，由刘通召集将训练之体育会会员（多数为学生）告以今晚起义，勖以奋勇，分为炸弹队、洋枪队。编成，适寿松赴于山经桥南社，即将炸弹队交其带往。洋枪队分为一大队、三小队，一方面大队巡防仓前山，保护领事馆及外侨，三小队分别占领大清银行分行、电报局、水亭税厘局；另一方面通知各社团加紧戒备，发送白布臂章（上书“公权”二字，盖同盟会印）以为符号，并密传口令。敌方亦积极巡守，占据水部城楼，并将工艺传习所职员吴和轩抓去斩首，剖腹悬尸以示威。

十九日拂晓，我军开始进攻。我军炮兵阵地设在于山，炮弹威力甚大，曾命中将军署。敌人惊慌，企图占领于山，夺取大炮，于山成为胜负枢纽。敌人潜据公立法政学堂宿舍，射击我炮兵阵地，我伤亡10余人，炮营中队官陈桂生面部受伤。后为我军发现，命炮击毁宿舍，同时高节里叶姓花厅为炮弹所中，发火燃烧。敌人又由杀汉团文楷率冲锋队，从吕祖宫冲至八十一阶，集中安奶庙，另一队从太平街山麓白塔寺爬山而上，协合图跃攻，为我军痛击，狼狈逃回。自是计穷力竭，唯有出于投降一策矣。

午后零时，敌竖立白布降旗于水部城上，文曰“将军出走，停战议和”。我军认为非诚意，仍继续炮击。敌人乃竖第二面降旗，挂于于山天君殿前面榕树上，文曰“请求停火，全部献械乞降”。许总指挥巡察阵地，见白布飘扬，以远镜视之，下令暂停炮击。旋来降使一员，手持白旗，文曰“献械乞降”，后随挑夫数人扛步枪机柄数担，求见许总指挥。其人系武备第一期正科毕业生吴振翔，与孙、许为师生，由前哨引押至总指挥部。许允所请，派排长陈金魁同往河东街蒙古营前副都统明玉家招抚。去久未回，又派工兵营队官王家凯赴旗界探查。少顷，金魁、家凯督押敌方官兵出水部门至南校场呈缴无机柄枪杆及子弹。我军则于于山大士殿前面安置机枪监视。敌人缴械后，在校场横列纵队，向南盘坐地上，每人发给银洋一元遣回。

（四）维持治安

方五六月间，时有革命谣传，人心风鹤，商界及各人士公呈闽浙总督松寿请派团队防范治安，准批由地方自筹办理。于是商团首先成立，约有一大队，请冯金荣任训练教官。继者有劳工民团义勇队，杨琦任训练教官。而各公益社亦组织团练队，由各社救火会中援丁抽练。各乡保则组织联甲，设立栅门，按户抽丁或雇丁轮流防守。林雨时、王鸿慈抽调各救火大会援丁组织救火大队，集中一处，以防不测。战时，彭寿松更遣仓前各营营者率其徒党协助维持。故敌人无法施其突袭，而宵小亦无从生心。

次日，总指挥部派学生军官队方毅、孙本戎、张乃诚等全队入旗界挨户搜查枪械，各校学生带有臂章符号者数十人，自动随往。闻朴寿避在明玉家，诡称奉孙统制命请到于山面商善后。朴寿辞以不能行步，众为雇小轿，并由八旗统领德润陪往，禁于大士殿客堂，旋由军警同盟会办理处接收。后彭寿松命其他往，至于山第四炮台边，押送者从后以刀砍之，死于观音阁亭下。

十九日于山之役，炸弹队王清铨、王耀西因深入脱队，为敌人掳杀，王杰功口唇受伤。排长江道森守栅中弹，死在医院。炮兵营雷长蓝某，在于山中弹阵亡。炮兵营管带萧奇斌戴假发穿长衣上阵，作战未久，托称呕血回家，遣其弟其煊到桥南总机关部向刘通报告。工兵营管带林文瑛临阵逃回六桥乡，船至半江，为逻队缉获，拘送司令部。

十九日早战事作后，闽浙总督松寿吞叶子金自杀于盐道前（在督署后门）高开榜画像店。旗都统胜恩夫妇十九日午后自投花巷司令部请罪，孙统制予以温慰，事定后，资送其全家回籍。镶黄旗协领兼营务处定煊，十九日晚在室内自缢死。正蓝旗参领兼捷胜营管带长志投井，被救，后数日，在马江海潮寺出家为僧。捷胜营队官郎乐额3个兄弟及全家男女10余人，以煤油浸湿棉被扎盖身上，放火自焚。翻译官何芝田全家投于蒙古营宅内纱帽井，被救者仅男女小孩各一人。满校教员杀汉团组织者文楷，于八十一阶冲锋时被获，拘数日，释放。

战事既定，当晚由桥南总机关部以军政府名义发出安民布告。

杉木公会捞葬队清理战区未埋尸体，葬于西山公墓。大吉升剧班武三花徐春浦掠取皮衣一件，彭寿松立斩以徇，悬首南街郎官巷栅门。

三　组织军政机构

二十一日，彭寿松到桥南社集合同志，整队入总督衙。寿松乘马领先，同志步从。寿松手执红旗，马为旗惊，翻寿松于地，幸无伤。进衙开会，议定组织军政府，推举孙道仁为都督。都督府内并设参事员会，掌理民政，推举彭寿松、郑祖荫、林斯琛、刘通、黄光弼、林晓等10人为参事员，寿松为会长，陈承泽为秘书。设民政、财政、外交、军务、司法各部，后改为司。郑祖荫提出名单：民政长、次为高登鲤、刘松生，财长为陈之麟，外长为林长民，皆谘议局中人。郑祖荫亦谘议局议员。寿松反对，谓革命政权应操于革命党人。其时同志不欲初次发生意见，亦虑寿松夹袋中人多粗犷不谙政治，乃为疏解。寿松亦不坚持，乃照祖荫主张。祖荫本福建同盟会支部长，虑与军警特别同盟会发生问题，力求摆脱，将支部长让于寿松。会议时郑烈、李倬适由日本赶回。郑烈愿任司法，李倬习警察，即将法长畀郑烈，任李倬以警察事务。二十三日，在督署大堂举行都督就职典礼，陈设辉煌，衣冠整肃，鸣炮奏乐。孙道仁于乐声中步上礼台，其余参加者依次就位。郑祖荫代表同盟会授予都督印，文曰“中华军政府闽都督之印”。孙道仁接受后，即印贴就职红告示。参事员会亦同时成立。二十五日，在南校场开追悼阵亡将士大会，并慰问烈士家属及受伤将士。

参事员会本非善制，其后会员更有私自委托他人代理者，组织流于复杂涣散；入春改为政务院，举寿松为院长，郑祖荫、林斯琛副之。院内设叙官等四局，刘通任局长兼院秘书长，黄光弼任副局长。后林斯琛任盐政监督，又推刘通任副院长。未几，袁世凯国务院以与制度不合，命令取消，省乃特设警察总监一职，位置寿松。

四　初政与失败

（一）初政

革命党人多只知牺牲与破坏，未注意建设，以为距成功尚远，将留待后之人也。故既无新建设计划，亦无旧政治经验，其所措施，多凭愿望，不切实际，且有应措施而不知措施者，然犹从爱国利民出发。迨后政权全入寿松之手，则日离轨道矣。兹举初政数事于下。

1. 废除人民诟病已久之厘金。

2. 免旧欠钱粮。

3. 盐归官办，废除绅包。清制售盐各限地段，始由商包，后为绅抢。仕宦回家，宦囊充裕，恒企图接当铺、办盐馆，以具润厚且稳也。新政开始，即将盐馆收为公有，原有股本加以审核，发给盐票，按期支还。

4. 不发纸币，维持金融稳定。

5. 恤偿高节里被焚房屋。

6. 选贤与能，重要政务多畀于党外人士，如君宪派高登鲤、刘崇佑、林长民，华侨陈之麟，绅士刘鸿寿，旧官吏裴汝钦等，刘鸿寿且畀以盐务专责，虽多人反对，不顾也。

7. 考试官吏。

（二）失败

彭孙之矛盾：道仁拥有都督名义，寿松则以福建“光复”系其一手所造，轻视道仁。道仁心弗能善，渐生嫌隙。第十镇军队虽参加军警特别同盟会，然皆道仁部属，且乐道仁宽厚，畏寿松生辣。许崇智为孙部实力要人，战争时藩库存银为许所取，寿松争之不得，大起责言，亦构成重大意见。寿松无法制孙，乃自设亲卫两营，由哥老会重要分子张煊、刘辅廷分任管带，使其子彭厚庵统之。又使其侄彭荫祥任延建邵道尹，李焕任延平知府，张祖汉任邵武知府，黄震白任建宁知府，更造成对抗形势。益以失意分子挑拨，政客谗构其间，表面虽未至决裂，内心则仇结愈深，不可调和。

内部之解体：寿松与刘通有深交，且由其介绍入同盟会；郑祖荫、林斯琛以同盟会首要，均为寿松所尊敬。政权初立，寿松对 3 人恒能虚心接纳。后寿松受马绛生挑拨，而寿松左右又多眼短胸窄，以扼于 3 人，不能逞志，复造谣兴谤，逐渐疏远，独揽政权，一意孤行，如野马脱缰，奔逸无轨，外失人心，内亦解体。

蒋黄暗杀案：黄家宸，福清人，仓前山福音斋学生，参加桥南社体育运动，能作激烈言论，颇为寿松所喜。“光复”前旬日假回福清，“光复”后旬日始来，谓集有数百人，请寿松编营给饷。寿松以事前未奉命令，中间亦无报告，却之。家宸屡求不遂，乃散布仇恨之言。寿松妻李氏从仓前山妇女界获知家宸图暗杀寿松，盖家宸语其女友者。同时侦探队亦有嫌疑密报。寿松忿甚，命人先杀之。家宸自知危险，求黄乃裳带其往见寿松，力自辩白，乃裳复从中疏解。寿松意已释，尚未及收回命令，而家宸于归途适遇执行者，为所刺杀。蒋筠，字子尊，同盟会会员，不知其由何处加入，曾一度在福州作政治运动，组织爱国社，组织拔丁会，得社会上重视。后公立法政学堂成立，入任要职，遂停锣煞鼓，不再作政治运动。及“光复”后，畀以县长，不满所欲，自负才力，愤怨不平。知政权掌于寿松，而寿松粗暴，不为人所附，而孙、彭交恶，易于推翻，于是到处演讲，肆意攻击，且挑拨闽湘感情，含有排外意旨。寿松左右湘人尽愤，怂恿暗杀之，蒋遂为陈西瓜刺杀于玉山涧河干。

苏眇公案：某报蓄意攻击寿松，冷嘲热讽，吹毛求疵，甚至无风起浪，涂脂抹粉。及苏眇公主笔政，尤其凌厉猛烈。寿松愤不能堪，乃封闭该报，并逮眇公审讯，责打屁股。

蒋、黄暗杀案发生，激起京沪同乡愤慨，非驱逐寿松不可。苏事发生，并引起京沪报界不平。

任马绛生之错误：寿松错误由引用马绛生在幕后始。马绛生者，安徽人，奸佞狡诈，清时以道员在闽候补，夤缘任铸币厂长，以舞弊被劾。清廷派陈璧来闽查办，置之于狱。“光复”释出。寿松以为能，引置左右，一切规划均出其手。寿松虽参加革命，而其本质固骄恣贪戾，得绛生逢迎，专横益甚。及政运将末，寿松知为众所不容，闻中山先生在沪，亲往迎迓来闽，冀转移一般人观念，并得广东及各省同志声援，维持其命运，然而噬脐无及矣。

岑春煊来闽：京沪同乡非去寿松不可，北京同乡集会讨论时，陈衍稍为寿松辩护数语，几遭殴打。遂由刘冠雄转陈袁世凯派岑春煊以镇抚名义来闽，迫逐寿松。寿松曾为春煊属员，春煊至，驻马江，不进城，遣人谕寿松离闽。寿松虽欲抵抗，而能为效力者无几，同志均劝其暂行息肩。陈子范知孙道仁不可靠，寿松一去，福建革命势力遂失，即由沪赶回，劝抵拒，后知势不可，乃太息而去。福州各界有力人士虑寿松蛮干，糜烂地方，且计寿松生活尚薄，难以成行，建议商会筹10万元赆之，寿松乃往香港。行之日，身自披彩，各界组织仪仗，欢送至马江。岑春煊旋亦离闽。不久，袁世凯任命张元奇为福建民政长，革命政权遂移于官僚与后来军阀之手。

镇抚之余波：蒋、黄案在上海喧阗时，林斯琛谓蒋、黄有取死之道。在沪乡人怂斯琛为彭寿松辩解，乃故为变易斯琛原语，谓斯琛认为蒋、黄“死有余辜”，用以激怒一般乡人，且指斯琛为参加暗杀者。寿松去后，遣郑得元等代表蒋、黄家属向法院告诉。首席检察官丘某（似名得士）极力罗织，提起公诉，逮押斯琛于看守所。林森主张请上海律师许作屏来闽辩护，法院以现行法未有律师制度，拒其请，乃推刘通、黄光弼为辩护人。承办审判官亦从各方面了解其非实，予以无罪判决。丘殊不满，提起上诉，以逾上诉法定期间被驳，案得结束。

尾　声

翌年（1913年）7月，方声涛、林虎在湖口独立，通电各省。刘通、黄光弼等与许崇智谋胁迫孙道仁通电响应。许崇智部署甫就，将取道上游入江西，而湖口已失败。许遁去，孙道仁电袁世凯请罪，袁复电温慰。越两月余，国务院电令密逮郑祖荫、刘通、黄展云、严汉民数人，各附以罪名，刘则被指为著匪。时郑祖荫任都督府军法课课员，即就逮。刘通任都督府民政秘书，是日适未进府，及晚回家，闻孙派人请，即进府，晤祖荫，得知国务院电令。刘通径出府，拟分告展云、汉民。比到家，展云已逮捕。急赴丙午俱乐部遣告汉民，汉民已不在闽。林前铭邀刘通匿其家。林炳璋及军法课课长沈珂为祖荫辩白，孙为疏解，并及刘通。孙因据电国务院，得无事。涉冬，刘冠雄率李厚基一旅入闽，孙道仁旋调赴京。革命遗烬，至是亦熄。

（选自全国政协文史资料研究委员会编《辛亥革命回忆录》第4集，中国文史出版社2012年6月第2版）

福州“光复”前后琐记

郭公木*

一　“共和山堂”的建立

在“光复”酝酿阶段，革命党人注意联络民间秘密组织哥老会，以扩大革命力量。哥老会的组织相当严密，有全国共通的号语，并在各省军队中形成一种特殊势力。要联络驻闽湘军，使其倒戈，就必须从这个会党入手（还在太平天国战争结束后不久，湘军即已多数加入哥老会）。1900 年，邹燕庭、林斯琛二人由范常胜、杨国政介绍加入哥老会。其时哥老会在闽省有 4 个山堂：福州的复明山堂，长门的威仪山堂，南平的复汉山堂，莆田的辅汉山堂。经各堂协议扩大组

* 郭公木：时在福宁学会任职，后任福建省泰宁县、龙岩县县长。新中国成立后，任福建省文史研究馆馆员。

织，乃建立共和山堂，推邹燕庭为正龙头，林斯琛为副龙头，一时入会的人很多，学界、商界、工界均有不少人加入。中以学界最为踊跃，全闽高等学堂（三牧坊）、全闽师范学堂（乌石山）以及其他学堂的学生纷纷加入，侯官小学堂学生则全体加入。手工业界亦有200余人集体加入。山堂开立之后，会务日见发展，于闽省“光复”多所贡献。

二 对“夹板船会议”情况的一点补充

对成功地说服孙道仁加入革命的“夹板船会议”，世人多有所记，这里只略作补充。

彭寿松等人组织军警特别同盟会后，即积极联络、动员新军入会。经努力，短时间内即使十之八九的清军第十镇官兵入了同盟会。然而彭等采用的是自下而上，即由士兵而官长的办法，虽士兵和中下级军官绝大多数入了同盟会，但高级带兵官如统制、协统等尚无所动。以时机紧迫，不能再为等待，经多方设法运动，终于10月下旬说服了第十镇第二十协协统许崇智。许加入同盟会后，彭寿松等人即努力做第十镇统制孙道仁的工作。孙以父荫世袭云骑尉，历官福宁镇总兵、福建武备学堂总办，官途顺利，且与总督松寿、将军朴寿相处无隙，要说服他投向革命，颇不容易。经多次接触，孙仍态度暧昧。彭寿松等乃想出一条计策，于11月5日夜，由和孙道仁有交情的乾记洋行买办蔡展庞（广东人，大茶商）出面，在台江夹板船上设宴，邀孙泛舟同游。许崇智、郑祖荫、林斯琛诸人均在座。席间向孙道仁提出，要他参加革命。孙初甚犹豫，经告以全镇官兵都已加盟，各方竭诚拥戴他于革命后任福建都督，“请照黎元洪之例参加起义”，孙以大势如此，只得顺从。这一席会谈意义重大，可说为福州“光复”奠定了基础。

三　徐镜清部参战略记

延建邵统领徐镜清所率部队是福州“光复”之役中的一支生力军。该部当年随左宗棠来闽，亦属湘军旧部，驻军延建多年，是将军朴寿的一支劲旅。战前，朴寿为防孙道仁反戈，特电来省防守。该部官佐以前此与孙部声气相通，多已倾向革命，这是朴寿始料所不及的。

当两军鏖战于山之际，孙道仁闻徐部兵抵洪山桥，即派次子克修驰往晓以大义（按：另有一说，赴洪山桥劝说徐镜清的是许崇智所派的贺泽远，贺时任统带，是徐的同乡）。徐部当即听命，分兵两路来援：一路趋西门包抄东街将军署，一路沿城上援于山。时于山清军仍在顽抗，孙道仁率前敌副总指挥卢兆翰、田国志冲出大墙根至山督战（按：孙至山督战一事，其他有关资料未见提及，此说存之待考）。山上革命军闻徐部拔队前来支援，且各方所运枪弹又源源而至，士气乃为之一振。徐部从西门入城的部队，一入城内即趋旗汛口一带，如潮涌地，喊杀连天，旋直捣将军署，署中员兵先已逃走一空，乃迅即奔赴于山，与山上前派之队会合，直战至午后2时敌人派员乞降为止。

作于1965年

（选自福建省政协文史资料委员会编《福建文史资料》第27辑，1991年12月）

福州于山战役

杨　琦*

1910年五月间，我参加同盟会闽支部为会员。辛亥福州于山战役，是“光复”福建决定性的战役，我是亲历者，现将此役的前后情况，分述于下，以供参考。

起义准备

武昌起义，全国震动，福建同志群起响应，当时福建主力军属于湘军——新军第十镇，要完成义举，非运动湘军不可。适有彭寿松者，湖南长沙人，他的父亲是湘军的军官，随父来闽，捐候补县佐，

* 杨琦：时任福州劳工民团义勇队训练教官，福建学生北伐军临时筹备处总务。

曾当过福州缉捕局局长，是哥老会会员，而湘军中多数是哥老会分子。彭寿松加入同盟会后，担任与新军的联络工作，成立了军警同盟会，由彭及其侄彭荫祥主其事。张祖汉、李焕等佐之。工作先从士兵及下级官佐着手，逐渐向上发展，把驻省的兵警和中下级官佐大多数争取过来，加入同盟会，革命军有了武装力量的基础。当革命形势渐渐紧张的时候，福州各商帮和各界人士公呈闽浙总督松寿，请派团队加强治安，经准许由地方自筹办理。于是先成立商团队，由商家子弟自愿参加，有一大队，主任训练教官为保定军校毕业生冯金荣（秀山）。继成立劳工民团义勇队，由本人为主任训练教官。桥北各公益社团练队也相继成立，教官及团员从各社的救火会援丁中抽调。各乡保成立联甲队，队员由各乡保壮年子弟编充。这些都是革命军可以利用的力量。当时坐镇在福州的新军第十镇统制孙道仁（静山）是个关键的人物，虽新军已大部加入同盟会，但他还畏首畏尾，借题要求补助军饷，态度犹豫不决。九月十五（11 月 5 日）晚上，同盟会同志邀孙在泛船浦、港头江间的一艘夹板船上举行谈判，在座的有孙道仁、许崇智（新军二十协协统）、彭寿松、郑祖荫、刘通、林斯琛、黄光弼和各帮会首脑诸人。孙以大势如此，只得顺从，但子弹缺乏须设法补充。后由彭寿松运动屏山弹药库守兵凿垣偷运子弹。

福州学生和各社团群众，经过组织后，分别编队，统归同盟会闽支部总机关部指挥，各队名次如下。

学生敢死军炸弹队：由各学堂混合组成，分为城、台两队。城队队长蒲开泰、梁大海，台队队长游优民。队员有王杰功、王清铨、王耀西、张贞、卢演焜、林煦、陈仲湄、吴纠、卢月波、施秉政、梁鸿忠、卢丰、梁鸿泗、林荫南、林荣、林乃青、高有恒、江荫培、郑敏杰、江汉、张公度、李赓护、吴恺元、林哲、刘贤昌、黄浩南、林炘、郑为桢、齐政、谢承、高而平、黄炳武、李藩、陈得茂、刘贤吁、林萱、许际可、何志兴、廖国炎、许逸夫等，统属彭寿松指挥。

学生洋枪队：其任务是占领中国银号、闽海常关、各厘税关卡、电报局等，由刘通指挥。

学生体育队、尚武队：其任务是护卫外侨、洋商、教堂及输送前方弹药等，由郑祖荫、林斯琛指挥。

学生商团队：其任务是保卫城市商铺及维持治安秩序，由陈岱树、林亚杰、冯金荣指挥。

民团联合救火队：队长王兴彬，队员是自愿参加的各救火会援丁，由林雨时、王鸿滋指挥。

民团义勇队：队长杨永弟、黄奕定，队员是自愿参加的各社联甲勇丁及土木工人，由杨琦、方应团指挥。

闲散官兵先锋队、差遣队：凡外籍退伍官兵闲散在闽者，由各山堂（哥老会）经彭岳峰会长编组成队。其任务是以备前线冲锋或供差使之用，由彭岳峰、林斯琛等人指挥。

起义前夕

九月十八（11 月 8 日）下午 3 时，得到桥南总机关部密传，孙道仁已发出作战部署的命令：旗界除东门城开放以外，从汤门以北环绕旗汛口、大王府、观巷、鳌峰坊等处，与旗界衔接的各街巷地带，都分布进攻和堵截的部队，以于山一线为总攻阵地，许崇智为前敌总指挥。以于山观音阁大士殿为指挥部。通知各团体立即转知各社团、联甲等队，本晚须紧密巡防，严守栅门，9时以后，无口令不得犯夜过栅。口令为“子女”两字。本晚许崇智率队占领了于山阵地。桥南公益社总机关部临时组成学生敢死军四队：炸弹队、洋枪队、体育队、尚武队。炸弹队由彭寿松率领上于山助战，洋枪队由刘通等人率领，分别保卫仓前山领事馆区及外侨，并占领中国银圆局、水亭税厘局。本人率带民团义勇队，入城防卫治安，发给队员白布臂章各一块，臂章上墨写“公权”两字，盖有同盟会小方章。义勇队会合安乐公益社团练，执行巡防。10时许，巡至南门城，见城门关闭，乃折至板桥头，遇到开智学校教务长陈沆、黄岳申带着学生林炘、刘贤昌、谢承等10余人来到这里，我们便一同绕道至南校场灏兴寺边沿。此时灯火已经熄灭，天清月明，气候渐冷，我们由观音阁前面城墙缺口处爬入，适炮营队官陈桂生正在督率该部运炮越城，我亦同时上城。义勇队巡防警戒地带，包括水部门兜、九曲亭、鳌峰坊、津门楼、高节里、旗汛口、井楼门、北门三角井等处。12时得报西南两城门半开半闭尚可出入，水部城内九曲亭栅门被敌拆倒，鳌峰坊、旗汛口一带栅门无人看守，亦无关锁。又得报旗汛口栅门上悬挂无首尸体一具，又某栅上挂有半身尸体一具。

于山炮响

九月十九（11月9日）晨5时，闻号炮鸣响，水部城楼顶起火燃烧，继有炮声。查悉系我炸弹队队员王杰功向城楼投弹炸死几个敌人，王杰功面部、口角受重创。接着于山炮兵阵地开第一炮，击水部水关闸，过十几分钟，第二炮命中将军衙署，继炮击高节里，叶宅花厅起火。东方已白，炮击水部铜圆局，继而安奶庙等处火光四起。北门屏山方面枪声紧密，我军占领屏山高地及弹药库后，义勇队奉命帮同抢搬炮弹子弹，运往于山观音阁，路过双门前，见路旁横尸两具。那时井楼门、狮桥头、安奶庙、旗汛口、津门楼等处，我军的堵截部队正与敌战斗。义勇队押运炮弹路过军门前口时，遇见我方原新军征兵营排长江道森满身鲜血，由人扶挟前往就医，据悉他牺牲在医院里。9 时许，义勇队到达于山戚公祠，敌人正从各方面包围我军炮兵阵地，前面左侧鳌峰坊公立法政学堂三楼顶有敌人弹击我阵地，炮营左队正兵曾海斌、工兵雷长蓝某阵亡，炮营左队队官陈桂生面部受重伤，炮营管带萧奇斌负责指挥，当战事吃紧时，呕血晕倒，由乃弟其煊帮同指挥，另由总指挥部派中队队官杨国祥兼代管带职务。当时官兵受伤者共 10 余人，由红十字担架队抬至圣教医院（即后协和医院）治疗。义勇队及时运至，燃烧开花弹补充阵地的需要，发炮击中公立法政学堂，立时起火燃烧。敌人窜散冲出山麓右侧的吕祖宫，另有敌方杀汉团由满人文楷率领冲至于山顶八十一阶，集中于九奶庙边沿，企图夺炮。总指挥命孙葆镕传达急令：“谁冲入敌界有奖赏。”前面敌人又由吕祖宫连贯至白塔寺、太平街等处山麓爬至半山，将近我军阵地，许总指挥下令凡在场社团队勇丁以及学生军加入炸弹队协同作战。义勇队正在运送炮弹在场者也都参加，统归学生军官队方毅排长指挥。11 时许，敌势不支，军无斗志，水部城上竖立白布降旗，该旗文曰：“将军出走，停战和议”。我方认为非出诚意，恐为伪降，置之不理，仍继续炮击，敌方枪声沉寂，双方仍守原据点。至下午 2 时，又发现一面白布降旗挂于于山“天君殿”前门的榕树上，该旗文曰：“请求停火，愿将全部献械乞降”。许总指挥正在巡察阵地，见这面白旗飘飘，立命号手传令暂停炮火。过了些时有一个旗营官员前来，手持粉纸白旗一面，上写：“献械乞降”4个大字。后随挑夫扛着步枪机柄数担，由前哨警戒长某押引前来。该员系满人吴振翔，武备第一期正科毕业生，现充征兵营前队队官，他代表清军献械乞降，求见许总指挥。许准其所请，当场向战士发问谁愿前往洽降，排长陈金魁首先举手表示愿往。许即下手令着他与乞降者同往敌方河东街蒙古营明玉副都统家中接洽。去后至下午3时，尚未见陈金魁回报，又派工兵营队官王嘉凯速往旗界侦查。少顷，见金魁和嘉凯督押敌官兵一大队，陆续出水部门至南校场集中，他们排成横式纵队，向南盘坐在地上，听候点名，于山顶大士殿前第四炮台处，置有机关枪监视南校场。降兵各献缴无机柄的枪杆一支及所带子弹。缴后各发给龙圆一块，遣散他们回家。那时各社团备有糖粥、咸粥数十担，抬至南校场供降兵之食。

傍晚5时半左右，许总指挥令学生军官队队员方毅、孙本戎、张乃诚等率带征兵营第一营的目兵，往旗界挨户搜查枪弹，又派队协助保福军械局局长林钟贵清理堆积在水部门官厅前收缴的军械弹药及废枪炮等。桥南总机关部于起义前夕，电令马江船政局水师营管带吴景箐以全部队伍防御阳屿旗营，严密防守马江、营前一带，又派林步云等接管船政局。新军二十协协统兼前敌总指挥许崇智于起义之晨急电召闽口长门征兵第一营管带陈铮立即率部移师，当天下午5时全部到达福州于山。延建邵统领徐镜清亦奉电召亲率两营部队，连续赶到福州，驻于西关外洪山机器厂，全部参加作战，堵截西北面，占领屏山高地。当学生军官队搜查旗界时，有各校学生数十人均佩有“公权”臂章随同前往，侦知将军朴寿匿于河东街蒙古营副都统明玉家中，便至其所矫称奉第十镇统制孙道仁命，邀其到于山指挥部面商善后事宜。朴寿推辞说：“我不能行走。”众说：“已备有小轿。”八旗捷胜营统领德润在旁愿陪同前往。他们到达于山总指挥部，被禁于大士殿客堂。

第二日，他们求见孙道仁统制，彭寿松告以孙在白云寺，即命马弁将朴寿送往。当步至九曲亭边，这个马弁手举大刀，向朴寿右耳边猛力砍去，即应声倒地而绝。当晚德润被释放回家。闽浙总督松寿当九月十九日（11月9日）拂晓炮声响时，他自知不免，身穿一品服，避于督署后门盐道前“高开榜”画像店内，闻战斗激烈，吞金自尽，死于该店内。下午清军投降后，移尸督署大堂收殓。当晚，设在于山的桥南总机关部以闽军政府名义发出安民告示，派敢死军体育队学生，漏夜分途张贴。许崇智总指挥部亦在撤离防地前发布命令：“本指挥部临时军事暂交孙葆镕、陈铮代行处理，战区警戒仍未撤销，晚间9时以后，无口令不得通过，于东（门）、北（门）、水（部）等城门，环绕旗界各战区地带，务饬严密警戒，防范不肖之徒，乘机捣乱，妨碍良民，本军应负治安之责。速布民众周知，勿违此令。”

晚9时半，许总指挥带同学生军官队离开于山防地，返回设在城内花巷的司令部。队伍下山时，自太平街起沿途民众门首悬挂保险灯，各铺户陈列茶点慰劳，鸣炮鼓掌，欢呼革命党万岁！革命军万岁！中华万万岁！

我方兵力部署

我方正规兵力，主要是陆军第十镇驻省垣的部队，统属于二十协协统许崇智指挥，包括如下。

1. 步兵第十九协第三十八标第三营兵力，有 4 个队。由管带官胡桂高指挥。（队官即今之连长、管带官即今之营长）

2. 骑兵未成营，只有一队，马 40 余匹，由队官黄安源指挥。

3. 炮兵营有两队。原配备有德国造新式克虏伯过山炮 6 尊，因坏去 2 尊，只剩 4 尊。左队队官陈桂生，中队队官杨国祥，由管带官萧奇斌指挥。

4. 工兵营正在整编，其前身工程营有 4 队，经淘汰老弱官兵，整成两队，由新任管带官林文瑛指挥。

5. 辎重营一队，由队官郑坦指挥。

6. 临时作战军官队。第二十协三十九标、四十标，因新征目兵还有 5 营尚未入伍，由标统至排长各级官佐，混合编成临时作战军官队。其成员有孙葆镕、沈国英、林仲镛、王深、沈觐恩、林肇民等人，还有若干队官及排长，归属于总指挥部。

7. 学生军官队。由临时作战军官队抽调 40 余人，都是讲武堂刚毕业学生，有孙本戎、朱震、张祖汉、郑庆奇、方毅、张乃诚、张之望、邝寿堂、陈德葆、朱志斌等，充为总指挥的卫队及随从，各发给智利快枪一支，子弹百余发，编为学生军官队，直属许崇智指挥。举事前张乃诚等同学曾奉命参加屏山偷运枪弹等工作。

8. 宪兵营新成立两队，分驻城、台两区，维持社会治安秩序，由管带俞绍瀛指挥。

另有福建陆军武备小学堂，临时参加小学生一队，由学堂队长王辅及教官杨正国率领参加军官队，受排长江道森等指挥。至于临时召来参加作战的部队，已如上述。

敌方兵力及其战败

清军主要有八旗捷胜两营的兵力。清军八旗番号，有正旗、镶旗两级，分有黄、红、蓝、白八旗。正旗级为协领，镶旗级为佐领，每旗兵额规定 250 名，8 个旗共有 2000 名。当战事将发生时，将军朴寿令满绅文楷组织杀汉团一大队，兵额 500 名，分成两队，一为大刀冲锋队，一为汽龙洋油放火队，合计敌方兵力总数有 2500 名。

此后清军将领除总督松寿自尽，将军朴寿被杀死外，其余官员的遭际各有不同。例如：

胜恩，镇闽都统。当清军投降后，夫妇自投花巷司令部请罪。孙道仁统制颇厚待之。事定后，由海轮送其全家回籍。

明玉，正红旗协领、副都统衔。系退老的满族巨绅。

定煊，镶黄旗佐领兼管营务处。投降当晚吊死于本屋。

长志，正蓝旗协领兼捷胜管带，当晚投井自杀被救。数日后，出家于马尾海潮寺为僧。

郎乐额，旗领兼捷胜营队官。3 个兄弟及全家 10 余人，以洋油浸湿棉被，盖住身上，放火自焚，延及住宅，全家死于东门兜本宅。

何芝田，满族举人，翻译官。当晚全家 10 余口，于蒙古营纱帽井本宅投井自尽，小孩男女各一被救。

文楷，满族举人、教员。组织杀汉团，被获后禁于陆军监狱，数月后保释。

吴振翔，请降代表，满人，字央央。福建陆军武备正科第一期毕业，原充新军第一征兵营前队队官。辛亥九十月间，调同捷胜营，于山战役中代表清军向我献械乞降。

“光复”后，当军政府未成立时，社会秩序纷乱，旗营散勇及宵小之徒，有图谋放火或行盗者，被查获后，均予处决。

闽军政府成立

九月二十三日（11 月 13 日），闽军政府成立，设址在前总督衙署，礼堂陈设于大堂顶，上午 9 时举行授篆典礼，孙道仁都督身着上将蓝呢全金版制服，戴白丝高缨礼帽，登上礼堂，鸣炮奏乐。参事会郑祖荫参事员，穿崭新的蓝袍青褂，授孙道仁“中华民国军政府闽都督之印”，监印官刘名轩受命启封用印，发布就职的红告示（印改用紫红色）。

军政府成立后两天，举行于山阵亡将士追悼会，灵堂设在南校场演武厅。上午 9 时开会，到会的有革命党人和政、军、社团队各界人士。灵堂上摆着用榕叶青和鲜花结成的花环，中堂高悬十八星五色国旗一对，下面横挂着阵亡将士遗像，有王清铨、王耀西、王柱元、江道森、曾海斌、雷长蓝某等人。左右墙壁挂满诔章挽联，灵桌上陈列烈士神主牌，供以苹果、香花、蜡烛等。由赞礼员郑祖荫宣布开会，鸣奏哀乐。都督孙道仁为主祭、参事会首席彭寿松等为从祭。与会的人分列纵队。郑祖荫读祭文，礼毕。孙都督以次均痛哭失声。彭寿松高呼曰：“犁庭扫穴是吾辈后死者之责，新亭对泣，尚非其时”，众韪其说。会后大家集合在南校场上，慰问烈士家属和受伤将士以及各社团在事出力者，并给予抚恤金、奖金及各级勋章等。学生敢死军炸弹队队员王杰功年甫 13 岁，身穿步兵少校军服，裹创出席，大受嘉勉，即授以步兵少校衔，并让他于部队前列巡游一匝，以彰其功。学生敢死军炸弹队台队队长游优民代表本队等同志表示只受勋章执照，将奖金上缴，经彭寿松与孙道仁商定换以佩挂金质奖章一面，文曰：“闽省光复，将士同心，奖金不受，其志可钦”。同时决定凡临时组织之各社团队及学生队，自给奖后宣告结束，学生回原校肄业。12 月间各省组织学生北伐队，开智学堂学生首先响应。林炘、郑九鼎、陈义、陈齐煊、林启东、刘贤昌、吴石、王杰功、卢演焜、陈仕牧等人资助台伏币百余元为发起筹备费，嗣以未得校方通过，未便发动。教职员得悉后，表示赞同，愿意帮助组织，全校学生欢声雷动。于是成立临时筹备处，推举本校教务长陈沆为筹备处长，杨琦为总务主任，福建北伐学生队即告成立。

（选自福建省政协文史资料编辑室编《福建文史资料》第 6 辑，福建人民出版社 1981 年 8 月第 1 版）

福建学生北伐军

林　炘　杨　琦　郭叔敏*

发起经过

清光绪年间，福州士绅吴鼎芬（洁诚）、陈沆（慰民）、江震挚（春筠）、陈鹗（霁湖）、陈光（莱士）等，为开通民智，组织开智学会，设立阅书报社，到了光绪三十年间，在福州南禅寺开办私立开智小学堂，注重向学生灌输民族民主的革命意识。宣统二三年间，反清的革命形势日益发展，桥南公益社这个群众团体成为福州革命策源地，开智学堂教员和桥南公益社的负责人早已联成一气。辛亥福州"光

* 林炘：时为福州学生敢死炸弹队队员，福建学生北伐军临时筹备处庶务股干事，后任国民党中央陆军步兵学校总务处处长。
杨琦：时任福州劳工民团义勇队训练教官，福建学生北伐军临时筹备处总务。
郭淑敏：时为福建学生北伐军士兵。

复”之后，教员杨琦、张梓超、江鸣岐等参加作战，学生王杰功、卢演焜等也参加洋枪队和炸弹队在于山一带作战，其余教员吴鼎芬、陈沆、黄岳申等和学生郑九鼎、刘贤昌、林哲、林炘等多人参加防卫组织，保护城垣治安，维持地方秩序。

福州“光复”后，都督府成立，凡亲与此役的人都论功行赏，分别委派工作。开智学堂的学生，仍返原校继续求学。但当时袁世凯的北洋军队和各省革命军之间的战事仍在激烈进行，学校当局顾虑到战事如果扩大，难于安顿年幼的学生，因为有很多远道的学生在校寄宿。乃令学生暂时回家，只留参加过革命活动而年龄较大的学生 10 余人住在校里。这时袁世凯仍在调兵遣将，企图南下。广东、浙江等省学生纷纷组织学生军准备北伐。我们听到这消息，都拂袖而起。辛亥农历十月上旬有一天，同学们聚集商量这事，认为应由我校同学出来提倡发起组织福建学生北伐军。学生林炘拿出银币一角，林哲凑了铜币 4 枚，立即出街买了 10 张毛边纸，两支蜡烛和一本簿子回来。大家恳请潘依耕老师草拟一篇招募组织福建学生北伐军的通告。潘当即用骈俪体文字拟好文告一篇（原文见后）。时已夜间 10 时，电灯熄灭，同学们点起蜡烛，在大评议桌上，各据一隅，分抄所拟文告。次早由林炘、林哲二人携往冲要地区张贴。当天午间就有各校学生前来我校报名，有的查问哪天集合出发，有的请求搬到开智学堂来住，有的商量要向我校寄膳。大家情绪很热烈。

筹备组织

招募的通告贴出后，仅两三天时间，报名参加者就达 400 多人。

关于集合、编练、服装、军械及筹募经费等项事情都急待解决，乃由开智学堂教员陈沇、杨琦、吴鼎芬、江震蛰、黄岳申、潘依耕诸人，会同其他学校的教员、机关职员和社会热心人士，组织一个福建学生北伐军临时筹备处，推陈沇担任筹备处处长，杨琦担任筹备处总务。筹备处内分设庶务、会计、文牍、医务 4 股。庶务股干事林忻、林哲、吴纠、刘贤昌、郭铿；会计股干事陈沇、杨恕、郑九鼎、黄仁；文牍股干事吴鼎芬、江震蛰、黄岳申、谢承；医务股干事施泽民、宋起霖、林荫南（这些人选，有的是开智学堂老师、同学、校友，有的是校外热心人士）。另推开智学堂老师江鸣岐为福建学生北伐军总队长（江氏是南京讲武堂毕业生）。校内有大礼堂一座，借为参加北伐的学生每日集议的场所。经学生们推举许兴国（逸夫）、廖国炎（伊伯）二人为学生代表，他们都是南洋归侨，和南洋侨商及归国侨胞有联系，大家希望通过他们得到侨胞捐款，作为北伐军经费。

筹备处原设在开智学堂内，后来因为报名人数过多，校内房屋不多，不足以资活动。乃由总务杨琦和庶务干事吴纠等四出寻觅，最后决定将筹备处迁移到东郊外东岳庙，作为学生军总集会的地点。农历十一月初一日迁入办公。

经费捐募

北伐军出发时间紧迫，向侨胞募款，远水难救近火。筹备处只得另想法，决定就地筹募以应急需。当由热心赞助北伐军的螺洲小学教员陈仲湄，往建宁会馆活动，适逢去毒社社员在那里宣传禁烟，讲演林则徐禁烟的故事，陈仲湄乘这机会插入演讲，说明北伐一举关系国家前途怎样重大，福建学生北伐军怎样英勇爱国，眼前该军因经费无着，难以进行，说得慷慨激昂，听众大为感动，当场捐助大小银币共 24 元。陈立即将捐款送交筹备处。筹备处同人在捐款内抽出一部分为茶水费，将余款购买大量捐簿，组织劝募队分头出发向各界募捐。农历十月二十四日，杨琦乘着仓前山（领馆区）跑马场洋人举行赛马的机会，前往敲锣集众演讲募捐，当场募得现款 530 元。同日杨又向戚友劝募，得到陈金魁、卢兆翰、彭月林、陈鹤松捐款各 500 元，林春树认捐 1500 元，叶国瑞认捐 600 元，共募得 4100 元，其中有现款 1100 元。另外又有陈毅等同志临时组织一个剧团，将演出所得票价捐作北伐军经费。更有人特向佣工、搬运工人等劝募，作为示范，借以激动人心。但劝募的范围虽广，而所得数额终属有限。筹备处同人认为缓不济急，且有烦扰地方之嫌，乃向参事员郑祖荫、林斯琛、刘通、黄光弼，交通司长黄乃裳、教育司长黄展云等商讨，由郑祖荫、林斯琛等提议设立筹饷局，负责统筹福建出师北伐的一切饷需，包括学生北伐军的经费。并由同盟会总机关部和各参事员，邀请福建总商会总协理张赞庭、罗金城以及福州各社团机关代表，于农历十月二十六日，假建宁会馆举行北伐军筹饷大会。当日开会时由黄乃裳作报告，出席代表一致赞成设立筹饷局，并公推黄乃裳兼任筹饷局局长（黄是闽清人，是著名的华侨领袖，对革命极表热情，为众望所归）。张赞庭、罗金城当场表示，总商会负责认捐 16 万元。与会诸人也纷纷解囊捐输，妇女代表纷纷脱摘下金银珠玉饰品，捐献甚多，最后黄乃裳宣布今后北伐军饷项归筹饷局统筹办理，不再向外零星劝募，前此学生北伐军筹备处所发出的捐册及收据全部缴局核销。到农历十一月初三日，新加坡福建同乡会又汇到捐款 4 万元。饷需问题就这样获得解决了。

编队出发

学生北伐军筹备处于农历十一月初一日，通告参加北伐军的学生到东岳庙报到集合，并带铺盖到该处住宿。开始报到的一两天，秩序颇为紊乱，有的人未经家庭同意私自前来参加，家人发觉后，即赶来寻找。大门之外，母寻其子，妻索其夫，筹备处人员乃将大门关闭，留一角门出入，派学生轮流站岗。当学生军集合之时，适有从前开智学生后入保定军校的郑步准、郑宜芳诸人，因军校停课返闽，即由杨琦推荐他们暂任学生军教练官，以东岳庙附近的东校场为操练场所，学生们每天上课两小时，操练 3 小时。

农历十一月初四日上午，都督孙道仁、同盟会会长彭寿松、筹饷局长黄乃裳等，亲到东岳庙视察慰问，全体学生集会欢迎。孙道仁对学生爱国精神表示嘉许，并勉励学生们服从命令，遵守军风纪。又表示在短期训练中应多演习实弹射击，政府可以发给一批步枪，以供应用。彭寿松等也对学生讲了话。这天下午奉令正式编队，将年幼体弱的学生淘汰一部，剩下 400 多人，编成一大队，仍令江鸣岐暂代大队长职务。大队之下有 4 个中队，每中队 100 多人，由各教练官负责管理。学生代表许兴国、廖国炎帮理大队部总务事宜。第二天，杨琦向军务司所属军械局领到老毛瑟枪 400 杆，以及刺刀、子弹盒、枪皮带等全套，又向军装店定制黑布棉军服、呢帽、绑腿 400 套。向皮鞋店定制黑布操鞋 400 双，限 10 日内制便分发穿用。学生军的服装、军械算是备齐了。

南京陆军部长黄兴，得到福建学生北伐军已经集合，准备出发的报告后，委派吴挺（挺生）为福建学生北伐军总队长（吴曾任开智小学教员）。吴于农历十一月初十日赶回福州，即由黄乃裳、陈沆等陪同来到东岳庙就职。吴挺就职时对众传达陆军部部令，并说明陆军部已规定学生军服装一律用黑色厚呢，按照学生制服形式，此外还有厚呢军帽、厚呢风衣外套、军毯、绑腿、皮鞋等，都已由上海法界龙华路福源泰军装局制便，队伍到沪时即可发给。又说：上海的福建同乡为了接待福建学生军已推举王蔼庐、史家麟、陈子范、潘训初诸人组织临时办事处，筹备一切。福州也要派员前往联系协同办理。吴挺就职后，除江鸣岐改任副总队长外，其余组织一切仍旧。次日筹备处即派庶务干事郭铿、会计干事黄仁乘轮赴沪，协助上海临时办事处工作。

吴挺就总队长职后，一面加紧训练，一面积极准备开拔，拟于农历十一月内带队出发。民国元年农历十一月十三日（南京政府已宣布改用阳历，即 1 月 15 日）。福州各界特举行劳军大会，赠送学生军白布大旗一面，上写“祈战死”3 个大字。还有鞭炮百余万发，“征东饼”数万块、干粮袋数百个（由各界妇女手制的）。另由总商会及各社团抬送百子炮（鞭炮）10 余箱、全猪、全羊、“广兴隆”面包、饼干和水果罐头等数十大杠。

这天晚上 8 时，忽有两个女生前来总队部，称是女子北伐炸弹队的正、副代表詹贞、李灵芬，她俩说明各女校学生自动组织女子北伐炸弹队一小队，要求随同出发。总队部负责人以她们这个组织，未经上级同意，而且学生北伐军行期甚迫，力却其请。但詹、李二人意极坚决，她们说：“彼此同是学生，同是黄炎子孙，同是愿意献身革命，何分男女，花木兰、穆桂英古代女子都能从军杀敌，何况今日。”总部负责人无词以对，只得允其加入。两女代表便交出该队名册一本，约定1月16日夜率带女生到东岳庙集合。

16日，军政府颁下学生北伐军出发公文，并由中华同盟会闽支会颁给参加学生军的会员每人护照一份。这一天整天细雨纷飞，到夜间9时以后，詹贞、李灵芬二人率领女子北伐炸弹队的女生20余人冒雨到达东岳庙。该批女生多数未经家庭和学校同意。她们都是文山、毓英、陶淑等女校学生，有几个是闽清毓真女校学生。她们于夜间学校宿舍点名后，跳墙离开学校，有的因墙高跌伤了脚，有的在路上滑倒，遍身泥污，到东岳庙后也无处安睡，她们枕戈待旦，爱国热情，令人起敬。

1月17日上午8时，学生军由东岳庙整队出发。当在庙内广场集合时，学生家属纷纷前来送行。出发时，沿途鸣炮，民众夹道鼓掌。由东门入城，直到都督府，在箭道操场上集合请训。都督府也鸣炮奏乐表示欢送。孙道仁、彭寿松、黄乃裳等一同出见，致词慰勉。孙都督以此时北方正冰天雪地，婉劝女子炸弹队学生可另图报国，不必参加北伐。但詹贞、李灵芬仍坚持爱国不分男女之说，同时女生们并袖出“祈战死”小旗，高呼：“愿战死沙场，决不向冰天雪地低头。”孙都督等都十分感动。他们巡视队伍一周，当场又抽出年幼——身体弱和家庭不同意其参加者，如葛鸿翔、董源清、陈群等计20余人，女生方面也抽出余淑娥、陈彦如、陈瑞珠等10余人，请原校校长或其父兄领回。并宣布女子北伐炸弹队改为红十字会女子看护队，临时造具名册，随北伐队一同出发。队伍由都督府出发时，黄乃裳高举“祈战死”大旗走在最前面，后面有军乐队一队，陆军各兵种约一营，武装警察一大队，最后是全体学生军300余人。学生家属和各界代表沿途随送。队伍经南大街，直过万寿桥，到达海关埕码头。一路鸣炮奏乐，学生军高唱自己新编的“祈战死歌”，阵容威武雄壮。队伍稍事休息后，将训练时领借的废枪缴还军务司，然后各提行囊登上洋驳船和甲板船，由捷胜差轮拖带开往马江。国旗、军旗和“祈战死”大旗都插在捷胜差轮杆顶。沿江船户也敲锣打鼓鸣炮欢送。下午3时到达马江罗星塔，全体登上“万象号”商轮，轮上员工也鸣炮迎接。学生们在船休息一夜，次日（1月18日）开船，20日夜到达上海黄浦江，停泊江心。

到达沪宁

1月20日一早，“万象号”轮船靠近黄浦江码头，江苏都督陈其美亲率幕僚到码头欢迎，对学生军殷勤慰问，并犒赏一大批糖果、饼干，指定上海日晖桥织呢工厂作为北伐军临时驻所，驻沪临时办事处人员也协助安排一切。我们到沪后又有保定军校入伍生队学生陈仲聪、李士芳、金振中、郭淑敏、黄炳瑞、张黻新、梁瑛年、李良鹏、王学濂、方绍虞、周绳武、刘建屏等10余人，适随北伐临淮军总司令部到沪，他们10余人全体投效我军。于是学生北伐军重新进行编制，全部成立一个营，下分4连，由投效的入伍生10余人分任连长、教练长各职。同时又有投效的清河陆军第一预备学校肄业生吴雨敷、林文熙、林则法等，被分派担任见习官，帮同连长、教练长执行任务。营长一职仍由吴挺担任。原有筹备处办事人员，林炘、谢承、林哲、吴修、吴怀冰等仍经管军械、被服、文书、庶务等事情。詹贞、李灵芬等8位女同志编为女子看护队，同时发给呢料黑色军服全套、皮鞋、绑腿等俱全。营部在沪约束风纪，勤加训练，约经半月余，我们请求早日北上杀敌，适和议告成，清帝退位，南京临时政府陆军部乃令本军开往南京，指定原江宁府衙门为本军驻扎地点。将闽、浙两省学生军合编为南京陆军入伍生队，委沈靖为入伍生队队长，下分两营。浙江学生北伐军编为第一营，福建学生北伐军为第二营，并委派日本士官毕业生何浩然为第二营营长。原有投效本军的保定入伍生和清河陆军第一预备学校肄业生仍分任营连附和见习官等职。女子看护队队员詹贞、李灵芬诸人到军医处服务。不久本军又增加骑、炮、工、辎各兵种，扩编为南京陆军入伍生总队，仍以沈靖为总队长，归南京留守司令黄兴直接指挥，一面训练，一面担任警卫南京。这样经过9个月之后，忽奉令裁撤。原保定军校入伍生和清河陆军第一预备学校肄业生均返原校继续肄业，詹贞等女子看护员仍留军医处工作。学生军中，年龄较幼愿意由陆军小学从头学起的，如陈长捷、周孝培、林炘、叶启杰、戴锡椿、李世正、周嘉忠、周以忠等10余人，送回福建陆军小学第四期肄业，其余大部分送往湖北陆军第二预备学校肄业，还有部分同志回闽继续求学或寻找工作，福建学生北伐军的组织到此结束。

附　录：

招募福建学生北伐军通告原文

为通告事。照得昊天不吊，祸及中华。满虏入关，垂二百余年，流毒中原，摧残汉族。扬州十日，凶甚安史。嘉定三屠，恶同狼豹。

政治黑暗，官吏具搜刮之贪；苛杂繁兴，人民有破家之怨。秽行彰闻之西后，宰制朝廷；乳臭未干之溥逆，君临天下。遂使国势不振，海内骚然。瓜分豆剖，列强起窥伺之谋；文牢字狱，全民兴自危之嗟。完全领土，拱手让人。大好河山，载胥及溺。朝鲜之前车可鉴，印度之覆辙堪虞。版图日削，政治日非。舆论警告而不悟，国家陆沉而不知。汉族何辜，遭此惨劫。直使数千年神明华胄，将沦为亡国遗民。今我革命首领孙中山先生，暨诸殉国先烈，凛亡国灭种之苦痛，具牺牲奋斗之精神。河口、钦廉、镇南、广州诸役，虽然功败垂成，已足以寒虏胆。近者武汉举义，各省景从。我福建全省相继光复。满廷虽失东南，尚据西北。胡虏汉奸，犹复活动。专制之灰未冷，共和之制濒危。凡我同胞，孰非炎黄孙子，同仇敌忾，岂可让人。呜呼！庆父不除，鲁难未已，匈奴未灭，何以为家。祖士雅击楫中流，刘越石枕戈待旦。吾侪爱国，不让古人。况我闽邦，夙多义烈。黄花岗上，足为明徵。同人等窃不自揣，爰有福建北伐学生军之组织。所望赳赳健儿，莘莘学子，知匹夫有责之义，以声讨逆虏，光复汉土为己任。群策群力，大张讨贼之旗；如熊如罴共挞北征之鼓。誓犁庭而扫穴，期食肉而寝皮。际兹危急之秋，当为一息之争。深盼兄弟姐妹，其各盍兴乎来。俾得周知，特此通告。

黄帝纪元四千六百零九年十月某日

中华同盟会闽支会颁发会员的护照全文

为发给事，照得闽省光复，全赖同胞协力，厥告成功。惟北京、汉阳两处尚未肃清，应即选举各会员驰往北伐。凡我各省同盟支会联军，务须互相保护，而免隔膜，合行给照。为此照仰该代表即便收领，奋志进行，须至护照者。右仰北伐代表本会会员某某收执。中华同盟会福建支会会长彭寿松为。限功成日缴销。

黄帝纪元四千六百零九年十一月某日

“祈战死歌”歌词

我省宝刀真利器，快活沙场死。短衣匹马出榕垣，喇叭铜鼓声。祈战死，临大敌，战袍滴滴胡儿血。生平自愿，为国牺牲，头颅一掷轻。

阿娘牵衣向儿语，我也羡慕你。贤妻慰勉劝夫行，慷慨送前程。搴敌旗，斩敌将，战死沙场好模范。模范如何？蔚为国魂，毋忘祖国恩。

阳春三月桃花艳，埋骨在沙场。公园铜像雄伟装，尽是青年们。强国是，侪国殇，留得姓名字字香。军不凯旋，归返何颜，偷生有几年。

人生自古谁无死，死得要轰烈。炎黄华胄沦胡儿，不知几何时。不成功，即成仁，锦绣河山既重光。前仆后继，再接再厉，巩固胜利果。

（蔡耀煌　整理）

（选自福建省政协文史资料编辑室编《福建文史资料》第6辑，福建人民出版社1981年8月第1版）

“光复”后福建的政治、人事变迁

刘春海 *

我在清末留学日本时期，辛亥10月武昌起义，我与萧敏等同船回国抵沪，原拟赴九江与林子超同志共举义旗，旋得福建来电，号召在沪的东西洋留学回国之同志迅即回闽。我与王学文、萧敏、邱任元等乃买舟回闽，抵省，知福建业已“光复”，系由于彭寿松、郑祖荫、林斯琛、刘通、黄展云、严汉民、黄光弼等，运动驻闽第十镇湘军反正，并率领学生、工人、农民及反正军队，在于山一带与旗兵营及逃入旗兵营之清朝官员和文楷所组织之杀汉团，交战两昼夜，革命军得到人民的帮助，愈战愈强，四面包围旗兵营，旗兵营势力不支，乃缴械投降。杀汉团大部被歼灭。总督松寿吞金自杀。将

* 刘春海：时为《福建群报》撰稿人，后任福建都督府秘书，南京国民政府交通部路政司监理科科长。新中国成立后，任北京市前门区、崇文区政协委员，北京市文史研究馆馆员。

军濮寿被捕砍头，其他清廷所派官员，或逃跑或自杀或投降。多年来身世赫赫之大人老爷，一旦土崩瓦解，福建省城遂告“光复”。其他各府州县亦闻风响应，由革命党人、学生、军队群起而轰走官吏，改悬青天白日旗，市民商店结彩、燃放爆竹、唱“光复”凯歌。各府各县也于旬日之间，先后宣告“光复”。

省城“光复”后，组织军政府，设参政员10人，掌管一切军政、民政。未几，又将军政府改为都督府，取消参政员制，在都督府下设政务院，政务院下设四个局（叙官局、税务局、警察局、盐务局），嗣后又曾将局改为署。5个部（民政部、财政部、教育部、外交部、军务部），旋后又将部改为司，并公推孙道仁为都督府都督。孙道仁原系驻闽湘军第十镇统领，“光复”时曾率部反正，饬属攻打旗兵营。推彭寿松为政务院院长，郑祖荫、林斯琛为政务院副院长，推刘通任政务院秘书长兼叙官局局长，推黄展云为教育司司长，郑烈为司法司司长（以上皆系对于革命出力，大有功勋之人），其他各司、各局正拟分别推选人员，郑祖荫谓：“当今推翻了专制，改建共和，似应网罗全省各地各党派有名望之人，入各政务机关，共商为政事，以昭天下为公。”当时彭寿松不以为然，但赞同郑说者人多。于是遂公推高登鲤（谘议局议长，君宪派）任民政司司长，推陈之麟任财政司司长（陈系谘议局议员、华侨），推林长民（谘议局秘书长，君宪派）为外交司司长，其他推选担任各司各局之人名甚多，已记不清楚了。被推选各人，兴高采烈，到司任职，表现朝气蓬勃，革除官僚积习、除旧布新、振作有为。但以无章法无经验，亦有许多措施行不通。尤其聚革命党、旧官僚、君宪派、新军阀、世家子弟、谘议员等冶为一炉，共同参政，薰莸同器，自然矛盾丛生，各人意志不同，见解复杂，设施措置，各走一端，原所期望之共和政治，成了共而不和！

我由沪回闽后，都督府曾札任我为秘书；政务院聘我为顾问；嗣后叙官局刘通局长，复曾邀我到叙官局任叙审员；教育司黄展云司长，延我入教育司任社会教育科长，我或辞谢，或曾到任供职，其间仅一年数个月。而在省城时所经历、所见闻尚有堪记述者。

在省城“光复”之初，为实行民主，征求民意，曾规定组织临时省议会，饬各县均票选议员一人，来省城参加省议会，由是一时各县选出之议员，与各县在省城留学学生及留学东西洋回国之学生，济济英才，群集省城。以外府各县与省城人，语言多不通，省城人向来蔑视外府人，目为乡下佬，故外府人和省城人感情多隔膜。而外府人与外府人之间，交相往来，感情上较亲睦。彼此感慨于多年来省城官绅世家之欺侮，被卑视为乡下佬。此后应如何团结、发挥所能，以表示外府县非无能人，不能再受种种欺侮。由是由宋渊源、林翰、朱滕芬、雷寿彭、刘春海、周翰、潘祖彝、高登艇、雷子声、杨八卿等，发起组织“共和实进会”，规定会章。专收外府人为会员、不介绍福州人入会，成为外府人在省城时常结合集会之总机构。继复筹集经费，开办一报馆，名曰《群报》，聘请苏眇公担任主笔，每日编印一大张，对于省政、各县吏治得失，多所记载、评论，对于地方风习、时事消息、贵族的豪奢、贪官土劣的横霸，多采访登报，敢言敢论，不避权势，表现外府人之喉舌。此报发行后，省城当局及平日蔑视外府人者，乃转为刮目而观，重视外府人，拉拢外府人，外府人之气势乃日高涨。孙道仁之被推为都督，原以其手握兵符，举足轻重，且接受劝告，率部反正，赞助革命之故。但他原非同盟会同志，在武昌起义后，福建同盟会多人运动他率部反正时，他甚犹豫迟疑，嗣察知他部下的团、营、连、排长、士兵，多被运动，各怀热忱，赞成革命，跃跃欲动时，乃答应反正，即发号令，饬所属部队攻打旗兵营，故虽革命功成，彭寿松曾当场表示拥戴孙道仁为都督，而内心实鄙视孙之为人，目为无气魄，首鼠两端，摇摇摆摆，非切实可靠之同志。至彭寿松本人，对于“光复”福建确系首屈一指的中坚人物，抱革命意志多年，最坚决最勇敢，革命时一马当先，率队攻打旗兵营，故公认为革命首功，被推为政务院院长。但他毫无政治学识，流气甚深，自任政务院长后，更趾高气扬，目空一切，处事独断，又常与孙都督意见不合。他以孙道仁手握兵权实力，遂另组一军警特别同盟会，自任会长，隐然表示可与孙抗衡。故孙内心对彭亦殊疑忌，面和心不和。在当时省垣政界中人，有湘派、闽派。而湘派人员中，又有孙派、彭派；闽派人员中，又有外府派、福州派。派别一分就难免你诈我虞，各自拓充力量，排除异己。彭寿松派其胞侄彭荫祥为延建邵道尹，派其党羽李焕为延平知府，黄震白为建宁知府，张祖仪为邵武知府，占据福建上游，虎视福州，更引起他人之疑虑。因而到处窃窃私议，批评彭寿松之作风，指斥其专横粗暴的人日多。有书生蒋筠、黄家宸二人竟连日在市面热闹场所，公开讲演，大骂彭寿松横行无道，肆言诋毁，且故意捏造词言，诽谤彭氏。彭寿松闻之恨极，乃密派党羽，白昼刺杀蒋筠于市；翌日又刺杀黄家宸于途。凶手被捕，送法院审讯时，皆直认杀人是彭会长命令我刺杀他们的。于是舆论哗然，群称堂堂一政务院长，竟凶狠残暴，做此暗杀下流卑鄙之事。更多人愤恨彭，认为彭不去，闽省黑暗将无已时。此时省议会、共和实进会、各外府人员，对彭亦愤恨，常谈论如何铲除此獠。苏眇公更天天在《群报》上，披露彭寿松之不法行为，指斥其罪状，骂得他狗彘不如，文字写得痛快淋漓，使阅者拍手称快。唯彭寿松看了怒极，即派人去查封《群报》馆，逮捕苏眇公，饬打军棍无数，被打得两腿血肉模糊，死去又救活。省议会与共和实进会同人，见报馆被封，主笔被抓去，彭寿松竟如此愈闹愈凶，乃密集共商剪灭彭党、轰走彭氏的方法。当时议长宋渊源自告奋勇，说由他赴北京，向中央请求派兵来闽驱逐彭氏，众赞成，宋遂密行。抵北京，哭诉于袁世凯，控彭寿松祸闽残民种种罪状。此时袁世凯正野心勃勃，欲掌握全权、独行霸道、统一天下、剪除民党势力，故一听宋渊源来请愿，正合孤意，乃派岑春煊率舰带兵来闽，声势汹汹，抵马江，先派人登岸传旨，逼彭寿松即日离闽，免起战祸。彭至此见四面楚歌，大势已去，无可奈何，乃率其眷属党羽买轮赴香港。省商会曾筹集 10 万元赠彭作旅费，并叫各商店爆竹送行。时在上海福州名人陈子范闻宋渊源入京请愿，岑春煊带兵入闽，曾拊膺叹息曰：“孙道仁不可靠，彭寿松不宜去。彭一去，恐枝节横生，是非愈多，将来更不可收拾！”

彭离闽未几日，高等检察院有邱检察官，即出票传拘林斯琛，指为彭党，硬说林与暗杀蒋、黄案有关，但毫无证据。将林拘押数日。以各方支援林斯琛纷纷函电向检察院质询林犯何罪，何故拘押？无词以答，乃释放。

厥后北京国务院竟有密电，饬闽护军使逮捕郑祖荫、刘通、黄展云、严汉民 4 人，押解北京，指为匪徒。在辛亥革命、“光复”福建出力有功勋之人，一转瞬间已变被喊为匪徒。当时，幸郑、严二人赴粤，刘闻风躲避，只黄展云一人被捕监禁，亦未宣布何罪状。

是时，袁世凯之势力日张，他欲统一天下，故对于在辛亥革命曾出力推翻君主专制之人，他皆厌恨防范，认为这是异己的敌人，欲一一设法铲除之，并以乱党匪徒名义捕之杀之，或永远监禁。袁世凯遂派汪声玲、张元奇，先后来闽任省长，厥后又派刘冠雄偕李厚基带兵来闽，派李为护军使，后改为督军，总揽全省军政、民政大权。于是逐渐将辛亥革命后所有政治措施悉数变更，所用民党人员统统更换。

1961 年 5 月 22 日

（选自全国政协文史资料研究委员会编《辛亥革命回忆录》第 8 集，中国文史出版社 2012 年 6 月第 2 版）

厦门的辛亥革命

丘廑竞*

一　同盟会在厦门的活动

同盟会在厦门的革命工作，均由海外华侨机关派人或会员自动回厦组织进行。从海外先后回到厦门秘密活动的，有马尼拉、新加坡、泗水（现印度尼西亚属）这几个地方的华侨。从新加坡来的是施铭。施回厦后患病，在鼓浪屿外国人所办的救世医院就医时，取得该院医生协助，利用外国医院作为掩护，进行活动。周明辉当时在该院学医，亦系参加者之一。从泗水派来的是王振邦（晋江人）。王时已剪发，怕引起清官吏嫌疑，少外出，先寄宿鼓浪屿黄金安处，不

* 丘廑竞：时任《缅甸公报》经理，后在厦门临时筹饷局任职。新中国成立后，任厦门市人大代表，厦门市侨联副主席。

久迁厦门，寓挂外国籍招牌的万成客栈，以资掩护。据个人回忆及调查所及，当时参加同盟会的晋江方面有许卓然、叶青眼、王泉笙等；漳州方面有陈彬侯、白植滋、朱润卿、陈清福（白于漳州“光复”后，因地方别派争夺权力，被陈炸死）、王兆培、张第三、陈智君（亮）等；灌口方面有庄育才、庄佑南、庄文泉、杨浩然等；海汀方面有丘廑竞、许秀峰、苏眇公、颜长春、颜衍园、林斯民、陈畹澜、丘夏民、丘魁迎等；厦门方面有陈德晖、陈金芳（在马尼拉加入）、黄约瑟、黄金安、林振寿、王金印、黄炳辉、林幸福、曾森林、许春草、陈兆麟、周骏烈、庄恩典、刘成沛、刘乌记、张家信、曾沧华、黄蕴珊、李博用、杨山光、蔡世兴、张扬波、林万山、吴益、陈宝瑚、李弯声、吕天宝、曾沧舲、王云青（在新加坡参加）、张海珊等。漳州主盟人是陈彬侯，泉州主盟人是许卓然，厦门主盟人有施铭、王振邦、陈德晖、黄蕴珊。当时宣传品极缺乏，经济也很困难，除了以种种方法进行口头宣传外，曾将邹容所著的《革命军》改名为《图存编》，密向革命群众黄廷元募捐白银 100 两，由刘成沛向萃经堂接洽，承印 1000 册，部分由邮局寄出，部分于深夜自各商店门隙投入。这本小册子起了很大作用，收到不少的效果。

周明辉、丘廑竞、王金印等租赁鼓浪屿仔墘（今泉州路）设立鼓浪屿阅报所，由王金印主持。翌年，丘、王联袂出国，阅报所停办。黄约瑟、黄金安、张扬波等人继起，在鼓浪屿大河墘（今龙头大街）创办“闽南阅报社”。不少群众自动将阅过的报纸、杂志赠给该社，该社得群众的支持，逐渐充实，并且通过阅览所吸收了若干对象。

不少群众对革命工作都积极支持和参加。如在鼓浪屿救世医院学医的周明辉将其宿舍作为联系同志的机关，收存部分宣传品，并把宣传品转托医院中一位女工友代收（这位女工友的儿子后来也参加同盟会）。李博用任大北电报局（丹麦人办的）的高级职员，自愿为革命党人任义务情报员，遇有关于妨碍革命的密电，立即密报党人。许某任美国驻厦领事馆秘书，负责从美国人方面探听有关情报。蔡宾涵是三五公司（日人开的）职员，以鼓浪屿洋墓口自己的住宅为党人临时集会地点。其他如张海珊等利用美利时洋行为通信地点和联络机关，黄约瑟、王振邦等则以三达洋行为秘密联系的机关，振昌洋行则由丘魁迎主持关于联系漳州方面同志的工作。萃经堂印刷工友出工协助印刷宣传品，并保守秘密。这些人都对革命事业作出一定贡献。

厦门同盟会会员在进行秘密革命活动的同时，还做了一些改革社会陋习、破除迷信和祛毒的社会活动。

二　具有反帝意识的同文书院学潮

同文书院是美帝国主义者对厦门人民进行文化侵略的工具。英帝国主义者亦比美帝早几年在鼓浪屿设英华书院。前者以美国驻厦门领事任董事长，厦门海关税务司任副董事长，勾结一些地方豪绅和资本家叶青池、傅孚伯、林菽臧、黄秀琅、钱三、丘振祥等任董事，称为华董，书院一切权力操之美国人韦荼霁（译音）之手。英华书院由英国教会创办，开始没有设董事会，董事多以该院校友充任，经费来源多募自菲律宾华侨。两书院为了互相竞争，勾心斗角，都竭力把它们的毕业生介绍到厦门海关、邮政、电报局、洋行和外国银行任职。

同文书院陈大弼、徐屏山两位教师和学生杨山光，皆具有革命思想。陈系该院毕业生，留在该院任教，经常向上海和海外订购进步报刊，经英国驻厦领事馆邮政递寄，以避免厦门当局检查，阅后介绍给进步学生传阅。徐屏山原台湾籍，因日本占领台湾，不愿做日本的顺民，迁住厦门，任同文书院汉文教员。徐博学多文，富有民族思想，并受他哥哥徐明山（同盟会会员）的影响和鼓励，在编写讲义、讲课和与学生接触时，向学生灌输革命思想。杨山光原是秀才出身，为进修外文，入同文书院肄业，就在这时期参加了同盟会。该校第七班学生因课程大部分为英文，每日仅有汉文课两节，极为不满。陈、徐、杨 3 人即分头鼓动全班学生向当局提出增加汉文课钟点要求。韦荼霁悍然拒绝，并把全班学生开除。社会进步人士对学生行动表示同情和支持，但韦荼霁仍不理睬。于是，第七班学生反抗到底，坚决离开同文。事先由杨山光向其岳父陈子挺接洽，请他出面创办公立中学。陈子挺开设建兴钱庄，秀才出身，平时颇注重教育。他激于义愤，并得到吴荫庭、黄廷元、杨子晖等大力支持，乃毅然出巨资，并成立校董会进行募捐，很快地办起厦门公立中学，陈子挺任监督（即校长）。陈大弼、徐屏山联袂脱离同文，来公立中学任教，并设正、备斋两班，正斋是同文书院第七班学生，备斋是公立小学一班程度较高的学生。公立中学开办后，由于陈、徐两位教师的主持，和杨山光、马大庆等在学生中当骨干，生气勃勃，除根据当时学制施教外，特别注重灌输革命思想及加强体育，进行军事体操。到 1911 年，该校因经费困难停办。

三 厦门“光复”的经过

武昌起义的消息传到厦门后，同盟会会员张海珊等认为在厦门非有自己的报纸鼓吹革命，唤起人民行动不可，即创办《南兴报》，张自任总编辑，以苏君藻、黄幼垣任副主笔，于1911年11月3日出版。这家报纸出版后，“光复”厦门的呼声更响彻遐迩。

厦门道台庆蕃在11月8日夜化装逃下海关巡船并征号，越日搭广西号英轮往上海潜匿租界。同盟会中人如王振邦、黄约瑟、张海珊等乃积极准备采取行动。11月10日，福州宣告“光复”。厦门同盟会中心人物王振邦联同丘汝明、孙印川等6人往见厦门自治会会长陈子挺（厦门自治会在1910年12月成立，实权由各保保长操纵，代表大多由各保董充任）商讨“光复”厦门问题。陈子挺认为厦门无须武装起义，只需等待福州派员前来接收。前往商讨的6人中的非同盟会会员也赞成陈的主张，但同盟会会员王振邦、丘汝明等坚决反对，认为省会福州虽已“光复”，但“光复”伊始，应兴应革，千头万绪，短期间内恐不能顾到厦门，何况厦门市民迫切要求早日“光复”，不应等待。陈等不同意，因而没有取得协议。

同盟会骨干乃秘密会议，决定于11月15日起义。15日午后，一群群、一阵阵的人向寮仔后（现晨光路）行进，顷刻间，天仙茶园（西班牙籍民黄瑞曲经营的戏园）挤满了人，大多数赤手空拳，只极少数人携带手枪，还有香烟罐伪装的假炸弹。在人声嘈杂中，张海珊走到主席台，向到会群众揭发清朝政府的腐败，说明革命的意义，号召大家向道台衙门进攻。他还宣布，凡参加起义的人，左臂上均须扎盖有“革命军”3字的白布条，到“光复”胜利后凭白布条领大洋 5 块。哨笛一鸣，同盟会会员领先，几千个群众列成长蛇队，浩浩荡荡地向目的地挺进。沿途参加的人肩摩踵接，阵容更壮。队伍到达道台衙门时，仅有几个衙役在传达室里站着发抖，其他吏胥也逃走一空，没有遇到任何抵抗，便占领了整个衙门。翌日，军政分府成立，少数人推张海珊任统制，丘汝明（绰号大目）任警察局长，召贞茂、林万山任巡官。是日，杨山光携带一把斑驳的指挥刀，率领几十个群众去接收湖里山炮台，并派陈宝瑚先去说服。不久，陈复命说，炮台管带和全体士兵表示服从。队伍到达时，炮台管带偕同十几个士兵列队欢迎，缴出大炮炮弹和若干步枪，湖里山炮台宣告顺利接收。

为防止盗匪乘机捣乱，黄廷元、杨子晖、洪晓春、黄世金等组织保安会，责令各保自筹经费，日夜派壮丁就地巡逻，地方因此得以安然无事。

同盟会内部分为福州、厦门两派，福州派以张海珊为首，厦门派以王振邦带头。张任统制，王不服，想取而代之。双方各纠集流氓打手，于“光复”后的第四日以手枪、刀棍进行格斗，计死 2 人，伤 28 人。厦门派人多占优势，死的是福州人，伤的也是福州人较多。陈德晖迅速邀请蔡世兴等医生为受伤者进行抢救治疗。同盟会中大多数正派人士，对此事深感痛心。第二天，同盟会和保安会中人在道台衙门开紧急会议，进行调解。讵王振邦的支持者召集几十个打手到道台衙门附近示威，张自觉不敌，知难而退，辞去统制。但王也有所顾忌，不敢就职。地方人士以军政府无人负责，恐发生变故，要求保安会据情电省。福州都督孙道仁即委派原鸿逵任厦门道尹，于 11 月 28 日来厦视事，成立厦门参事会，延聘同盟会、教育会和商会中代表性人物为参议员。被延聘的有黄廷元、杨子晖、黄幼垣、洪晓春、黄约瑟、曾沧舲、陈天恩、蔡德远、杨砚农、傅孚伯、钱三、陈子挺、周墨史等，以李禧、孙印川任秘书。参事会成立后，保安会便无形中取消。黄约瑟本在美国人办的三达洋行（即美孚行）任职，任参事员后，该行经理竟指责他不该参加政治活动，将其撤职。黄因此被迫离乡，到菲律宾谋生活。

厦门“光复”的捷报传到海外，南洋各属华侨团体自动组织募捐队，向各阶层华侨进行募捐支援。缅甸先推庄银安（又名谷甫）携款来厦门主持临时筹饷局，协助办理地方财政。接着，丘廑竞离开《缅甸公报》经理职务，返厦助庄处理内部事宜。槟城吴世荣、陈新政、黄金庆、丘明昶等也筹款汇厦。泗水派庄以卿、庄少谷、王少文带 2 万元到厦支援。各属华侨除支援厦门外，直接汇到南京政府和广东方面的捐款为数更多。

（朱鸿谟等　口述　陈旺火　整理）

（选自全国政协文史资料研究委员会编《辛亥革命回忆录》第 4 集，中国文史出版社 2012 年 6 月第 2 版）

漳州“光复”前后

郑之翰*

“光复”之前

1842年《南京条约》订立后，厦门列为通商口岸之一，自此帝国主义势力逐渐侵入漳州，清廷地方官吏与之互相勾结，加深了对人民的欺压与剥削，从而引起了一系列反对帝国主义侵略者的斗争：平和县烟农抗拒日商三井洋行在小溪（琯溪）的烟厂收购烟叶，漳码各界反对日籍印尼三宝垄糖商郭春秧在石码下浒城（俗称福和）私设糖厂；在声势浩大的义和团反帝

* 郑之翰：时任汀漳龙道参议会文牍员，后任南京国民政府福建省龙溪县县长、澎湖县县长。

运动影响下，接官亭基督教堂被焚毁（1900 年？）[1]、古县天主教案（1903 年）[2]、大岸顶日本布教所教士被殴（1905 年）等相继发生，这说明当时人民反帝情绪的高涨和不可抗拒的斗争正在发展着。当古县教案弄得一乡 700 余户破家荡产时，乡民就有“义和团起义山东，都把洋人弄掉，我们到义和团那边去，看狗官和洋人奈我们何！”的仇恨语。

甲辰（1904 年）、戊申（1908 年）漳州两次的空前大水灾，新兴买办阶级的官僚资本逐步侵入农村，高利贷敲骨吸髓，壮丁粮每钱征收由 2 角升至 2 元多的重剥，人民在生活苦难下，加上重重压迫与剥削，大有“时日曷丧，余及尔偕亡”之慨。1906 年，云霄老农陈苍白假神道设教以聚众，发动了抗租抗粮的义举，各县农民不谋而合多有响应者。漳州镇总兵马金叙以陈苍白谋反上报，密令围捕解漳，还说他党羽多恐会劫夺，乃趁大清早没有人，在镇台衙后演武场把他杀掉。演武场在芝山下，漳州府中学堂设在那里，学生清早起来看见陈尸一具，胡子满沾血花，议论纷纷，后来知道他就是陈苍白，令人想起了封建统治下的农民实在做不得，这正是漳州辛亥革命前夜的形势。

当 1898 年戊戌政变时，漳州知识界的世界观已为康、梁的改良

---

① 1900 年（？）农历五月十七日或十八日，接官亭礼拜堂传教士在该堂宣讲《新约·马太福音》第五章第三十八至第四十二节的道理（经文：“你们听见有话说：‘以眼还眼，以牙还牙’。只是我告诉你们，不要与恶人作对，有人打你的右脸，连左脸也转过来由他打；有人想要告你，要拿你的里衣，连外衣也由他拿去；有人强迫你走一里路，你就走二里路，有求你的，就给他，有向你借贷的，不可推辞。”）武秀才林深闻之骇异与之争辩，对传教士说：“如果这样，那我们可以拿走堂内的座椅。”传教士乃与其争执，过路群众闻声围聚而来，传教士恐事态扩大急关闭堂门，群众目睹林被关在堂内，恐被欺侮，召集邻近居民拥至，要叩门冲入救援，因门紧闭不得入，遂搬柴火堆烧毁教堂。事后官府追究，强责涉嫌者赔款重修教堂。

② 参阅《古县教案》一文。

主义所占据，因此对于同年孙中山先生所确定的“三民主义”革命纲领，可说已没有认识，也极少受其影响。当1905年同盟会成立，正是美国禁止华工的暴行引起全国人民共起反对之时，漳州虽亦不例外，但这是激于爱国热诚，并非因对三民主义有所认识而行动起来的。

漳州的革命思潮是由在海外工作和留学日本归国的青年所传播，同盟会的活动也由他们而开展。陈兆龙（彬侯）在殴打了披着教士外衣的日本特务之后，因不容于地方官吏，乃前往安南（即今越南）任教，就在那里加入同盟会，林者仁（袖湖）、朱润卿等在留学日本时也参加了同盟会。他们归国后，就结合了陈之鸿（清福）、白植滋、王兆培等同盟会员，但主盟者为陈兆龙，于是漳州始有同盟会的组织和活动。但由于当时禁令严，地方人士明哲保身见风趁势居多，因而不但难以发展和巩固组织，也不可能团结力量建立统一战线以从事革命活动。

1909年，庄玉奉孙中山先生之命，从菲律宾前来上海筹组华侨联合总会，当他先回漳州时目睹现状，就对其同学郑无涯这样表示：“革命不是偶然的，如果没有坚强的政治认识，没有统一的领导基础，革命是不会有成果的，漳州革命并不难，但巩固革命成果恐有为难。我决办一个学校作为基础，亦可办一阅书报社以相策应。”翌年，庄玉及其爱人变卖所有，独力创办了一所技术专修学校于乌衣巷谢氏祠堂内，郑无涯亦创办了普及阅书报社和普及业余夜学于南门，作为宣传革命和教育青年的机构。但庄玉创办后未及半年，即因中山先生的催促而赴沪，将校务交由宋善庆主持。不幸庄玉在吴淞口因遇雾船被外轮撞沉而死。

宋善庆（慰乔）原籍浙江湖州，时任汀漳龙道署文案，兼汀漳龙师范教职，平常未尝以身份示人，实以文教工作为掩护而秘密进行革命活动者，他继庄玉以其收入维持技术专修学校外，且自创办师范传习所于河下街，在技术专修学校内又附设世界语学社，作为鼓吹革命的场所。他经常对学生讲述形势和各国革命史，因而学生对之衷心悦服。

“光复”前，同盟会成员和知识分子在革命怒潮的影响下，从事活动的主要工作是宣传。他们设立阅书报所作为公开介绍新思潮的据点；开设演讲堂，由朱润卿主持，每逢星期日邀请各校教师和地方开通人士轮流讲演，宣传帝国主义的侵凌和国势的衰败以鼓吹革命，同时提倡放足、剪发和卫生常识等以树立社会新风气。

“光复”概况

（一）起义易帜

“光复”前的漳州知识分子，因互争权力，已在无形中结合为两派系，先是有力者扶植其亲近，使其丰衣食以为己用，继则习狡无力者，因亲及亲，因友及友，相为攀援，互为依附，以厚声势。

武昌起义后，全国各省响应，闽省处于形势紧张之下，时保定军校学生余逢时（永春县人）、刘继屏、徐廷献、真尧恭、杨逢年等以革命军授意来漳，访其同学徐壮立（湖南人，时任汀漳龙师范体育教职）图有所作为，结果因地方派系各自有其力量，要他们拱手让给别人，自属不易，5 人只得失望回去。后来徐壮立参与讨伐龙济光之役战死于广州，余逢时留日返国后从事革命活动，为军阀李厚基所捕杀，友人吊诗有云：“苌宏化碧男儿事，会尹云亡家国忧”。可见当时军阀的残忍凶顽，而青年志士忠尔亡身的可歌可泣！

闽省会福州于清宣统三年九月十九日（1911 年 11 月 9 日）宣告“光复”后，漳州已势在破竹之下。“光复”前漳州镇总兵马金叙正在北京，汀漳龙道尹何成浩被文案宋善庆所迫走，整个漳州已是“万木无声待雨来”的时候了。

先是陈兆龙、朱润卿、林者仁、王兆培等已密商起义，结合哥老会首领张仪（时绿营及新兵多加入哥老会，张因拥有实力），而苏郁文（眇公）、邱曾三、颜太恨、黄顺昌等，亦以漳州“光复”时机已成熟赶来共谋。“光复”前日，陈兆龙、王兆培、张仪等，以陈智君（亮）身任龙溪县商会副会长，且掌握义仓，乃邀其前来练营密谋，说明形势，迫其参加“光复”活动，当晚朱润卿等携带铁烟罐伪称炸药，威胁狱吏开监尽释囚犯。

在这形势紧迫之下，一时倒向革命，想在革命声中分得余荫，以保全其旧有权势者纷然并起，这从“光复”后的临时政权组织中可以明显地看出。

农历九月二十一日（11 月 11 日），哥老会首领张仪偕其左右曹万益、李青山等一马当先，赶到道尹公署门前，声称要缴械。主谋者随即趁势宣告漳州“光复”，同时明伦堂（府学宫，在今市西桥中心小学内）升起“青天白日”的同盟会会旗，于是揭开了漳州革命的序幕。

次日（二十二日），林者仁以“临时办事处”名义，分电上海、福州、厦门等军政府，文曰：“乞转武昌，漳州独立，速即到漳安民”。同时以“中华民国漳州府”布告安民。①

当宣告“光复”时，漳州镇总兵护理刘勋因响应革命得以留任，但总兵马金叙之子马老四（名不详）深惧革命形势，早率其父亲兵数十名，携带武器遁入东坂后天主教堂内，托庇于西班牙籍教士，紧闭教堂铁门以自卫，不战亦不降。刘勋亦无法处理，但因其拥有武力，不能置之不理，先后经张仪、陈智君出面接洽，劝其缴械投降，保障其安全，部属受编与否听其自由。马老四接受条件后，其部属除星散外，分投于张仪部和张国民（即廖第三）的十四营。

二十三日，龙溪县令曹本章（燕甫）退职而去，差总洪茂云、许添丁护送其骑马出东门，走后陈之鸿派其所开设福南昌照相馆的店伙张瑞华骑马追踪,但曹至东美乡即借居于日本籍民李启接家中，翌日离去。漳州府太守陈嘉言（梅生）在“光复”危急的情况下，与家人围坐地上痛泣，后与绅董出而安民，不数日乃将其孙女送给县绅孙宗蔡，宗蔡赠资使其携眷回里。

（二）政治设施

十月初三日（农历，下同），省派刘蔚（马金叙之婿）为漳州地方司令官，“率部来漳料理军事”；陈培锟为漳州道，“管理地

① 当时布告原文迅抄如下：
“中华民国漳州府：今奉军政命，告吾国民知之：本府所持宗旨，‘排满复汉’四字。湘鄂闽粤汴晋，秦鲁皖赣燕蜀，各省先后起义。汉军所到之处，恢复如破竹势。劝我伯叔兄弟，各安生业勿疑。此系为民除害，用特兴举义旗。须知堂堂大汉，何愿屈膝满夷。请读明末历史，无不血泪沾衣。扬州屠城十日，嘉定杀尽孩提；此外十八行省，到处血肉横飞。兹仇兹恨未雪，中心一日不离。昔贼食我之肉，今吾寝贼之皮。凡吾黄汉子孙，宜共恢复土地。所有投诚军界，尤其恪守军纪。以外绅商学界，照常经营贸易。又有紧要一言，尔等各宜知悉，列强居留内地，更应保护严密。土匪流氓煽惑，从中趁势抢劫，设有汉奸傀儡，立即斩首不惜。自此谕示之后，各宜凛遵毋惑。”

方行政一切事宜”。时漳州府未派人，因当时有废省存道，实行行政三级制的拟议，刘、陈于十三日莅任出示安民，刘勋移交后离职，后以熊正任龙溪县知事。旋省派安抚使蔡凤机（曾任漳州中西学堂教职）来漳进行安抚工作。

“光复”后各府县委派宣抚员：汀州府黄则廉（子振）、南靖县郑世球、平和县郑丹（月秋）、漳浦县叶良鉴（保三）、诏安县余歧。

漳州府设顾问官：陈启裕、黄振荣（鉴堂）、吴拱辰（古亭）、陈廷佐（殿邦）、邱曾三、庄锡谟。

同时府设参议（参事）员会（汀漳龙道附设），在组织章程中规定其职权是：“议决关于漳州辖内各项政务（龙溪县不附设，以本会兼之）”“对地方司令官，除用兵防战外，一切军务得有双方提议，公同议决之权”等。起初拟订的参议员有：苏郁文、陈兆龙、杨慕震（畏线）、郑步云（瑞堂）、吴一鹤（偕琴）、陈辛盘（石忏）、颜太恨、余高坚（仰中），候补是郑张星（斗南）、孙宗蔡、陈庆余、郑太奇等。该会十月二十三日决议：“公决本日颜君太恨未到漳，俟颜君到时选举会长；公推苏君郁文为临时会长；公推徐君丙森为书记长。”其后人选略有更动，如以詹调元为参议员，黄鹤年任书记长。其名义上说是民意机关，实则并非人民选举的代表。

根据该会“推举各局各课人员”“成立办事处及各局课分处”的决议，设立下列各局课：

民事局：许南英（允白）、徐振辉（飞仙）

自治：郑张星　禁烟：吴松亭

实业：曾国思（碧该）

教育局：郑藻山（勺湖）、黄嵩年（仲琴）

交通局：林我锵

财政局：邱曾三、孙宗蔡

清理：林子达　田赋：吴智仁（乐斋）

捐税：蔡襟三（潮初）　收支：庄锡畴

募集：郭远声（用中）　统计：郑谦光

执法局：王春渲（渭北）、陈庆和

审判：郑世球　司狱：杨书林

警务：黄顺昌、陈之鸿　行政：朱润卿

执法：刘远源

府参议员会组成后有下列主要决议：推举苏郁文君编府县编制草议，通过漳州府编制草议，请道台札发本会取定章程于各县，公决照准华嵙社团请留前任县丞林之翰等。但为期不久，这参议机构就取消了，实权又落入于地方官吏之手。

从上述的措施可以看出，似乎在“光复”后即建立了地方政权，但这仅是拟议而已，其后机构即行更动，而人选或辞而不就或另推派，各局课人员除少数系参与“光复”活动者外，大多为地方豪绅殷商，在6个顾问官中，教会权要竟占了半数（陈启裕、黄振荣属基督教，吴拱辰属天主教），这可以充分看出所说革命政权，也和全国一样并没有完成反帝反封建的任务，而是在与封建势力妥协之下建立起来的。

令人奇怪的是，在顾问官、参议员和各局课的人选中，都没有在“光复”时出头露面的林者仁和以县绅地位响应起义的陈 ×× 的名字，据说这是由于林、陈为南、东两派系的主脑，在互争之下不得不避不露面，而退居为幕后的操纵者，这说明革命一开始已经潜伏着内讧的危机。

越年，即1912年初，龙溪县成立县议会和参事会（址在今南昌路黄梧旧公府），由乡镇代表组成：正议长：陈祖诒（垂我）；副议长：吴智仁；议员：王国昌（冠英）、郑张星（以上城区举出），林联光（伯恭）、吴少泉（以上石码举出），黄其龙、陈全仁、陈季硕（以上石、角，东举出），林应升、李义生（以上华崶举出），柯鱼侯（天宝举出），黄朴卿、杨汉东（以上浦南举出），洪树（南乡举出），王跃魁（东乡举出）。

参事会除县议会正副议长兼任外、参事有：郑丹、吴一鹤、陈廷佐、施荫棠（拔苷）、高郑嵩（峻于）、黄振荣、刘颂堂、曾宗藻等，以胡新淦（君湘）为秘书。

这士绅地富殷商所组成的“民意机构”，已不能代表民意，在封建势力逐渐恢复之下，只能与当权者互为勾结，虽议亦不决，决亦不行，其实是起不了什么作用的。其主要工作有：决议裁兵（裁去杂牌军队）、减税（减除苛细杂捐）、办学、修志等。裁兵减税虽部分实现，但阻力横生，终难贯彻执行，创办闽西法政专门学校（址在县议会内），共招生百余名分为两班，后因议会改组（议长兼校长）而停办，民国以来漳州律师多系该校学生。倡修龙溪县志，延湖南名儒沈绣莹（琛笙）为总纂，黄嵩年、徐振辉、胡新淦等为分纂，后亦因议会改组未完成。

（三）社会治安

“光复”前形势紧张，人心惶惶不安，居民迁徙逃避，商店关门，地方呈现一片纷扰局面。“光复”时，参与起义者多只手臂缠上一个白布，手无武器，而领导“光复”者都是往日常见的熟人，人们认为这样哪有力量维持地方治安。陈兆龙、黄顺昌从海沧一带召来了平日贩买鱼虾的农民百余人赶来维持秩序，因他们只带些鸟枪、牛腿枪、长木棍、腰刀和铁尺等，没有什么威风，次日也就回去了。

翌日，张国明、马伯州（马叶）、庄用几、朱盘等即带其爪牙纷纷进城，这多是陈兆龙所布置的。但并非其真实的基本队伍，只是一时投机倒向革命而结合的地方恶势力而已。

那时汀漳龙师范的学生和附属小学的高年级生，久在宋善庆的教育和影响下，富有革命思想和热情，因而在“光复”前夕已组织学生军，为数百余人，由宋向道署借出枪械，担任临时治安工作，以辅助地方军警，虽装备不完善，士气却极勇壮，宋实为不出面的领导者，学生军计一大队，分若干小队，领队者为丘仁和、曾紫坦、林有壬、杨鸿逵、陈济舟等，都是师范戊、乙两班学生；而张金波、朱自楫、苏鹤年、林春元、管奋庸等，均系附小高年级生。

同时，县第一高级小学堂学生陈铸（寿西）、陈畴（寿田）两兄弟，因受县商会长陈廷佐的委托，也结合其同学潘澄峨、孙绍武、柯文钦、包国材、张厚坤等组织了“警察队”，但仅在“光复”初期担任维持地方秩序之责，旋即解散。后陈铸、潘澄峨、王兆庸和黄朴庵、管奋庸、郑祥鸾等，以参与“光复”有功，经省财长陈之麟（芷汀）的介绍，分别被送入省陆军小学和马江海军学校肄业。

九月二十四日，漳镇护理刘勋、漳州府陈嘉言会同绅贵并率队四出安民,县商会坐办施荫棠骑马手执会旗奔走劝告商民开市贸易。民心稳定，始有陆续开市贸易者。

九月二十七日，为维持地方治安，厦门安抚军奉厦门南部分府之命，由白国华、陈庆、陈铭、高义、许赞元、叶世春、陈子珊等率队前来漳州，以“‘光复’各部，维持治安”。

以张仪为首的哥老会徒，多是湖南游勇和绿营而临时凑合者，后又收容马老四残部，纪律更为败坏，及地方司令官刘蔚率部抵漳后，因不受节制，其左右曹万益、李春山不久即在公府路（今南昌路）寓所被刺杀，张不知去向，所部亦如鸟兽散。

张国民为首所纠合者，虽实力较强，但纪律亦不佳，刘蔚莅任后，对于杂牌军尽予解散或受编，张部名为“十四营”，但仍不受节制，或说系有大力者在暗中支持，备作武装后盾，后令裁撤，该营即纠集40余人，称其被裁系“由于地方士绅的捣鬼，须杀尽彼等以报复”，因而蜂拥到各社团主持者的店中、家中大肆骚扰搜索，东门天一垂记参店（县议会议长陈祖诒所开设）和南门合记豆饼行（县商会会长陈廷佐所开）均被搜劫，因而东门一带一时罢市。后三日又有妇女成群，自称十四营家属，以其丈夫子弟失业为借口，再向上述两店吵闹。

由于地方军事不能统一领导与指挥，而一时投机倒向革命的“英雄好汉”又各怀异志，因而匪患频仍、械斗时起，社会出现纷扰状态。如郡北乌石亭过客来往常受抢劫，埔头盐课馆因平日挟怨乘机被劫报复；如南乡九宝窟与吴琪塘、古县与洪塘水头、天宝乡柯杨两姓的械斗相继发生，乃有西北乡在北庙、风林保二十社在诗浦大庙集会讨论联防问题。

一时物价腾贵，米价尤甚，参议会虽议决发义仓积谷平价发售以维民食，但效果不大。而杂捐扰民尤为苛细，汀漳龙道曾出示停免铁路附加、砖瓦、猪、戏、水果、竹木等捐，但民团未除，佃租仍极苛重，佃户起而抗纳官租。后此县议会虽有裁兵减税的提议，但议而不决，或决而不行，亦未能切实减轻人民的负担。

由于兵员庞杂，不但加重人民负担，且扰民滋事，乃将第五、六、七、八、十二、十三六营义勇队均予解散，由文忠吉、夏梦湖护送回湖南原籍。后省派黄培松为漳泉清乡督办，进行清剿以安定地方。

（四）党派纷争

地方“光复”后，党派的活动也随之活跃起来，一时有“漳州和国民会”，由南厢李梦周发起，集合几十人在文川里魏氏书舍开会研究组织简章，推卢陈巍起草；“漳州国民联安会”，由东厢林荣周发起，集合郑伏波等10余人在其家开会，推黄嵩年、施存宽起草组织章程；“漳州国民协会”在农会开会，但都瞬息消失了。

继有李怀霜领导的自由党在漳州的活动，其时省设有省党部，漳州设府或县党部。后分裂为东、南自由党，对立互争：东自由党设于马坪街（今延安南路），由李汉（纪堂）主持，推陈祖诒为党魁，党员数十人，多为知识分子；南自由党设于大路头（今厦门路），陈兆龙自为党魁，党员亦数十人，因与张国民的“十四营”有关系，较东自由党有实力。李汉、陈兆龙个性都极倔强，互不示弱，曾有一次李汉在澄观道上，深夜被暴徒攒击，几至身死，泅水得以幸免。但为期不久亦解散。

同时江亢虎领导的社会党，亦由上海本部派员来漳开展组织活动，参加者多为青年学生如陈家瑞等，在府学宫五王殿办公，但半年后亦无形星散。

这些组织已没有明确的政治目标和健全的组织，目的也不在切实从事革命工作，而是为争权夺利的一时结合。

更主要的是，具有社会地位，又拥有武力为依恃，且是参与“光复”领导的东、南两党（其实只是势力结合的派系）的互争，在“光复”前已在无形中互相排斥，在“光复”后更为争夺权力而处于水火不相容之中，明伦堂的所设“全漳团体大会”即互争公开化的第一炮。

十月十二日，在明伦堂召开“全漳团体大会”，到会者千余人，会场严加戒备。会上南党首要林者仁宣布东党首要陈智君的七大罪状，说他盗窃革命功绩，欺骗人民。“永远不许其干预社会中事”，连及其同党数人，并分发宣言，这不但是矛盾尖锐的表现，且是事前经过周密策划的。从此这两党派在地方上互相争夺达二三十年，为害不浅。

在明伦堂大会后的第三日，即十月十五日晚，陈之鸿（时任警察局局长）邀请宋善庆在福南昌照相馆内欢宴，席散后，约8点钟，宋出门不远独自步行至马坪街后巷头时，即被预伏的暴徒狙击，腹部中两弹而毙命，时年仅36岁。当宋被杀时，林者仁等正在南河船中欢聚，忽闻凶讯，即由人护送返家。

宋善庆来漳将近10年，“光复”前秘密进行革命工作，参与预谋，迫走其友人与上司汀漳龙道尹何成浩，他忠心耿耿，尽已为人以至于死，平地一声雷，闻者骇怪而痛悼，因宋平日孑然一身，独往独来，已未依附各派，亦无嫌怨，今忽死于非命。据传其致死原因，有说系代人作宣言所致；有说其时府县有推举之议，因宋的学生众多，且孚有声望，恐有被举可能，争者因下毒手；有说因宋暗中与人争做道尹而被害。总之，传说虽纷纷，其死于争权挟怨者当可断言。或问此案显与明伦堂大会的明争有关，为何不杀林者仁而害宋善庆呢？据熟悉当时情况者答曰：“林者仁不独拥有地方势力，且在‘光复’后的明争暗斗中，时有护卫者随行，难下毒手，而宋客居漳州，且无亲属，杀后当无苦主为其伸冤报复，乃被作为'杀鸡儆猴'的牺牲者。"

宋死后，汀漳龙师范学生为其开追悼会，道尹陈培锟挽联云：

折狱我无能，自愧栽刍憔一束；
盖棺君已痛，何堪燃豆本同根。

陈祖诒挽联云：

看今日追悼先生，仇人亦称知己；
到此时空余后死，……（下句忘记）。

从这些哀伤、委婉的联句中，可以看出当时的当权者对于案情是多少了解的，只是不敢认真追究，恐系投鼠忌器，乃不了了之。但宋实死于革命，而漳州革命伊始即带来暗杀善良的坏风气，这是不足为训的，人们为宋善庆之死惜，更为漳州的革命前途惜！

宋被刺后，李汉（时主持东自由党）窥测陈祖诒（时任东自由党理事长）上述挽联之意，曾私自以祖诒名义报省，诉陈之鸿为刺宋凶手。后陈之鸿获悉竟于某夜持枪叩门盘诘祖诒，祖诒婉言当系李汉所为，之鸿始悻悻退出，旋对陈智君说："姑饶他！"

翌年，1912年春节期间某夜，陈之鸿（时退警察局副局长），偕林万山（时任警察局局长）、白植滋（时任警察局秘书）同行至"千古一人"庙边（今北京路与霞薰里交叉处），突被潜伏于围墙内者投弹炸杀，陈中弹即死，白伤重后亦死，林伤额未死。按图谋者当在杀陈，而白、林同行因被累及。一时议论又纷起：或说为宋案报复者，或说宋案主谋者杀陈以灭口，或说因陈平日骄矜致死。但这也出诸揣测，无以证案。

“洪宪”中的丑剧

漳州的“光复”，和全国各地同样是不彻底的革命，这从上述的概况已可看得很清楚了。尤可痛心的是“光复”未及一月，即十月十二日明伦堂的“全漳团体大会”上，就提出了“拟请原龙溪县知事曹本章来漳任知府”的决议，这说明了地方的豪绅们已在进一步向封建统治势力勾结、投降了。十一月初省都督复示允派，后乃改任汀漳龙道尹。自此封建统治势力逐渐抬头，封建制度逐步恢复，社会又于封建统治之下，革命声势消失无余，人民仍在帝国主义和封建势力重重欺压和践踏之下过着不聊生的生活，当陈培锟离任时有两句诗说：“伤心看海水，挥泪别漳州”。真的，当时帝国主义的海水确在翻飞，地方的政治亦实足挥泪，身当其境的陈道尹的感想如此，其他更可知了。

因此，当袁世凯窃夺中华民国大总统职位后，阴谋称帝登基，密电各省由道尹公署勾结当地豪绅等筹设“劝进会”（又名“劝袁会”）时，汀漳龙道尹曹本章以“劝进会”已成立，乃召集豪绅、商会长、农会长、校长等集议，准备联名上劝进表，“光复”时投机参与革命的林者仁、余高坚等提议由进士汪春源领衔，一班劣绅、商会长、校长附和，劝进表誊清后，交由曹转呈北京，表上无耻地歌颂袁世凯推翻清廷的功绩，并拥载登基，其中有“劳苦功高，应顺民情以登基；

“光复”绩大，合衡国势而从权”等语。

1915年末，袁世凯称帝时，曹道尹乃一面交代城厢士绅催促各裁缝店、绣机店赶制“龙旗”，悬挂于各衙门的大门上；一面“开科取士”，曹自任漳州主考官，以参与“光复”的陈智君为巡场官，一时汀漳龙三属的文人纷纷赶来漳城应试，因而商业、饮食业等顿形繁荣景象。时有福建省立第二师范教员戴国桢者，不但附名劝进，且报名应考，听说考题是“宋向戎兵论”。戴国桢被取为“俊上”后，立即刊牌曰：“新科俊士”，且在其居住的杉巷（今厦门路）寓前连演京剧、宴客3天。又返其故乡南靖县墨场，在宗祠挂匾以光宗耀祖。影响所及，不少举、贡、秀才亦把箱箧中的青衿一曝，以为还有可用。据说“俊士”所穿的青衿，乃仿照清朝举贡所用的乌色青衿，用蓝锻镶边；帽子亦以清朝的官帽加以改换。至于商家账簿、学校表报等，也都改用“洪宪元年”，一时社会呈现了复古的景象，但这丑剧不久就在反袁运动的“护法战争”中消失了。一班在此丑剧中的革命投机者，不但原形毕露，也从此成为反动统治的垫脚石，时隐时现于社会上，但他们终为时代所淘汰，也为人民所唾弃。

（本篇系根据郑之翰、陈寿西、施初伯、林廷、包国材等的片断资料，并经分别访问核实，召开专题座谈会由庄受福加以补充订正而综合整理）

（选自全国政协文史资料研究委员会编《辛亥革命回忆录》第8集，中国文史出版社2012年6月第2版）

辛亥革命上杭民军被陷记

吴梅林 *

一　革命前地方概况

辛亥革命后，各省政权为豪绅地主所篡夺。而上杭民军进城不满一月，卒为地方封建武装所陷，惨遭焚戮，更可哀矣！揆厥缘由，盖地方特殊情况使之然也。

上杭县属福建西南之汀州，南连百粤，北近赣南。汀江经杭城东南，流入县属峰市镇（后改隶永定县），下注韩江。赣南米豆、汀属各县之纸木烟丝，经汀江运至峰市，再经韩江运至潮州、汕头出口；盐、布、百货从汕头、潮州经韩江运至峰市，再经汀江运至

* 吴梅林：时为福建上杭学生。

汀属各县，由长汀转入赣南，峰市镇盖为闽、粤、赣货运之吐纳口。杭城自东至西有大街，其两端延至东西两城门外，长约五里，有店铺700余间，左右相对，鳞次栉比，市况极为繁荣。《福建通志》云："上杭比屋裕如，士勤学业，彬彬文物，有类大邦；仆隶下人，各治生产。"《新郡志》云："上杭文物类于大邦，科名甲于诸邑，家家建追远之庙，户户置时祭之资。"城中多故家大族，祠堂庙宇以及富贵人家之巨宅广厦，建制多类宫殿。居民分13铺（另附郭4铺，共17铺）。各铺街巷设栅门，夜上栅，更夫敲梆巡夜，有如古之所谓"重门击柝，以御暴客"也。城池坚固，太平天国翼王石达开部以数十万之众，攻城未下，因有"铁上杭"之称。杭城虽僻处山隅，实一商业城市，亦有名之封建堡垒也。

清末，政府无能，屈辱在帝国主义淫威之下，外来侵略，与日俱深。上杭有志之士，蒿目时艰，极为忧愤。是时，中国同盟会成立，章炳麟主编《民报》，鼓吹革命，宣传同盟会"驱除鞑虏，恢复中华，创立民国，平均地权"之宗旨，而保皇会梁启超出版《新民丛报》，反对革命，反对民主，主张"开明专制"。上述两种刊物，同时在上杭知识界传播两种不同思想。同盟会革命宗旨为爱国青年所欢迎，吸引部分先进之小资产阶级知识分子。保皇会主张则符合一般地主绅士与部分大商人之愿望。然绅士中亦有进步分子，如兰溪丘复（荷公，举人）与镇平丘逢甲（仓海）有旧，广州起义时，任两广方言学堂教员，前在县城丘总祠创办师范传习所（时称民主师范），又在兰溪倡设立本小学堂，以教育后进、传播新知为己任。复本南社社员，与吴江柳亚子为文字交，尝重编明遗民刘鳌石《天潮阁集》，并请柳亚子为之序，以寄国家民族之思。当时民立师范及立本小学堂学生，多受其影响。同时，城中开办琴冈高等小学堂及崇正小学堂，由城中绅士陈紫垣（举人）、丘显丞（拔贡）、雷熙春（拔贡）等董其事。革命思潮日益在各学堂中迅速传播，革命书刊日益为青年学生所爱读。崇正小学堂学生郭筱川（中共烈士郭百筹之父）家，所藏新书至富，在同学中辗转传阅，咸以阅读禁书为快事。此足见当年知识界倾向革命之情，甚为殷切；然仅形诸思想而已，尚无实际行动也。

武昌起义后，各省纷纷响应。上杭在此时局激荡之下，人心极不安定。时在城清朝官吏有知县龚时富、游击张鹏飞，军队则有福队营一哨，40 人，毛瑟枪 40 支。此外有地方封建武装团防局团勇、民团及商团。团防局局长郭月航（武秀才）与巨绅丘显丞、郭集泮、林镜涵等共主持局务。驻局团勇仅十数人，其余民团、商团，自住户及商店中调集壮丁编队，无事在家在店，各从其业，有事则临时召集，听候调遣。所用武器，除土铳、大刀、长矛之外，别无枪械。团防局名为捍卫地方，实则为殷商富户守护家业。时局急剧转变，地方官绅皆首鼠两端，态度暧昧。至一般城市居民，则数千年封建落后之积习已深，又慑于清朝专制淫威，不唯不敢接近进步人士，甚至仇视者有之。唯县之东南各乡，地近粤东，得风气之先，趋向革命，尤以兰稔诸乡为著。嗣后，民军来自大埔，兰稔诸乡革命党人与之合，卒以客军不谙地方情况，不一月而被封建武力所摧陷，非无因也。

二　上杭独立与民军活动

革命思潮在各学堂中传播，具如上述，然只是思想，尚无行动。

有之，则自民立师范与立本小学堂始。山东人李宗尧在稔溪开体育社，秘密进行革命活动，暗中与大埔、永定、峰市党人联系，组织民军。民立师范学生多兰稔乡人，立本小学堂设在兰溪，学生多系乡中子弟，既接受革命思潮于前，又与宗尧体育社接触于后，遂由思想而行动，而加入民军。此外，县城设工艺（纺织）传习所，亦为传播革命思想与进行革命活动之所。教员蔡梅生（梅县人）在学徒中宣传革命宗旨。又城内人丁凤洲（生员）在永定汤湖赁屋教书，与革命党人来往，旋回县城活动，与其结盟兄弟郭贡廷、陈笏臣、李虎侯共事，机关设丁瑞庵公祠。大埔党人涂演凡（廪生）与峰市党人曹东旭先后来县，与凤洲联系，设民军报名处，由凤洲主持。在城人丁履仁、张文雄、张茂棠、卢德荣、谢文秀、谢福生、郭老七、兰金芳及工艺传习所部分学徒，报名参加民军。演凡在瑞庵公祠放映电影，作宣传，并秘密制造炸弹。党人相约，以剪辫、着蓝色卫生衣为号，准备起义。九月下旬，时局紧张，李宗尧往大埔、永定、峰市一带，策划起事。涂演凡在杭公开宣传革命。九月二十八日，曹东旭到县衙，促知县龚时富宣布独立，邀集城中绅士在自治会开会商议。九月二十九日夜10时，宣布上杭独立，县衙门首树白旗，上书“恭祝中华民国独立”8个大字。各行店铺，亦俱树“新汉万年”四字白旗，全城店铺住户燃放爆竹，以示庆祝。然地方官绅阳奉阴违，政权武装，仍旧不动。民军方面仅有六轮手枪及自制炸弹，实力不厚，无可作为。在此大局动荡之际，桀黠者乃乘机窃发，肆行掠夺。十月初一日，樊彪进城，张贴告示，自称新汉民军，兼理粮饷。夜8时，派队伍巡查，并到县衙及厘金局闹借饷款。知县龚时富不得已以龙边200元与之。樊彪本旧营游勇，湖南人，流落汀杭各地娼馆中。

至是，乃以其同乡关系，诱致福队营人枪十二，擅作威福，诓骗官民。其党有丘长元、邹寿哩，皆洪会中人，与樊彪仍旧出入娼馆。杭人以其出身不正，必为盗匪，人心惊惶，团勇、民团及商团彻夜巡守，以为戒备。初二日樊彪率队赴武平，人心稍安。

李宗尧在大埔联络华侨林铁汉等举事，宗尧任惠潮嘉民军军政部分部总司令。杭城民军，以无实力，难以安定地方，乃驰书大埔民军，请其派队来杭，维持治安。宗尧乃派梅县人童国珍率民军 40 余人来杭。十月初四日上午 10 时进城，通街鸣炮迎接。童国珍与在城民军中人同至团防局召开会议，知县龚时富、游击张鹏飞及地方绅士皆与会，选举童国珍为军政长，詹鸿逵（杭城人，举人）为民政长，李逢甲（本县院日乡人）为财政长。会同知县、游击及地方绅士到福队营晓谕军士，将枪械弹药缴交民军，计毛瑟枪 28 支，其余 12 支为樊彪取去。民军军政部设百获堂，一部民军驻阳明祠。民军取得政权、武装，乃宣布革命纪律：

（一）违背宗旨者；

（二）泄露机关者；

（三）毁坏学堂者；

（四）焚烧教堂者；

（五）杀害洋人者；

（六）抢劫商店者；

（七）强买强卖者；

（八）奸淫妇女者；

（九）扰乱地方者，有一如此，杀无赦。

是日夜 12 时，又到民军一队，欲进城。城门已闭，城中绅士不允开城。翌日巳刻始入城。首领杨伯震（大埔三河坝人，学生，20余岁）、温开元（峰市人，洪会头子，50多岁）、李云卿（籍贯、出身不明），部众有70余人，仅有枪数支，余持大刀。杨等进城，径至县衙，要知县剪辫交印，其部属又将上杭县牌及团防局灯笼捣毁。一时人心慌乱，商店闭门。在城民军，出街安民，商店始复开市。杨、温部驻福队营营房（原自新所，在县衙左近）。夜12时，杨伯震于团防局传集全城绅士，审问杭城情况，并勒令剪发。内有巨绅陈紫垣（举人）被其斥骂，谓陈吞食县款，欲杀之。适知县在旁，谓陈老成练达，并非坏人，到会在城人士佥同担保，始罢。初六日上午，杨伯震要知县龚时富清算财赋，索饷款2000元。时富以500元与之。温开元与县吏陈佐邦朋比为奸，一榻横陈，共吸鸦片。杨、温如此，童国珍等心恶之，但不相统属，不听约束，亦无如之何。

李宗尧于大埔独立之后，令林铁汉留守，自率拳师及民军80余人，向汀属发展。十月初六日下午4时到杭城，驻阳明祠。童国珍以杨、温等不听约束，告诸宗尧。宗尧决意除之，深夜2时许，派10余人径至县衙，击杀杨伯震、温开元、李云卿及其党5人，又于阳明洞内杀4人。余党就捕者40余人，经审问后，每人发给龙边一元，押出城外遣散。初七日，人心惊惶，通街闭市。初八日，军政部出示安民，始开市。初九日，宗尧以杭局已定，嘱国珍留守，自率民军60余人向长汀进发。是日上午7时，送信人从峰市回杭报信，谓有温开元匪部200余人来杭报仇。附郭居民及东关外店铺闻讯，纷纷迁入城内，城门紧闭，人心惊恐。旋探得匪部已散，不曾来杭，至初十日人心稍定。驻城民军为保地方安全，派出哨兵分守四大城门。每日上午8时始开城，出入人等，严加盘诘。附郭农民入城卖菜，往往在城外久待，荒时废业，深感不便，心衔之。军政部又以鸦片赌博，最为害人，而烟馆赌场，人至庞杂，且易滋事，乃厉行新政，严禁烟赌，而烟鬼赌徒、流氓土棍，失其生计，更恨之刺骨。

省中独立文告至县，令时富仍旧供职。民军屡促时富清算财赋，销毁旧印，时富迟迟不果，只允以义仓储谷拨充民军军饷。当时城中绅士、团防局诸人之与民军，本虚与委蛇，而阴为掣肘。至是以义仓储谷本杭城居民所以备荒者，以为军食，皆不悦，然又不欲公开反对，得罪民军，乃阴使人于居民中散布危言，谓义仓储谷拨充军饷，明年春荒，何以接济。居民闻讯，咸起反对，敌视民军。是固时富金蝉脱壳之计，以义仓储谷啖民军，以缓财赋之清算，又借此以离间军民，使成敌国，计亦毒矣。

三　民军被陷

李宗尧率民军进驻汀城，时樊彪已由武平到汀州，啸聚旧营、福队营兵勇与地方恶棍，勾结协台刘某，计陷民军。十月十四日夜8时，袭击民军驻所永定会馆崇德堂，并包围之。民军涂演凡与党人赖某向樊军演说，晓以大义，仓促为樊军开枪击毙。民军乃掷出炸弹，毙樊军20余人。樊军纵火焚烧崇德堂，民军死难者40余人。宗尧出走，十七日回杭，分向大埔、永定等处调集民军，以图克复汀郡。唯自汀城败警至县，杭人益轻视民军。财政长李逢甲与丁凤洲、郭贡廷等，向知县龚时富及团防局当事者索取公款，要求将各商饷银及坐贾铺捐归民军收入，以应军需，又将义仓储谷拨充军食。时富与团防局当事者当面允许，而阴为阻难，更以义仓储谷，事关民食，激动公愤。流氓、土棍更欲乘机倡乱，散布谣言，捏造民军将包围团防局消息，以是人心惶恐，不可终日。驻城民军军政部以情势急剧转变，驰书大埔民军，请求增援。十月二十七日夜，民军张善纪（我武，太拔乡人，日本留学生）等3人进城，取去东城城门锁匙，意欲开城以接来援之客军，旋为团防局第二铺分团取回。二十八日巳刻，从大埔而来之林铁汉，率民军10余人到县。城内民军出城迎接，进城后，驻百获堂。先是在城人谢希尧（蔚卿，同盟会员）在大埔为敢死队副队长，与铁汉共隶军籍，其父召之回县。铁汉到县，即到谢家访希尧，邀与共事。是日上午希尧至县衙及游击处，索取旧印，缴交军政部。团防局当事者，以民军增援部队到杭，疑有变，乃先发制人，应使团勇分赴水西渡、潭头等处，将渡船泊右岸，断绝交通，以截民军后路。下午4时，团防局条谕各铺民团及商团，各持军器，到总局门首集中待命，以防变乱。部署毕，乃邀民军童国珍等到局议事。迨童等到局，各铺民团及商团20余人已拥至总局门前，流氓、土棍杂在民团队中，大声喊杀。国珍闻变，欲出。郭集泮阻之，劝防不测。国珍不听，从后门出至中街，欲回百获堂。民团分两路奔百获堂，欲夺回县印，并收缴民军枪械。国珍走不远，被两路民团夹攻，为自卫计，掷炸弹，弹着地未伤人。追者趋前，乱刀砍斫，国珍倒毙于郭家门侧之字纸炉边。众奔百获堂，民军闭门拒守，开枪击毙团勇谢佳文。众益愤，舁巨炮至琴冈书院左巷，轰击百获堂。烂匪郑传书矫健有力，身背煤油一罐，跃登琴冈书院屋顶，纵火焚烧。琴冈小学图书、仪器及一切校具，为众搬抢一空。百获堂在琴冈书院后面，近北城，民军突围出。无如团防局早将四城紧闭，饬众分路截杀，以首级报功给赏。

城内杀死20余人，其从北门跳城逃走者20余人，又被北门外民团截杀15人。众将民军头颅掷放萃英书院门首，累累者为状至惨。郭集泮恐杀戮过大，乃宣告生擒者赏加倍。驻杭民军不及百人，事后统计，除生擒者外，被杀害者42人，重伤回家死者4人。城籍民军谢希尧、丁凤洲、郭贡廷走匿亲友家，得脱险。林铁汉本华侨，以重金赂其宗人某，易服逃出，未遇害。是日全城罢市。二十九日，时富出街安民，又喝捕民立师范毕业生丘子溪。子溪本非民军，因民军促时富算交财政，子溪适自漳州归，参与其间，致触其怒。十一月初一日巳刻，时富提审在囚民军，缚子溪与先一日被拘之立本高等小学毕业生丘景福、丘凤镛3人杀之。余由各乡具保释放。谢希尧之父介圭，本在城富户，希尧出走，介圭亦逃奔在外。时富令将介圭家业充公，以其储谷70石拨入义仓。阵亡团勇谢佳文，由团防局备衣衾棺椁为之殡殓埋葬，立“义勇堪嘉”牌坊，以示追悼，以龙边200元给佳文母，作生养死葬费。

民军被陷，死者除大埔、永定籍外，多本县兰稔乡人。城中恐民军及兰稔乡人报复，严为戒备。日间有人进城，严加盘诘。入夜城门紧闭，十三铺民团及商团，登城戍守，绅士巡城。每夜由殷富人家煮粥以饷守城者，如是者一月有奇。

樊彪于汀郡击败民军后，闻杭变，乃率众分乘4船，顺流而下，欲取上杭。舟至杭境官庄乡，为当地民团截击。樊彪率众登岸对抗，以众寡不敌，遁去。其船在混乱中，过滩直下，十一月初六日下午到杭。内有赖佳哩（武平高梧乡人）出来问话，谓有汀州府刘中协书札，派樊彪来杭镇守云云。城中人以樊彪行为舛谬，疑为盗匪，欲开炮轰击。官绅阻之，派团勇至船查看，起获军器火药，其人则嘱留船候令发落。夜10时，船中人逃窜。城楼戍守者发觉，擂鼓发警报。民团开城出，分路截捕，拿获10余人。内有洪某，湖南人，原福锵营军勇，置狱中，余经知县审问后释放。初八日知县提审在狱洪某，用刑后，始吐实云，樊党乘乱，冀有所掠夺。时富据供，乃悬赏200元，通缉樊彪到案。樊彪被官庄民团击败后，逃至千家村转武平中堡乡，初九日为当地民团捕获，来杭报知。杭城团防局派团勇10余人，前往中堡，十二日将樊彪拿回杭城。杭人欲杀之，适汀郡来文，要将其送回汀州，未果杀。十三日下午，时富备文将樊彪解回汀郡。至西门外，为众击杀。郑传书更剖其胸，取其心而烹食之。

郑传书本剧盗，有膂力，行动矫捷，腾踔飞跃如猿猱。尝入夜行窃，跃登某店屋顶，摘去瓦桷而下，有店伙卧睡柜侧，而传书则卧柜上，扭去锁，取其银钱，复登屋顶，置其瓦桷如故而去，而店中人犹不知也。自摧陷民军以后，传书自伐其功，益骄纵，人皆侧目。城中官绅惧民军及乡人报复，倚为护符，不敢撄其锋，惴惴终日，可怜亦复可笑也。

四　城乡和解，追悼民军遇难烈士

民军被陷，兰溪丘复在沪，请于南京孙大总统，电闽孙都督昭雪。孙都督派管带王挺至县处理。十五日知县龚时富接孙都督来文，派兵来杭镇守。然交通不便，省军迟迟不至。谣言不辍，人心惶惶，而杭城戒备仍不敢或懈也。十一月三十日申刻，管带王挺率部400余人从永定到杭。城中惊传兰稔报仇者至，闭城拒之。王军乃暂驻东关外夫人宫。县衙中人，入报时富。适永定知县罗啸泉赴任过杭，拜访时富。啸泉湖南人，与王有旧，时富乃邀啸泉与在城绅士丘显丞3人缒城下，至管带王挺营中，备述城中惊恐及惧兰稔复仇情状，请大军明日进城。王初不悦，旋以时已夜分，虑百姓惊扰，乃允如所请。十二月初一日，王挺及其部队进城，在城官绅以鼓乐欢迎，通衢悬挂“欢迎大汉义军”旗帜，鸣炮焚香，极为隆重。王军进城，分驻县衙、厘金局及警务局3处。王挺询问官绅，备悉事变经过，以城乡冲突，应为和解。初二日分函四乡绅士，各举代表到城，协商解决。初三日管带范庆升率部百余人，从汀州至县；十八日又有管带刘茂生率部30余人，亦从汀城至县。四乡代表到城后，由王挺主持，会同范、刘二管带及地方官绅，商议和平解决城乡纠纷。二十八日决议，判由城内赔修县立小学银圆8000元，烈士祠墓抚恤等费银圆7000元。四乡代表要求惩办祸首，佥以郑传书为肇事罪魁，决以抵罪，以泄公愤。然郑桀黠，又孔武有力，不易捕。初五日，乃设计由王营哨官二三人，邀郑至厘金局驻所饮酒，酒酣，哨官某约郑骋马通衢。哨官骑径入县衙，郑亦随之入。时衙内已设伏，迨郑入内，两旁伏兵骤前，遂就捕，即日申刻正法。王挺恐郑党劫法场，故派一队至西郊刑场，转移目标，众尾随队伍往观，而刀斧手则缚郑至南门码头杀之。樊彪亲人某在军中，亦将郑剖取其心烹食之，为彪报仇。初八日四乡绅士为死难民军烈士开追悼大会于阳明祠，大门设“崇拜英雄”匾额。指定东门外清惠书院旧址，建烈士祠，曰“昭愍”。二十八日遇难烈士丘师柳等41人合葬西门外演武亭侧，十一月初一日遇害烈士丘子溪等3人，亦合葬诸烈士墓前。当日遗体纵横，共埋黄土，至是始为筑墓。其伤重死于家者4人，姓名今无可考矣。

民军革命之对象，本为清朝专制政权，上杭民军之革命，竟一变而为城乡敌对，其故何哉？无他，县城乃封建堡垒，又为商人麇集之处，豪绅地主、巨贾殷商，既慑于专制帝王之淫威，又惮革命之于己不利，乃对革命阳示顺从而阴为破坏。而民军领袖来自邻县大埔、嘉应等地，不谙地方情况；其所施为，亦有不得人心者，以致脱离群众，陷于孤立。知县龚时富，更以义仓储谷，允作军食，造成民军与在城居民之利害冲突，遂酿巨变。事后，省方派王挺来杭处理，不责封建势力之摧陷革命，而目为城乡纠纷，膺惩祸首，又非其人，卒以城乡和解寝事，如此颟顸，识者哂之。固然，辛亥革命之果实，为立宪派所攘夺，全国如斯，上杭岂能例外；乃革命党人不死于战场，而惨遭地方封建势力之屠杀，不亦大可哀乎！

1961年12月24日初稿

附　记

福建师范学院历史系讲师范启龙先生，来杭采访辛亥革命史资料，请政协上杭县委员会协助。政协前曾发动社会民主人士，响应周恩来总理号召，编写辛亥革命史料。1961年12月1日午后3时，在政协二楼召开回忆辛亥革命座谈会。到会者有冯蕴玉（政协委员）、谢希尧（同盟会会员，政协常委）、兰金芳（辛亥参加民军，现为上杭纺织厂技师）、郭星楼（现为旅栈业从业人员）、刘子仁（政协委员）、郭淦堂（现为烟酒业从业人员）、李步青（辛亥琴冈小学学生）。冯老先生79岁，希尧、星楼、步青三位先生70岁以上，余悉60岁以上，其于上杭辛亥革命之事，或身历其境，或目视耳闻，各凭回忆讲述，虽不完整，然片言只字，亦足资印证。郭桂林，71岁，辛亥曾在团防局供职，现在城关公社柴炭供销社工作，因事未出席座谈会，特往访问，讲述甚详。又于族兄雷胜家，借得其父双发伯父手录《辛亥上杭兴汉灭满纪事》，极为翔实。根据以上资料及《上杭县志》，经一再分析研究，斟酌编写，历时半月始脱稿。采访及拍摄革命遗迹照片，子仁致力特多。夫历史事实，笔之予书，质以存真，文以致远。自揣学识肤浅，谫陋不文，所有资料，既不忍轻易割弃，行文自不免枝蔓。舛误之处，更所难免，希识者正之！

（选自全国政协文史资料研究委员会编《辛亥革命回忆录》第4集，中国文史出版社2012年6月第2版）

安抚安溪、南安、永春记事

叶青眼*

辛亥革命泉州“光复”后没有几天，曾发生保安会的保安队哗变，肇事人逃匿承天巷某氏祠堂内的事件。当时群众议论纷纷，认为这些人势将与杨居、庄武、陈乌炮等土匪合伙，如此则地方更无宁日，因此市区笼罩着一种紧张的空气。我目击这种情况，为地方安全计，乃向涂门街振益典当号东黄河清借出大洋200元，前往某氏祠堂去收拾这班散兵游勇。当他们一见我来，认为是保安会派来抓他们的，都非常惊慌，立即把枪口对准我，严如决斗一般。我连忙对他们说：“我是来安慰你们的，大家不可他去，仍加入同盟会为革命军，众人结为盟兄弟，祸福共之，现在每人可拿数块钱去安家，然后着装

* 叶青眼：时为同盟会泉州分会政治股长，后任南京国民政府泉州市政局局长。新中国成立后，任泉州市政协常委，福建省文史研究馆馆员。

擎旗，整起队伍开往南安丰州，听说那里杂姓正在大械斗，大家协力前去做些有用工作，也可将功赎罪。”众人都赞成我的意见，于是杀鸡歃血盟誓，约定明天早上集合出新门转向南安去。

这就是安抚工作的开始，现仅将以后事情的经过忆述如下：

一　南安丰州械斗，白石九溪告急

当这一队新组织的革命队伍行进到丰州时，黄姓和杂姓的械斗已经相当剧烈了，只见田野上乱石遍地，人群持枪荷锄，追来赶去，震野的喊声此起彼落，双方的土炮不停地狂射，子弹纷飞，到处弥漫着火药气味，真有如战场一般。田里的庄稼均被破坏了，妇孺咒骂埋怨。虽经西坡前清举人吴拱震（序秋）为首，与归侨郭治齐（南安蓬岛人）、叶祖仪（南安社坛人，新从福州法政学校卒业归来），以及当地公亲数十人竭力苦劝，无奈双方头子十分顽固，置若罔闻。正在计穷之际，忽见革命军至，这些公亲如获救兵，极力请我们作调解，说：“乡人如此不知大义，一味勇于私斗，屡劝不止，幸得贵部队到此，特请严加制止。”于是众人分作两批，冒着炮烟子弹，前往阵地迫令解散，双方突然看见来了一队武装的军队，以为是来弹压的，赶快喊：“退！退！退！”纷纷作鸟兽散，大械斗也就这样平息了。

吴拱震等见和解事成，十分欢喜，特地置办酒席慰劳众人，吴拱震亲自举杯敬酒，代表乡人致谢。正当欢宴方酣，忽报宋渊源及刘管带奉省都督孙道仁命令，率兵南下安抚下游，先头人马已抵南郊狮山坡了。于是我等即辞谢诸公，亲率队前往迎接。会面时，方知还有周骏烈带领的厦门学生军。因安抚事急，大家便浩浩荡荡进入泉州城，把临时办公地点设在提督衙内的广胜楼。

未几，南安白石九溪有乡人前来告急，说该乡强、弱房发生纠纷，情况至为剧烈。事不容缓，我立即与庄小武（投归革命军的绿林）骑上快马，飞驰前去。

原来，白石九溪分有强、弱房，强房势力大，抓来几个弱房的人，关在牢房里，并施以酷刑，把大木头凿两个巨孔，套住双足，然后再扣上木板，使其浑身笔直，仰天而卧，伸曲不得。当我们到村时，强房头子大概觉得来势不对，便把人释放了。我们看事情已迎刃而解，说几句劝导的话也就回来了。

二　安抚安溪诸事

自辛亥夏间（武昌起义前），安溪即陷入混乱状态。随着省城的“光复”，革命的热焰遍燃全省各地，在安溪辖内，也掀起抢烧盐馆的风潮。事后，县知事、盐场长追究肇事人，认为此事与城北的后垵乡有关，于是捕杀了好几个后垵人。该乡群众愤起报仇，集众攻城，而城门紧闭，数月来内外交通断绝。

消息传至泉州，宋、刘闻知，即以安溪人刘丕显为向导，率众数十，直指县城。

部队先抵后垵，进村后，只见男女千百人，浑身缟素，家家户户张摆香案，系着白桌裙，放着一面镜、一杯清水。乡人泣跪在旁，哀声载道，不绝于耳。时有泉州人士谢景岚代乡人诉苦，说县里衙门胥吏素与后垵结怨，盐馆之事，另有歹徒所为，至今酿成惨案，且负罪名，请求革命军为他们伸雪。宋答以初到情况还未详悉，当认真查明办理，嘱诸多人安心回去，诸事自有革命军承担，民心方始安定。

安溪县吏闻知革命军到来，不无惊动，他们赶快打开城门，以安溪中学校长叶正心为首的父老民众出城迎接。进城后，宋等即在中学校召集双方父老，查询肇衅缘由，作出处理外并进而安慰他们。

安溪事件解决后，众人再赴壶坑半岭，办理另一纠纷事件。宋与我等 24 人先行，至长坑，夕阳已经西沉，因为此地住所甚小，众人便在祠堂内歇息。随后，刘部至，天色已黑，因无处可宿，亦折回祠堂，想侵占民军之休息处所，民军士兵有意见，刘即声色俱厉，喝斥民军，致双方几至动武。我急忙劝住，然后把他们安顿在两旁，自己置身中间，终夜燃灯观书，直至天明，才算平静，但宋、刘从此交恶，以后冲突的根子也在此时埋下了。

越日，部队至壶坑半岭，朱立即扣捕双方主事人：一个童生，一个秀才。闹事人因群龙无首，也便停止争斗了。

翌晨，忽闻杨居（舆夫）强奸该地一妇女，被害者当众诉苦，乡人愤怒，纷纷责问民军为何纪律如此不好。宋渊源得知，令先将舆夫鞭笞三百，然后送往安溪法院治罪。杨居本是绿林出身，平时放纵部下，故有此事发生，给革命军的声望带来了不良的影响。事后不久，厦门的《声应报》即揭露上述事件，大肆攻击宋渊源“扣捕文弱书生”。但这里应该补叙的是，撰稿人胡诸清与其中一人有亲友关系，其用意如何，是不得而知的。

却说离安溪县城 20 里的高田，有一个姓叶的恶霸名叫杏春，欲勒索该乡弱房的富户叶乃实的资财，倚仗其强房之势，把叶乃实的一个刚从福州法政学校毕业回家的儿子绑走。叶乃实慑其势力，不敢与之抗斗，又不忍受其无端敲剥，正在束手无策焦急万分之际，忽闻革命军已到安溪，便带了200元匆忙前来求援。宋渊源说我也姓叶，便要我带24人前去解决。

这天刚好是该乡祭神日子，祠堂里正在演戏，锣鼓喧天，观众如堵，很是热闹。当我们来到时，群众都争相围来观看。叶杏春闻讯惶恐，赶快把人送交给我们，此时戏也停演了，我看到这正是宣传的好机会，便登台作演讲，所讲的内容都已遗忘，只记得当时曾说："众位乡亲如此破费来演戏祭神，何不把这些钱用来兴办学校，受益于子孙呢？"

这一夜就在该乡住宿。半夜，忽有人从安溪赶来告我，说宋、刘两部发生冲突，快要火拼，要我等连夜赶回。大家闻此消息，尽呈骇状，想不到现在竟连革命军也要安抚了。我因考虑到路途甚远，深夜行军不便，且大家奔走一天，早已劳累精疲，因此决定缓行。不意越日抵安溪时，诸同志纷纷惊告我们："好险！好险！昨晚你们几遭毒手！"

原来宋、刘自入安溪后，在衙吏和后垵绅士的拉拢与挑拨下，逐渐不和，各拥势力，互相对立。刘认为宋手下没有什么实力，不过依靠我等24人，因此便暗示衙吏于当晚埋伏在路旁的坑沟里，准备把我们一举消灭。此事如果酿成血案，其恶果是可想而知的。我们因为宋、刘已经和洽，也就罢了。

三　宋释王恩，筹办新军

此时，安抚已近尾声，而宋渊源又率部进驻永春，其日的一为释放王恩，一为抚慰归侨，准备着手创办新军。当我们来到永春时，该地驻军赖乾及州百，还有当地父老均整队出迎。是时，永春地方比较安静，知州理政有方，但宋的强释王恩，却使这平静起了波澜，也给革命军的威信再次遭受损失。

王恩，字润中，亦名荣光，是永春一带的土豪，平时横行乡里，肆无忌惮，州人皆恶之，时因犯案，被永春州官捕获，置于牢狱有年了。宋之所以要强释王恩，一方面是有旧日交情，另一方面却是宋正在筹办新军，需要一些军官人才和培养他的亲信。于是王恩释放后，便进入南京军官学校训练，卒业后，一度当师长驻永春，跋扈如旧，永春人不堪其扰，相率避于外地。宋之包庇王、提拔王，不又是一大错误吗？

新军的筹办需要人力与经费。这时，除王恩外，还有刚从保定军官学校卒业回乡的潘节文帮助宋。除此而外，我所带去的 24 人也全部交给宋渊源，自己旋即回泉，后转往厦门鼓浪屿担任寻源中学的国文教员。宋在永与一些归侨盘桓，筹措经费后，也到福州复命。至此，安抚工作全部结束。

安、南、永等地的安抚工作前后共经过 3 个多月，由于当时历史条件的限制和革命军内部的冲突，安抚工作并未彻底进行。但由于革命声势浩大，深得人心，所以旌旗所指，地方官吏无不顺从，地方秩序也暂告安宁。这时期，战乱虽未祸及闽南农村，但由于封建传统恶习，械斗之风仍然炽盛。因此，农村十分动荡不安，农民的生产与生活，严重地遭受摧残。鉴于这种具体的历史情况，革命军每到一个地方，便张贴孙道仁的政令，其内容大概如此：除了国库钱粮应缴纳而外，其他一切苛捐杂税一律豁免。安抚工作在这方面以及对革命思想的传播的确起了一定的积极作用。

（王连茂　笔录）

（选自福建省政协文史和学习委员会编《福建与辛亥革命》，2011 年 12 月）

泉州“光复”史事拾零

叶青眼　陈仲瑾　盛九昌　吴大璋　杨仲儒*

一　“光复”前的革命活动

泉州为八闽名郡之一，府治旧制辖有晋江、南安、惠安、同安、安溪5县，首邑晋江为府治所在地，人文鼎盛，与海外交通亦甚发达，在南洋各埠的侨众极多。当孙中山先生在海外鼓吹革命之际，旅居南洋各岛的进步人士起而参加革命者日多。泗水之杜承章、蒋极料

* 叶青眼：时为同盟会泉州分会政治股长，后任国民政府泉州市政局局长。新中国成立后，任泉州市政协常委，福建省文史研究馆馆员。
陈仲瑾：时任同盟会泉州分会总务股长，后任泉州商会会长。新中国成立后，任泉州市政协常委，福建省文史研究馆馆员。
盛九昌：时任同盟会泉州分会组织股副股长。
吴大璋：系吴玉章之侄。
杨仲儒：时任泉州府官立中学堂学生队队长，后任安海培基小学校长。新中国成立后，任泉州市政协委员。

等，槟城之吴世荣、吴文楚、陈新政等，时派人密至家乡联系，吸收同志。厦门厦禾中小学堂教师、学生及基督教会中的部分人士被吸收参加的颇有其人。泉州许卓然在厦某学堂当小教，叶青眼在鼓浪屿当教员，先后加入同盟会，负责在泉州一带工作。于是泉州各界人士如陈仲瑾、陈伯清、吴堃、庄周生、傅维彬、柳鸿鸣、贺祝尧、黄中流、柳忠烈等先后参加。此外还有在南洋加入的蒋以麟、盛九昌、庄汉民等，亦皆潜回故乡从事革命工作。其中以许卓然参加最早，泉中同志称他为许大哥，颇有号召作用。

辛亥春间，有热心人士发起组织泉州体育会，以练习体育，提倡尚武精神为名，暗中组织革命力量。参加练习的有陈仲瑾、吴堃、贺祝尧、庄周生、傅维彬等，不下五六十人，并延请带领湘勇的统带唐万胜为教官，借此与彼建立关系，冀争取他对革命有所帮助。

福州“光复”后，许卓然、叶青眼等先期由厦返泉，不久蒋报策、蒋报料等亦由南洋回乡，在省垣的同志大部分是留省学生，亦纷纷回籍。许、叶等即在泉州西隅学校（即现在政协俱乐部地址）召集同志计划行动，以谋“光复”。进步人士参加活动者日多，同时又有同盟会某部派郭治齐来泉在奎章巷设立机关，联络同志，准备“光复”泉城。

二　泉州保安会的组织

清末泉州原有的绿营，仅虚存其名，实皆腐朽不可用。当时在泉驻防的唐万胜所带领的湘勇，虽仅几百人，但武器全部为毛瑟后膛枪，为当时比较新式的部队。唐的本部设在提督署的旧箭道，另一部分则驻扎在东校场。如何应付唐的军队，在当时是必须首先解决的问题。

省城“光复”，成立福建军政府，推举孙道仁为都督，消息传来，泉城震动。唐万胜态度未明，泉州知府管元善已先行离泉，除右营莫开亮外，举城文武官吏，大都心存观望，谣言四起，人心惶惶。地方绅士林翀鹤、吴增、吴巨川、傅维彬，归侨陈光纯、蒋报策等于是出而组织泉州保安会。

保安会的组织虽系郡绅倡议，革命党人亦表赞同，会址设在打锡巷内旧考棚，公选林翀鹤、吴增为正副会长，以陈镂负责军事，陈祖烈负责宣传，吴堃为教练，还有民政、财政、庶务等科，亦由李唐、王孝翰等分别负责。绅士吴增向南安、黄龙等处募集子弟兵200名，各自携带鸟枪，来城训练，另在本地募集60名，先行编队。在黄龙一带应募的仅百人左右，各自携鸟枪进城，而在城应募的60名亦筹凑有旧式毛瑟及牛腿枪。

三　军装库爆炸事件

保安会招募的保安队甫告成队，火药武器有待充实。有人提议接收军装库，因而于某日黄昏由陈镂、吴堃带领保安队前至花棚下城守营军装库点收军装，用保安队封条点存加封，派人看守。越日上午，看守人来会报告谓有人欲搬取火药。保安会闻报，立即集合队兵准备前往处理。正在整队点名之际，突然一声巨响，漫天黑烟，随即传来消息，谓军装库的火药爆炸。事后得知，是日早间亦有人到西隅学校向同盟会设立的机关报告有人搬取火药事，是时适有同盟会南部分会首领施雨苍抵城，拟会同在城同志叶青眼、张赐福、洪东茶、贺祝尧等同志于小开元寺（即同盟会机关）准备武器队伍，往惠安安抚土匪陈乌炮，所需火药武器计议前至军装库取给，而报者适来，施雨苍戎装佩剑而往，张赐福、洪东茶、贺祝尧三人随之，未久即闻爆炸巨响。在机关内诸同志大惊，驰至开元寺大庭，则见施焦头烂额，浑身赤裸，狼狈而来，急将其送入惠世医院救治。洪冬茶、贺祝尧皆葬身火中，张赐福送入惠世医院后亦于是晚不治毙命。是役也，除施雨苍获救医愈外，死的还有前夜临时被派遣看守该库保安队员吴姓一人（南安岩浦乡人），陈仲瑾工友林乾坤，管理军装库之绿营武官张某。

军装库的爆炸，有人认为是因张某反对革命，誓与军装库同存亡，暗中布置火药线所致。但有人则以为是吸纸烟不慎而起火者。也有人云，系因有人脚穿皮鞋，摩擦而引起发火者，传说纷纭，莫衷一是，真相如何，不得而知。

四　保安队哗变

保安队全部悉驻营于保安会所在地的考棚内。某天夜间，突然发生哗变。缘该队编制以棚为单位，编就之后，有人在队里倡议“祀棚神”，借此聚饮消遣。事闻于主持军事的陈镬，以事属迷信，谕令禁止。然馔肴已备，当晚各棚仍聚集欢饮。适陈镬巡视营地，见状大怒，严加斥责，引起少数队员反感。将近午夜，遂有聚众谋殴陈镬之举。幸陈有人护卫，从后门脱险得免。居民闻到枪声，大为惊惶。肇事的仅 24 人，哗变后避匿某破祠。翌日叶青眼商诸市内富商黄河请出白银 300 元前往收抚，分别给予安家费，重编一队，由叶亲自带往南安。

五　土匪混入事件

当时泉城城防空虚，招募的保安队又有一部分哗变。南安惯匪杨居，晋江青阳惯匪大小二庄武，惠安著匪陈乌泡夫妇，皆率其党羽入城，企图趁火打劫。某日保安会开会讨论治安问题，杨居、庄武竟高视阔步，进入会场。陈乌泡夫妇且在保安会所在地考棚口表演武艺，男的将头巾掷于照墙，纵身随巾一跃而登墙颠，女的以双手开枪，准确中的。出席会议的百数十人，始而见杨居、庄武进入会场，继而突闻枪声，会场秩序大乱，虽是一场虚惊，而影响所及，人心又复浮动了。

六　剪辫争执

保安会成立，在泉之文武官吏，虽明知大势已去，然犹徘徊观望。统带唐万胜、知县黄逢年迄未交出其兵权印信，且不肯剪辫。无何，同安灌口义勇队来泉，泉人杨仲觐（名山光）随军前来，驻扎考棚内，从中排解，为唐、黄保证 3 个月内履行剪辫条件，并愿以自己首级作保。3 个月既过，唐、黄仍不剪辫。某日，杨仲觐正在保安会会议室与陈仲瑾、蒋报料等议事，许卓然、叶青眼带领同志多人突来向杨索取首级，情势非常紧张。许、叶经陈劝阻，对杨之追迫始稍和缓，杨亦离席而去。唐、黄最后延至缴交印信的那天始行剪辫。

七 革命军来泉安抚

泉州“光复”后，经革命同志向各方联络，革命军先后开到泉州。首先是同安陈育才带领的灌口义勇队，继而有华侨戴金标，泉人陈铭、赖乾等或带领部队来泉，或亲率队伍过境，最后则有永春宋渊源奉福建省临时都督孙道仁之命与称为刘统带者从福州来泉，其名义为安抚下游，于抵泉后在旧提督署设参议会。

八 泉州学生军

泉州青年学生于“光复”后即组织学生军，进行革命宣传。首先发起的是泉州府府立（亦称官立）中学堂学生。该学堂创办于清末科举未废之时，革命思想输入甚早。光绪末年，有福州船政学堂卒业生名江大疆者，在该学堂担任数学教习。江早参加革命组织，在学生中作秘密宣传，暗中介绍革命刊物于与他接近的学生吴堃、庄周生等。嗣后当局以江有革命党嫌疑，迫之离职他去，但他在学生中已散播了不少革命种子。辛亥三月二十九日广州起义失败，黄花岗七十二烈士壮烈牺牲，革命惊涛骇浪弥漫全国，尤以青年学生感动最深。该学堂学生杨仲儒、黄永亮、赵祖建等出而组织学生队，并由杨到培元中学联系，通过培元中学学生周骏烈的关系，介绍培中学生 20 余人参加。泉州府中学学生参加的 30 余人编为一队，举杨仲儒为队长。培元中学 20 余人另编一队，举周骏烈为队长。泉州“光复”之后，各地革命军先后来泉，泉州学生队正式改名为泉州学生军，此时已有一部分枪械，配合革命活动，分向各乡进行宣传。

当学生军出发宣传时，适唐万胜的部队在南门外某乡办械斗，抢掠乡民东西。学生军向其盘诘，唐部不服，发生口角。学生军乃将肇事的兵士带来泉城，唐部亦尾随前来，列队在提督署前，欲与学生军一拼，学生军亦严阵以待，双方剑拔弩张，有一触即发之势。经唐万胜下令解散部队，双方始免冲突。未几，革命军出发到南安、安溪、永春，学生军亦聘请傅维彬为顾问，随军到各地宣传，受到各地百姓父老的欢迎。

九　保安会解散

泉州“光复”之际，各地革命军陆续开来，也陆续他往，最后宋渊源奉省方命，以安抚名义来泉，不久又开赴南安、安溪、永春等处。先是叶青眼于宋未抵泉之时，带其所招抚的保安队 24 名，约为同盟兄弟，前往南安县治的丰州（时南安县设在丰州），制止黄姓与什姓的械斗，适传宋带兵南下，遂至城郊与之会见，后仍率领其 24 名的武装随宋赴安溪“光复”安邑，旋转入永春。至于维持治安的泉州保安会，仍存在一段时间，负责地方事务，中间正、副会长曾因事辞职，另举施淑为正会长，李唐为副会长，后于无形中自行解散。

（泉州市文史资料整理小组吴堃等　整理）

（选自全国政协文史资料研究委员会编《辛亥革命回忆录》第 4 集，中国文史出版社 2012 年 6 月第 2 版）

四川辛亥革命亲历记

但懋辛*

一　重庆蜀军政府的成立

辛亥年（1911 年）三月二十九日，我参加黄花岗之役，失败被捕。因巡警道王秉恩向总督张鸣岐报告说我是“自首”的，张即命不杀。监禁一个多月后，张又命王派员押送回籍，交地方官严加管束。但王很忙，一时派不出人来，又升任了提法使。继任者为李湛阳（别字觐枫）。他视事后，才派道署的管带李某带一名警兵于七月初二日动身押送我回川。那时我的同学刘光烈（即亚休），伪称是我的

* 但懋辛：时任重庆蜀军政府参谋总长，后任四川靖国军第一军军长，南京国民政府高级顾问。新中国成立后，任全国人大代表，民革中央常委，西南行政委员会委员兼司法部部长，四川省政协副主席。

四弟，改名但旭，在上海等我。我到了上海，他就随行保护，意在免受虐待。我们到万县时，是八月二十日，到达时正值端方搭蜀通轮船上重庆。我们要在万县换船，上岸住定之后，亚休到那里的同盟会打听消息，听说武汉昨天革命党起义，总督瑞澂已逃到军舰上去了，武昌城已被义军占领，因起义的完全是新军，第八镇的统制张彪已经逃跑了。我们得此消息后，就向李管带建议，不必再由水道上重庆，改由陆路，只需 10 日左右就能到达。

九月初到了重庆。那时端方尚在重庆，他带的邓承绂、曾广大旅中的初级士兵，其中有不少革命党人。他们已派出代表田智亮等找同盟会的同志接头，因而与重庆的同志取得了联系，原拟于重庆组织起义，响应武昌，后乃议定俟端方上省之后举行。但重庆谣言甚大。端方的行营驻扎江南会馆，竟有人写一副对联贴在有卫兵站岗的大门上。文曰：“端要死在江南馆，方好抬出水东门。”（其地距水东门近）端方于九月十四日离重庆上成都，那时广东的巡警道李湛阳因省亲回重庆，端方令他为防军统领，就地练五营防军，以卫重庆。端去后，李湛阳仍命李管带送我回荣县交代。我们到了牛佛渡，李管带打听到荣县已经起义了，知县已被杀了，正与巡防军在程家场一带作战，李不敢前进，回头仍转重庆，时已九月底了。当晚他向我说：“他已回明李道台要我取保释放。”我说：“人地两生，何人敢保？”他说：“就请店老板好了。”于是马上写起保状，请店主人盖了章，李管带拿去与李道台批，准予释放。

我获释后，次早起来，到革命机关去打听，得知原拟当日即十月初一日起义，因夏之时来了，要等他到时再动，所以决定改在明天。初二日一早，满街插了白旗，午后一位同志僧福慧来邀我到军政府，并告知我起义时在朝天观大会的情况。当晚周国琛来，把我的行李搬到他家住下。

第二天，我们到军政府，见居民手臂缠白布条，争入军政府看热闹，拥挤不堪。我当时建议迅速派卫兵司令，指挥站岗守卫，并替他们拟好条例及会客规则，把秩序建立起来。上级领导人命周国琛告知我，要我暂时负招待员的责任，因我刚从外面回来，认识的同志相当多，凡从外省回川的同志和军人，都叫我招待留下他们，不让他们回家。

当晚，起义的首领们开会选举都督，我未被邀参加。听说原拟举杨庶堪为都督，杨坚辞，退而为顾问。乃举张培爵为正都督，夏之时副之。又举林绍泉为陆军总司令，并兼参谋总长；谢持为政务处总长，董鸿诗、朱蕴章副之；向楚为秘书院长，董鸿词副之；李时俊为审计院长；熊兆飞为监察院长；方潮珍为军政部长；梅也愚为行政部长，龚春岩副之；李湛阳为财政部长，刘祖荫副之；江经沅为军需部长；邓絜为司法部长，张知竞副之；江潘为外交部长；杨霖为交通部长，陈崇功副之。改官银行为大汉银行，以朱之洪为行长。会议并通电宣布成立蜀军政府。随即将招待处改为礼贤馆，以萧德明为馆长，我仍帮助招待。同时参谋部组成了，委派了各科的职员，我同杨庶堪都派在运输科当科员。但只见榜示，并无明确规定何时报到，或说明另有通知，所以我也没有过问。

二　林绍泉谋叛案的处理

十月初七日，成都宣布独立后，都督为蒲殿俊，十七镇统制朱庆澜副之，赵尔丰仍为川滇边务大臣，每年给饷银400万两（一说280万两），统率巡防军经营西藏。重庆蜀军政府不同意，严电诘责，认为是假独立。同日，端方所率驻资中的部队以陈镇藩为首宣布独立，把端方杀了，要回湖北加入北伐。路过重庆，蜀军政府欲留之共同进攻成都赵尔丰，然后回鄂。陈以武汉军情紧急不允。蜀军政府只能就现有兵力，组织进攻成都，初拟以夏之时副都督亲自率部由东大路居中向成都前进；而以先委之第一纵队向守荫为南路支队长；以林绍泉为北路支队长。林不同意，即向夏吵闹。夏以政务会议所决定，个人不便变更，林更冒火，竟要打夏，经劝解而止。次日，秘书院把委状、公文和关防送林，林拔出战刀将关防砍了，公文、委状撕了，提着手枪去打夏之时。适与朱之洪遇，朱再三劝阻，而林愈益不依。朱于是大怒，敞开胸膛要林打了他再去打夏。一时惊动很多人围绕相劝。我亦挤入人丛中，见林横蛮无状的态度，深觉骇怪，究竟何所恃而不恐。他是同夏之时一路来的，何以夏不予以严厉的对待而默然处之。散后我去找张、夏两都督，问明所以然。夏说："我要龙泉山带兵一排防御同志军时，林是十七镇司令部少校候差，派来我排调查，并监视我排行动。我与士兵已商议好，欲起义把队伍拖到湖北投黎元洪。计议将林打死才出发，结果伤了他的脚。他大呼他是黎元洪的学生，愿意投降，因而一路东下，原没有料到要在重庆起义的。"我说："那么你这次计划没有考虑好，他过去官阶比你高三级，此次他又是总司令兼参谋长，而与向守荫一样的充支队长，他哪得不冒火呢！但我看他这种举动，将如何结局，必另有所图，还急需察其周围，有无勾结捣乱之谋，否则必出岔子。"

我谈后，于当晚又找周国琛详细研讨，认为如果林个人是孤立的，他没有另外勾结，必不敢如此，急需派人侦察与他往还的是些什么人。并且只是军政府派人调查还不行，一定找同盟会的同志帮助才好。那时礼贤馆的招待所住的同志很多，如吴玉章、喻培棣、吴庶咸各同志，是在内江宣布独立后来的。又谢崇飞、杨亚东、夏江秋、杨晴霄、欧阳尔彬皆从各地来重庆。又南路统领王培菁等，他们因合江县尚未反正，还与同志军许多队伍在围攻合江，因而在重庆没有办事处，其中的同志也不少。周国琛本人是警卫军的标统，他次日向各地同志联络，使分别秘密调查，侦知了林绍泉原计召募成立蜀军第一镇，先以起义的队伍搭架子，已委舒伯渊为协统，下面的标统为周维新、周少洪。林以夏委之做支队长，是莫大的耻辱。舒等甚为之不平，于是与张知竞在优胜旅馆开了两次秘密会议。因张亦不满于只做司法次长。张原系共进会的一个负责人，舒等是他联系的同志，于是他们串通一气，企图推翻蜀军政府。他们自认势力不够，因而议定把舒伯渊这一协人马拖到川北广安去另自成立军政府，与重庆唱对台戏。所以故意与夏打架，以为分裂找借口。

同志们调查结束，在招待所集议，所得的情报完全一样，于是拟报请都督处理。欧阳尔彬说："林在张、夏左右，都布有许多耳目，若去报告，必漏消息，务要秘密，才能一网打尽。"于是议定：一面先推周国琛一人俟夜深张、夏将就寝时向他们报告情况，并请夏都督下令与近卫营长盘铭准备一排至一连机动兵随时听欧阳尔彬运用；一面由同志们分组各带手枪，每组一枚炸弹，因那 3 个叛徒均在大梁子一带的旅馆开房间，随身只有几个马弁。

周国琛等得到命令后，大家于拂晓前即开始行动。很顺利，不仅拿着了人，而且搜到了周少洪身上的反叛计划，且知张知竞已于当日先到广安去了。都督府当即将林绍泉逮捕，并开首脑会议，讨论处理办法。当然刚宣布独立才几天，发生了阴谋叛乱，非杀人不可，但夏都督对林表示软弱，于是同志们主张当晚开党人会议，推吴玉章同志主持。开会时由谢持报告案情经过，随后讨论，主张四人一律枪毙者占多数，而少数人侧重只枪毙周维新、周少洪 2 人。登时发生了争执，喻培棣与欧阳尔彬就大呼："此何等事，不诛首要，政府的威信何在，我们何必革命，不如两颗炸弹把军政府毁掉算了！"外面的卫兵听说打炸弹，就马上扯机柄上子弹，一时会场大乱。玉章及同志们大吼："请大家镇静！"于是乃复继续会议。玉章反复说明党人会议处理叛徒的重要性。同时杨晴霄等已将宣布的罪状拟好，交由玉章当场宣读，一时会场显示了严肃的气氛，无一有异议者。此时谢持起立发言，他说大会的决议，毫无疑义，应当如此处理。但因林绍泉随同夏都督起义时，他说他是黎元洪的学生，愿意同夏一路起义到湖北，并介绍与黎受编制，他们路过重庆，是我们把他们欢迎进城来一同起义的。今我们以林之罪而处决之，固是法所当然，而湖北方面闻之，以林乃一个外省人，势孤力弱，岂能为乱，必起疑情，而认为是排外。谢建议案定之后，由都督向大会求情，再由政府下令特赦林的死罪，剥夺林的一切职务，派员押送出境，只枪毙舒、周等 3 人，如此则情理兼顾，请大会裁酌。大会通过了谢的主张而散会。

三　由重庆向成都进军

林绍泉谋叛案处理后，政务会议讨论林的职务何人接替及出兵问题。总司令则夏副督可以自兼，而参谋长则认为必须有人负专责。会上有人提出我担任者，谢说我们早已想到他，但是据说他在广东黄花岗之役，怕死而去自首，丧失了党人的价值，所以现在还让他在当招待。登时李湛阳就说："我很奇怪为什么你们不用但某，原来如此。当广州起义时，我在督练公所任职，但的供词经制台张鸣岐批令不杀之后，我曾问过巡警道王秉恩是什么原因。据王说：他见了但自写的供状，人为诧异，但到东一区去找李巡官，明明是想闯关而过，李不敢认，而露出了马脚被捕。明明是革命党，他说不是而是因为要找事做，偶逢革命党起事。还为李巡官开脱，说事前并不认识他。短短的时间，写七八百字，措词巧妙，避重就轻。通篇供状，没有用一个新名词，因而我大加赞赏，加他一个自首。并告李军门善为转说制台，此人可以不杀，这样才把他救下来的。隔了两天，张鸣岐电话告知巡警道，把但某送到督练公所来面见，我认为他是有胆有识的人。"政务会议听了李湛阳的上述说明，就决定任我为参谋总长，另以唐仲寅为副。同时又因泸州川南军政府正、副都督刘朝望、温晓泉辞职，推谢持同我继任。我俩乃复电谓军政府将来必须合并，请暂维现状。

会议继续讨论出兵问题。我主张兵少何必分3路，就由中路出一支人马，说要专打赵尔丰，敢说一呼百诺。大家同意，从而讨论谁做中路指挥官，接连提出6人，均坚决不干。末了张都督把我提出，我毫不迟疑，遵令而行。但是可怜得很，部队先拨了两营巡防军，还要在永川才能集合。管带是倪定刚和周文卿，另外有两哨防军驻永川，由帮带龙耀奎统率。我的指挥部由夏都督拨给了18支五子枪，另拨石青阳所组织的义勇军一营与我做护卫营，皆是徒手。又拨了

20 名学生军做炸弹队，携了 6 颗炸弹。指挥部的参谋长是邱华玉，副官长是刘国佐。我把 16 支步枪发与护卫营，每连分 4 支，其余用布帕子打个大疙瘩表示是炸弹，余两支坏了的步枪用来押行李。另外以喻培棣做经理处长，随带饷银 3 万两。那时议定从少校以上至指挥官每人月饷 30 两；尉官 20 两，军佐同样；士兵是 3 两到 9 两。除士兵全支外，军官佐均只支伙食，另支零用银 3 两。另外都督府还派了三组宣慰使同行，一组为刘光烈，二组为吴庶咸（荣县人），三组为杨晴霄。这一切都是两日之内组成的。第三日指挥部把行军序列发与各部门后，听各自分头出发，而指挥部则须整齐行动，于是先要在打枪坝集合，把队伍整理好，讲讲军风纪及行军注意的问题。但新招的义勇军，一营人的横队，搞了一点多钟搞不好。于是我就叫不要搞了，我把话说完，也不用口令，叫队伍跟着走。

我们这样浩浩荡荡的行军，到了马坊桥之后，沿途场镇的管事人逃避一空，宿营时找稻草，买粮食、菜蔬、油、烛等非常困难。登时有人提议开公门，立袍哥码头，一倡百和。指挥部袍哥多得很，我只好听之，他们推我做龙头大爷。这样命管事沿途招呼，各场镇首人除放炮欢迎之外，什么供给，随要随到，方便极了。

到了永川住下，等各路人员到齐，决定次日休息。那里原驻的龙帮带率领两哨人，连夜翻城墙逃跑了。我追问原因，据说是我带的队伍都是徒手，怕我要提他们的枪。

此后军行至安富镇，奉军政府来电说："成都十八日兵变，蒲、朱两都督逃跑，四川军政府改组，推尹昌衡当都督，罗纶副之，并说尹已围攻督署，擒住赵尔丰，在皇城开军民大会，宣布赵的大罪，当众斩首，游行示威"。令我停扎隆昌，静待候命。

四 入川滇军的所作所为

成都兵变后，援川滇军谢汝翼梯团到了叙府，李鸿祥梯团到了泸州，张开儒支队到了犍为，黄毓成支队到了自流井，他们声称四川军政府自尹昌衡为都督，变成了袍哥军政府，不予承认，将举兵讨伐。不久成都发兵拒之，在自流井的界牌打了一战。蜀军政府认为尹杀了赵尔丰，是革命的，袍哥问题的事小，结合力量共同北伐的事大，电滇军万不可进攻，于是双方就停止了战斗。

不久我奉蜀军政府的电令，说富顺结集有张桂山、范华街等的同志军1万多人，要我前去编遣。我到富顺后，召集张、范等会议，说明南京已成立革命政府，孙中山先生已被举为临时大总统，现在是推倒清朝政府、建立民国政府的时候了。同志军中农民甚多，他们愿归田的，让他们回去，由公家给路费，若有无田可归的，愿意编为军队参加北伐的，即造册点名改编，而以张、范2人为统带。但先要把武器缴存，点编成队伍之后，再行发还，其不足的枪支，将来北伐时，由政府发给新式快枪。他们一致表示愿意。各自回营向下面传达后，即具文申请，并除复员者外，愿改编者已经在陆续缴武器。

此时滇军忽然派来了两个上尉阶级的军官，一为朱玉阶同志，另一姓马（已忘名），向我说：“他们属于由自流井黄支队长派遣到富顺来的李修嘉纵队，因富顺被同志军盘踞，秩序太乱，特来查办此事”；适闻重庆派但指挥在此，过去听见大队长黄子和说：“但懋辛是我同盟会的老友，如相遇时，必须与他协作。”随即问我对同志军如何办？我将办理情形告知后，他们问带了多少队伍，我答只有一营，他们说恐怕人太少，万一改编时发生意外，我们去报告李纵队长，仍将队伍开进城来，协助你改编顺利就范。我表示同意。滇军进富顺城驻扎时，完全是作战姿势，把原有同志军的驻地不由分说，强行占领。次日同志军纷纷缴武器时，滇军突然开大炮打起来了，我马上写信与李纵队长，说同志军完全接受改编，不必打炮。回答是遵命停炮。这样一来，同志军的士兵差不多都吓跑了。下午，李纵队长派几个军官来要求我将缴存的五子快枪 30 多支送给他们，我登时体会他们打山炮威胁的作用，马上允许给了。过后我指挥部的同事们不服，我带的一营官兵也不服，同滇军的兵借故打架，我竭力抑制，并找当地的士绅郭某向同志军的张、范等首脑说明，希望他们不要误会滇军是我招来的，滇军企图，连我也不明白，请他们注意，俟滇军去后，再集合未逃的官兵点编。张、范等了解后，次日前来见我，遇滇军的官长于途中，就把他们一共 6 人拦到李纵部队去了。张桂山的书记来向我报告，我立写信去问李，据答是富顺百姓告他们不法的状纸很多，所以要询问明白，以安百姓。次日早据报说那 6 人已被杀了。我又去信问是何理由，据答因张桂山逃跑是以杀之。我想这位李司令难于理解，我下令于早餐后转回隆昌，并电重庆报告在富顺处理的情况。旋得电令委我为川南总司令，并言泸州有事，要我轻装先行到泸州，关防委状即专差送来。我马上动身前往。

在赴泸州途中遇胡文澜，他是蜀军政府的顾问。文澜向我介绍滇军黄子和大队长同川南军政府黄方总司令因围攻合江县而发生斗争的过程说："合江县知县因同志军围攻太久，怕见仇不敢开城，而且城内存有盐税银 30 多万两，怕受损失，望泸州派正式军队去，他即正式交代。黄方与黄子和相约，黄方走水路，子和走陆路，水路快而陆路慢。黄方到合江后，该县知事，立即交代。黄方收到银两用原有的驮马驮了，随带兵一营回泸州。因归路系上水，就改由陆路而行。出城几里，遇到了滇军黄子和，黄子和已闻知黄方抢先运银两的事，并决定夺取，登时开枪射击。黄方的监务巡防不能抵抗，于是缴枪投降。黄子和令一并押返合江，将黄方及所有官兵一律枪毙。孔阵云、韩砺生、邵正福（另有一人已忘记）等4人在被绑时大吼‘才反正就革命党杀革命党，岂有此理！’黄闻之，把他们放了。后来滇军回到泸州。防军驻泸州者有九营之多，要报仇与滇军打仗。蜀军政府派你去调解。你到泸州，滇军的李梯团长倒没有话说，而黄子和大队长不接受，指名要你但先生去才愿洽谈。”胡又说，“重庆电要我上成都与尹都督联系，路过隆昌，催你赶快到泸州。”

和胡文澜分手后，我去泸州。黄子和是我在日本的同学，他进同盟会是我介绍的。我刚到，他就来见我，并说他先不知黄方系同盟会的同志，而今事已经做错了，要我说如何处理才好，他无不依从。我主张他主动的提议开追悼会，治丧昭雪，认罪赔礼，加重抚恤金。黄依此做了。双方撤除警戒，复归和好。

此后我才将川南军政府改组，送原来的都督刘朝望回安徽，温晓泉也让他辞职。成立川南总司令部，防军九营，除扎古蔺和永宁的两营不改编外，在城郊的七营改编为混成旅，我自兼旅长，而以邱华玉为参谋长，加紧训练以备北伐之用。黄子和还说把他的大队扩充，拨两营川军混合编为两个大队，我两人每人领1个，以充实李鸿祥梯团，北伐时我们请当先锋。恰在此时得到消息，清帝退位，由袁世凯组织临时政府，中山先生让袁世凯做临时大总统，南北和议已告妥协。黄子和就约我去游龙马潭，二人对谈之下，都是幼稚的思想，以为清朝皇帝既已打垮，从此民主共和国告成，任何政党当权，必须是民主政治，不外富国强兵而已。我们既不懂政治，又不愿当职业军人，因而都想再出国求学，以为他日之用。不几天黄子和奉贵阳唐继尧来电，要他率部往贵州。同时滇军总司令韩建铎与成渝两军政府合派的代表胡文澜在资州会议，协商滇军回滇，要求四川补助饷银30万两，已达成协议，滇军由是陆续返回云南。

五　成渝两军政府合并以后

1912年2月，成都派代表张治祥等到重庆，洽商成渝两军政府合并的问题。张列五（即培爵）都督电询我的意见，电文中提到正副都督俟张治祥到省后，在尹昌衡、张培爵两人中选任，双方的副都督辞职，另行安排，其他各部人员两政府配合使用。我立复电赞同，并向张都督建议，最好先把正都督让尹昌衡充任，而自愿居副。这样可使成都军界方面的人员安心，既表明革命党人不在名位上争高下，又可以消除成都方面的很多猜忌和疑虑，合并就可以顺利完成，而以后合作办事，也可避免许多障碍。

张都督不久就动身上成都，行至隆昌，打电来说：他已照我的建议致电与尹昌衡了。并要我一同上成都。那时川南的同志们不愿我走，怕上成都后，张都督不放我回来，乃派宋辑先监督我，事完即督促反泸。但是张列五一定要委我做成都府知事，我再三推辞说，我是一个学生，哪能做行政官，坚决不干。后来他同谢持向我说明，因尹都督提倡袍哥，全城大街小巷，公口林立，奸淫占霸，时有所闻，若不迅速制止，恢复秩序，使人民安居乐业，那么我们革命不知为了何事。现已与尹都督商洽好了，已令巡警总监杨维出示限日撤销公口，如有不遵者严行拿办。但城外各县，袍哥土匪，尤为猖獗。因为你在泸州的短短时间内，扑灭了20多股大匪，所以要你任成都府知事兼四川团务督办，先行率领团队清乡，并督同各县知事严行会剿大股土匪。如县知事有不称职者，立即报请革除。要你一定任此职务，并非要你做官。我对这样的殷望不好再推，就提出条件：

（一）请派陆军一团听我指挥；

（二）关于清剿计划的实行不受任何牵制；

（三）布置完备，清剿期间以3个月为限，办理完结，许我辞职。张副都督同政务处允许照办。

我于接事后，派员到各县会同县知事及有关的团绅，分别调查匪情及其往来的地形和随时出入的孔道，拟请派陆军和团队分扎各要隘，我亲自带陆军一营做机动性的追剿，预定3个月内，连股匪、散匪一网打尽。都督府允许，而军团部不干，说有股匪必须用陆军时可以调用，而派到各地守要隘的，只能用团队，不能用陆军。张都督不便代我力争，令我另行招募散兵，扩充警备队1000人，自行剿办。我一面办全省团练讲习所，一面派员招募散兵，这样就把时间拖长了。当时又把成都县并归府知事兼管。诸事整理就绪后，调了两连陆军随同我到温江、郫县、崇庆、灌县、崇宁等各县清了一次乡，那些股匪均闻风而逃。川西坝内虽已略为安定，而飘忽不定的股匪仍时有所闻。我已知我的3个月计划不能实现，募集散兵岂短时间所能办到，于是就提出辞职，请另简贤能。

此时蜀军总司令熊克武率部回川，将到万县，该县的巡防军统领刘汉卿（绰号罗汉）已宣布独立，自称都督，并电尹昌衡请示，对熊或迎或打。尹复电打。同时第四师师长刘存厚来信，要我所管的锦官驿预备500匹驮马，交与陈光廷团长为行军之用。我与陈颇熟，因他系同盟会的同志，我立即去问陈，军行到何处？他说："将同胡军长到重庆，因镇抚府夏之时辞职，胡去改组镇抚府，并且要对付熊克武，从而除带步兵一团外，另配机关枪和大炮，完全是战斗行军。"我得此消息后，马上去找张都督，要他同尹都督说明：熊的部队原奉孙大总统之命组织准备北伐的，因南北统一了，命他回川与川政府洽商，开入川边经营西藏，万不可敌视，必须欢迎。尹唯唯否否，未明确答复。后来熊军到万县时，刘汉卿守城，被熊军几小时内攻破，防军全部歼灭。尹得知熊军枪械犀利，有机关枪12挺，山炮6门，人数虽只3000多，而一般干部几乎是清一色的保定军官入伍生，初生之犊不畏虎，作起战来，有进无退。认为不可轻视，于是乃打消解决熊军之意。转而命胡只带护卫一营，到重庆后撤销镇抚府，命熊为第五师师长，驻防重庆。

六　“军民分治”及其他

稽勋局派遣出洋留学生，列了我的名，我愿出外留学，更加要求辞职，但延不批准。四五月间，西藏地方政府出兵进据川边很多县份。七月，尹都督自兼川边经略使带兵西征，约我做他的行营参赞，我认为尹是一个夸大狂的人，不愿与他同事而拒之。同时他提出军长胡文澜为护理都督代理其职，胡乃清末广西的陆军协统，辛亥反正，畏惧潜逃，是一个阴险的官僚，我认为他绝不能与张都督合作。乃向张建议："都督出征，后方事务，应由副都督代行其职，今竟另以胡文澜来护理，这种不循正规的作风，其中必另有阴谋，至少已表示对你不信任。不如趁此说明自己无能，宣布辞职退休，以察他们怎样对待你，或者因此使他们的诡计显露出来。"张极表同意，并立请秘书邓絜告以此事，邓亦力赞我说。于是令邓拟具辞职电文，预备次日清白堂开政务会议宣布胡护理都督时，张当众提出辞职，散发电文。而且把电稿交我带回成都府，连夜油印数千份。第二天我携到张都督处，谢持即向我摆手说用不着了。我问何故，原来他们昨晚协议，仿湖北的办法，军民分治，以张督为民政长。这样各管各事，胡可免护督而轻副都督之嫌，说服了张督的一般人马，就乐意听从了。我说："胡之为人，断不可信，我看他不仅要排斥你姓张的，而且将来尹昌衡西征归来，能否归位，都成问题。"朱之洪说文澜无他，而张督亦微笑地应之。我说："你们不要看他每日公毕都来陪你们谈天，有时还陪你们吃饭、喝酒，说说笑笑，你们就以为无他了，这正是胡骗糖吃的手法，一旦他掌了权，你们会尝到他的辣子味的。"又说，"我与他无怨无德，不过听说胡从广西逃到上海时，曾与熊克武争蜀军的领导权未能如愿，他便唆使一个姓黄的率领一些流氓向熊等捣乱，在蜀商公所开会打手枪，并绑管理的童子钧的票。因此我对胡的印象很不好，我每遇到他，总觉得他是一个不抹粉脸的曹操。"话犹未了，就喊开会。

政务会议上，由政务总理董修武提出军民分治的问题。加以说明之后，第二师师长彭光烈和第四师师长刘存厚相继发言，都以分治为相宜，并向张都督道贺，一时与会者异口同声而贺之。我立起来发言说："今天大家都赞成分治，我一人也不能否定。但我要表明我的意见，我认为反正后，地方革命秩序尚未能完全恢复，目前各州县盗匪充斥，袍哥恶霸横行，各县知事都挂了地方司令官的头衔，一旦有事，与地方驻军协作，调遣非常便利。分治之后，驻军非得上级的命令，就不服地方官的调遣，而且地方驻军也就容易与地方土劣勾结，与县知事捣乱，这是我对地方治安和建政方面不敢赞同的意见。另外是军政府之所以有正、副都督，原是正都督有公干外出，所遗的事务由副都督代理，今尹都督西征，理应由张副都督代之，若虑军事上有问题，由胡军团长协助办理就是了，何必多此一番纷更。若以为张都督办事不能与军方相应，将来分治后，更难相应了。与其将来难处，何如让张都督辞职为佳呢？"登时刘存厚起立说："但知府是一个人的意见，我们赞同董政务长提议的，我们就起立。"这样军民分治就决定了。

会毕后我到张都督室内同谢持（副政务总理）说："我的府知事请速觅人接替，如果久不更换，我会挂印而逃的。"过了几天，我到张民政长室内谈天，谢持见我去，气愤地走开了，张的面色已无笑容了。我见不对，就往秘书厅去问消息，才知道胡文澜视事后，就派员到该厅去说民政长发北京的密电，非经检查不许发，且要找过去致北京密电文稿交他阅看。因而我知张、谢等感到胡无他而有他了。此后我再三催张民政长批准我的辞呈，他总是以拖字了之。后来我写信骂他，骂得很粗俗，张乃命我自行推荐。同时胡文澜荐委陈廷杰为宁远府知事，改我与陈交换。张说但某不久就要辞职不干，请迳委陈为成都府好了，但又因陈不愿做知府而罢。等了许久，终于找到江三乘愿意代替。乃于九月某日脱身下重庆，熊克武委我做第五师参谋长。不久张民政长奉电调京了，杨巡警总监亦奉电调京了。次年秋尹昌衡由川边回省，亦不能归原位，而奉电调京了。我感到不幸而言中。

（选自全国政协文史资料研究委员会编《辛亥革命回忆录》第3集，中国文史出版社2012年6月第2版）

四川辛亥革命见闻录

吴晋航*

辛亥年间，我在成都警务公所任职。当时局势动荡不安，遇有集会，辄奉命前往维持秩序，因而获得不少见闻。保路同志会成立大会，曾在场躬逢其盛，印象极深，迄今犹觉历历在目。民国 10 年以后，我以职务关系，得与川中诸耆老时相过从，谈及辛亥往事，颇有为局外人所不知者。但以事隔多年，追忆或恐有失，今春以来，曾分函川中故旧核对，又复得到一些新的材料，其中夏仲实、冷寅东、黄应乾三君协助尤多。兹加以梳理，共得若干条，录之如下。至于已见于文献记载及其他各种资料之事实，则除必须引述者外，概予从略。

---

* 吴晋航：时在成都警务公所任职，后任民生轮船公司副董事长，和成银行总经理。新中国成立后，任第二至四届全国政协委员，民建中央常委。

一

清朝末年，川省人民以省内外交通均极不便，久有兴修铁路之要求。光绪二十九年（1903年），锡良受任川督，为了顺应舆情，收买人心，即奏准清廷筹建川汉铁路。唯初步估计路款非四五千万两不办，而全省岁入不过一千六七百万两；且当时又值灾荒，赈粜已感为难，更何从筹此巨额资金。锡良初拟采取增加田赋办法，经其幕友力阻。谓加赋为“祖制”所不许，且与奏请初旨不符，不仅将遭到言官参劾，更恐惹起民间反抗；不如另立名目，集资修路，如此民间既易乐于接受，实际上仍出自田租，与加赋无异。后乃决定照此法办理，即按租抽谷，百分取三，凡实收租谷在50石以上者均按所收谷数提出三成，照市价折银，名曰租股，每年全省约可收得二百数十万两。同时并饬各厅、州、县向当地富绅巨商劝募，一次收足，名曰认购之股，约可收得300万两。此外，本省各级官吏亦均量例入多寡。酌定某官认购若干，名曰官股，每年亦可得10余万两。

川汉铁路虽系集股兴筑，但一切均由官方把持。铁路总公司设于成都岳府箭道，由一道员某任总办，下设提调、文案、收支各种官职，机构庞大，且因性质属于“新政”范围，故待遇特优，远非一般官府衙门所能比拟。公司成立以后，路款积累日多，消耗亦巨，而路事却无成绩可言。一般士绅乃倡“路属民办，则事应绅管”之说，图与官府争管路事。川省当局顾虑物议，乃借清廷分年禁烟之机会，以寓禁于征为理由，按月抽收烟馆捐，充作总公司经费，以免股款消耗过多，使地方士绅有所借口。但事实上公司收入愈多，开支亦愈大，而官绅之争亦随之愈烈。至光绪三十二年（1906年），川省当局迫于形势，始奏派在籍翰林院编修胡峻任公司总办，并委派所谓素著声望、品学兼优之在籍士绅10余人为公司参议。至此，由官方一手把持之川汉铁路公司遂转入士绅操纵的局面。

筑路工程，初由川督奏请简派詹天佑为总工程师来川主持，嗣詹因事不能来，由其推荐胡桂朝担任。其时因汉口、宜昌、重庆间已通航轮船，有人主张先修成渝段，以与川江运输衔接；但有人则主张先修宜万段。此两种意见争执甚久不能下，最后在上海开会，始决定先修宜万段。因循至辛亥年，仅修成宜昌至香溪一段路基，但耗资已数百万两矣。

全川人民既都负担路款，则不论贫富，都与路事发生了切身利害关系。集股筑路在川省虽以事属创举，一般民众对于股份公司之性质、股东之权益等并不甚了了，但路事毫无成绩则为众所共睹，因而不能不日益滋生不满。迨至辛亥年四月十一日，清廷从邮传部大臣盛宣怀之议，下令将铁路干线一律收归国有，并以4国借款进行修筑，实际上是将路权卖给帝国主义。消息传到川省，群情更为震惊。但掌握路事的士绅对清廷这一丧权辱国之举起初并未有根本反对之表示。即如后来反对最烈之邓孝可，一开始尚以《川路今后处分议》为题著文在《蜀报》发表，赞成铁路国有，并且在铁路公司股东会上发言，认为“只有条件上之要求，无事根本上之反对”。清廷旋派端方为督办粤汉、川汉铁路大臣，接着又下谕停收川、湘两省租股，并着令地方刊刻誊黄，遍行晓谕，“以示朝廷体念民艰之至意”。“上谕”虽饬令端方将已收之款会同地方当局详细查明，妥拟办法奏闻，然如何还款尚未议及，端方便欲先行接收。且粤、湘两省股款既允悉数拨还，而川、鄂两省则全无着落，优彼薄此，尤使众心难服，势在必争。于是，川省谘议局、川汉铁路公司、四川驻省各法团以及一班川籍京官等均纷纷要求清廷收回成命。川省护督王人文亦具呈内阁请代奏暂缓接收，不仅未邀允准，且受到严旨申斥。盛宣怀、端方竟不顾一切，采取高压手段，致电王人文，要求将铁路股款不分现存和已用，一律换给股票，并称：如路款由部筹还，必借洋债，必照湖北以部有之川省财政作虚抵，已成之路必须估借。字里行间，咄咄逼人，显然意在恫吓。王人文接电后，初尚秘不敢以告人。铁路公司驻宜昌总理李稷勋根据盛、端去电向总公司追询，总公司亦无所闻，经据情向王人文索阅，王始不得不交出原电。此电一经披露，人心更加愤激，抗争愈烈。

五月二十一日，铁路公司召集成都股东开会，讨论四国借款合同，各团体代表闻讯赶来参加，不期而集者2000余人。佥以借款合同内容极尽苛刻之能事，无异卖路，必须誓死力争，不能任受外人宰割。发言者痛哭陈词，声泪俱下，全场会众亦齐声号哭，悲愤达于极点，甚至在场弹压之警察亦受到感染，挥泪叹息。会上忽有人高呼，应成立保路同志会，集全川7000万同胞之力争回此路，不达目的，决不罢休。会众同声赞成，当场决定草拟同志会章程，并齐赴督署请愿。城内各街旋即成立分会，旬日以后，省城附近各乡镇及各外县亦皆纷纷成立，一场声势浩大、如火如荼的保路斗争从此展开。

二

王人文曾任川省藩司甚久，对川人争路之举甚表同情。保路同志会成立后，会众赴督署请愿时，王亲出大堂，当众演说，多方安慰，并表示允为代奏。但盛宣怀竟来电指责，且谓参加会议者均属少年好事之徒，并无明白士绅，甚至指为蓄意反抗，应严行弹压，以遏乱萌。股东会会长颜楷、张澜遂借此呈请休会，静候查办。王人文仍曲予维护，以股东会开会尚能维持秩序，并无滋扰情形，邮传部亦未实指何人，查办应毋庸议等语批复，并望颜、张等研究办法以善其后。王氏对盛宣怀出卖铁路，丧权辱国，极感痛心，曾专折参劾，讵知竟因此获咎，卒至开去川滇边务大臣职务，行至西安，且有旨逮问。武昌起义后，王折回川省，由嘉陵江东下时，在川陕道上曾有西安陆军中学川籍学生百余人护送，沿途甚得其助。由此亦足见公道自在人心也。

端方自被革去直隶总督后，极力奔走夤缘，始获得督办粤汉、川汉铁路大臣新命。彼内有奕劻之奥援，外有瑞澂之支持，更多方结好于盛宣怀，企图进一步取得川督地位。因此，端方虽明知川人争路风潮声势汹涌，但仍不顾一切，坚持接收。一面疏劾疆吏不尽职责，以为自身预留卸责地步，一面又严责铁路公司负责各绅蓄意破坏。公司宜昌总理李稷勋本已经股东会决定撤换，而端方为了便于接收，竟奏派李为宜昌公司经理，直接听命于己。川人见端方此种悍然行径，更加愤慨，遂致逼成七月初一日成都全城罢市、罢课之风潮。

清廷派“屠户”赵尔丰继王人文任川督，川人极为不满。赵到成都就任后，省中官吏宴之于望江楼。越数日，有人张一联于五云仙馆以刺之，词为：“望江楼上望江流，江流万古，江楼千古；赵尔丰前赵尔巽，尔巽一年，尔丰半年。”赵到职之初，曾会同将军玉昆联名奏报清廷，力陈局势严重，恐演变至不可收拾，请将铁路仍暂归商办，俟资政院开会议决，再予执行，免致地方糜烂。揆其用意，殆企图以此示惠川人，以缓和斗争而已。然此举既受到清廷申斥，端方又素有取而代之之心，复乘机媒孽其短。赵尔丰为了保全禄位，遂不得不卸下假面具，露出一副狰狞的“屠户”本相。七月十五日，赵尔丰在藩司尹良、营务处田征葵及其两子之献计与怂恿之下，采取高压手段，将蒲殿俊、罗纶、邓孝可、颜楷、张澜、胡嵘、江三乘、叶秉诚、王铭新骗至督院，图杀人示威，以为如此即能平息风潮，邀好清廷，并可杜绝端方觊觎之心。结果，赵尔丰对蒲、罗诸人终因将军玉昆坚持必须请旨行事而未敢遽下毒手，但竟嗾令卫队对请愿群众大肆屠杀。至此，局势遂愈演愈烈，不可收拾矣。

清廷鉴于川局日益严重，乃派岑春煊入川查办。岑起程前，先邮寄告川省父老子弟书数万份，婉劝川人各安其业，勿生疑虑，并称“但属事理可行，无论若何艰巨，皆当委曲上陈；倘有以往冤抑，亦必力任申雪，不复有所瞻徇”等语。川人对岑氏过去督川，本有相当好感，咸认为此番重来，路事必可获得合理解决。岑于入川途中，道经武汉，商请瑞澂调鄂军随行，并告瑞澂谓：路款必须退还，逮案各绅必须释放，民愤先平，事当好转。瑞澂原与盛宣怀沆瀣一气，认为岑氏如此做法，势将助长川乱，乃以无兵可调为词拒绝派兵随岑入川，盛亦坚决表示川股不能筹还。在此情况下，岑春煊只得称病辞职，悄然回沪。

端方在未入川前，一味迎合盛宣怀意旨，仇视川人，横加压制，以致路事日益扩大；成都罢市后，又先后疏劾王人文、赵尔丰，其唯一目的，在于炫能邀功，谋取川督。瑞澂也感到端方内有奥援，如不能得志于川，或将转而谋鄂，于己不利，遂派兵五营以促其行。

六月，端方行抵重庆，始觉保路运动声势汹涌，已无力压服，于是突然采取一百八十度大转弯的手法，致电内阁奏劾王人文、赵尔丰始则纵放，继乃操切，请予惩处；并主张释放蒲、罗诸人，谓“该绅等研求新政，维护地方，为川士一时之选，惟任事近于专擅，持论过于激昂，荷蒙宽典之优加，必有怀刑之敬惧”。同时又在重庆通衢要道张贴六言告示，企图缓和人民斗争。但告示甫经贴出，当日夜间即有人在告示每句下加注两字，原文如下。

蒲罗九人释放，未必　田周王饶参办，应该
尔等迫切请求，何曾　天恩果如尔愿，放屁
良民各自归家，做梦　匪徒从速解散，不能
倘有持械抗拒，一定　官兵痛剿莫怨，请来

由此可见，川省人民对端方之欺骗阴谋早已洞烛其奸矣。

三

保路同志会成立后，最初虽为立宪派所领导，但基干力量实为拥有广大群众基础的哥老会。由于革命党人从中运动的结果，哥老会在保路斗争中的作用日益扩大，已非立宪派所能控制。自赵尔丰逮捕蒲、罗诸人后，各县以袍哥队伍组成的保路同志军纷纷成立，并向省城集中，形成包围形势。兹仅就当时见闻所及，将几个地方的情况述之如下。

广汉距省城既近，哥老会力量亦颇不小，但地方情形复杂，知州武文源且为有名猾吏。保路同志会特推派同盟会员侯橘园（留日学生）回县成立同志会。侯到县即与全县哥老会总舵把子团练局长廖廷英接洽。遂由廖出面在文昌宫召集群众大会，侯橘园发表演说，备述路权丧失的危险，全场情绪激昂，一致同意立即成立广汉同志会。次日继续开会，当场推定廖廷英为会长，侯橘园为名誉会长，同时成立同志军，由廖廷英负总责，哥老会头目曾训五、张天保、邓禹文、刘如松、邓儒轩副之，并推派张天保、邓禹文常驻成都联系各方。同志军开赴成都，驻城外驷马桥，全队共百余人，只有自来得手枪数支、九子枪 10 余支，余皆旧式刀矛武器，并有土炮若干尊。县内各乡镇亦先后组成同志军，共约 2000 人，新式枪械亦只有 2/3。各学校亦举行罢课，张贴标语，表示支持。侯橘园某次在群众集会上讲话，曾说："过去袍哥被称为'合二流'，今天既成立同志会，有了正大主张，就能把这种坏名去掉，大家必须严守纪律，才是真好汉。"侯橘园这些话，本意在于鼓舞勉励大家，并无其他。但知州武文源利用劣绅居中挑拨，谓侯橘园自以为是留洋学生，看不起哥老会，有意当众侮辱袍哥。三水镇袍哥头子邓儒轩竟为所惑，借词欢迎侯前往讲话，当夜在沂水寺将侯暗杀。广汉同志会力量遂因此大受挫折。

各县保路同志会聚众据城，首由新津侯宝斋、周鸿勋开其端。赵尔丰令新军向新津同志会进攻，新军初亦同情争路，本不愿为赵尔丰卖力，进攻新津。嗣周鸿勋因提枪杀新军多人，以致逼成新军反感。新军统制朱庆澜亲自督师攻克新津后，周鸿勋退往邛州，邛州知州龙德文自杀。周虑新军再进逼，遂率部经洪雅入夹江，与夹江同志军韩子惠会合，直趋五通桥，与防军朱登武部激战，击破朱军，声势甚盛。后周率部至自井，因骄矜自满，遭滇军之忌，为所杀。

新津同志军举事时，彭劭农时与乐山彭金门等创办乐屏农垦场，场址距乐山百余里，有自卫毛瑟枪百余支，亦参加同志军。劭农并被推为夹江代表，与乐山代表杜少裳、王著诚结伴同赴成都。

江津独立是冬月间事，由省谘议局议员杨鲁丞和县绅夏馥林、邓岳皋、程农初、冉君毅等秘密策动，知县吴子白被迫投降。邓岳皋被推为都督，但为时不久即撤销此一名义。该县保路同志会由王稚峨领导。王为留日东斌学校学生，县中哥老会掌旗大爷，增援泸州即由其率领。县中袍哥队伍共有10余股，斗志甚强，但武器甚劣。为了驰援泸州，不得不虚张声势，将青杠树挖空，作为大炮。炮身箍以铁环，并用红绸密裹，不许人近，内可装火药三四升，掺以铁块。县城内原有之大将军、二将军土炮亦同时运去。

江津袍哥队伍到达泸境时，泸州已宣布独立，推永宁道刘朝望出任都督，县绅温筱泉副之。此时合江尚迟迟未即宣布，滇军往攻又不得手。乃由同盟会会员黄鹿生以川南总司令名义前往劝导。合江县人表示赞同独立，但只愿附川不愿降滇。滇军甚恚，以为系黄所授意，竟将其戕害。黄在成都曾与杨维、王树槐、张治祥等同时被逮，甫释出不久即遇害。川省日后主客军之争，于此已见端倪矣。刘朝望任泸州都督不久即去职。温筱泉闻尚健在，年已90余。

重庆独立，是由同盟会杨庶堪、张培爵、朱之洪等所策动成功，但亦得袍哥之力。清举人出身之刘锡封，为重庆哥老会有名舵把子，颇有号召力。某次保路同志会在万寿宫开会，刘在会上慷慨发言，说："政府不把我们当老百姓，我们也不应再相信它这个政府。"刘并商由聚兴仁商号杨禹九，由杨文光出资3000元，持以买通道署卫队，借口枪需修理，悉数提出交都邮街王德和铁工厂，由该厂工人保藏，于起事时交出使用。

参加保路运动的哥老会头目，力量较大的有 12 人，当时号称 12 统领。现只记得下列九人姓名：孙泽沛（华阳县人）、吴庆熙（温江县人，绰号“二大王”）、丁厚堂（安县人，自称为同盟会会员，但同盟会中人皆认为非是）、张达三（郫县人）、秦省三（仁寿县人）、周鸿勋（新津县人）、罗子舟（雅安县人，绰号罗八千岁）、胡琰（犍为县人）、王天杰（荣县人）。其中孙、吴、丁、张四人声名尤著。

四

自七月十五日赵尔丰拘捕蒲、罗诸人，并屠杀请愿民众后，各地保路同志军风起云涌，声势日益浩大。武昌首义后，夏之时又率部在龙泉驿举义。赵尔丰对此局面既感到无力收拾，又顾虑端方蹑其后。彼恐果如端方主张，将所逮诸人释放，势将受到更大压力，乃阴图先置诸人于死地。其内戚督练处会办吴钟镕窥知其意，力劝其不可孟浪从事，并表示愿为赵出面商请提法司周善培从中转圜。周与被逮诸人私交素厚，亦愿居间疏解。九月二十四日，赵礼送蒲、罗等出署，随由总督与各司道耆绅联名致书全省官绅，表示共同引咎，并声明停捐减税，以恤民艰；整顿团防，维持治安。绅商学界亦发出通告，说明被逮诸人已被释放，劝告各地解散斗争队伍。蒲、罗等人释出后，亦发表《哀告全川叔伯弟兄书》，劝告全川人民息事归农，停止战斗。然川省革命危机成熟，已呈燎原之势，官方及蒲、罗等立宪派妄图熄灭斗争火种，自属徒劳。赵尔丰鉴于局势险恶，有退往西康负隅之意。而立宪派则欲假自治之名掌握川省政权，遂由吴钟镕向其陈说利害，周善培、邵明叔、周紫廷、陈子立等亦奔走其间，结果赵表示同意。初由绅方拟定自治协议11条，赵不肯接受。复由将军玉昆及周善培、邵明叔、陈子立、廖用之往返磋商，最后双方同意由赵提出的19条，官绅达成协议。十月初七日，赵尔丰将民政交谘议局议长蒲殿俊，军权交新军统制朱庆澜，成都宣布独立。

成都独立后，蒲殿俊任都督，朱庆澜副之。蒲既无政治经验，朱亦不愿多所过问，因而都督府虽成立10日，成都仍是一团混乱。各路保路同志军代表人物既先后进城，而同志会与军队之间，新军与防军之间，皆有矛盾，狡黠之徒更从中操纵，因而军队中发生暗潮。蒲殿俊欲消弭军队隔阂，决定于十月十八日在东校场点名发饷。事前曾有人告以军心不稳，隔离犹恐不及，如集中点名发饷，则一夫发难，即不可收拾，蒲终不听。是午，各军齐集东校场，蒲、朱戎装登台训话。未久，台下队伍中即发生索饷争饷叫嚣。枪声一作，全军哗变。乱军散往各街，大肆抢劫，相遇时互呼“不照不照”（意即各干各的），以避免冲突。变兵饱掠后，行至城外，多遭同志军拦截。亦有不少变兵于抢劫后潜匿城内熟识人家者。

蒲、朱两都督于事变发生后即易服出走。军政部长尹昌衡闻变，即驰赴凤凰山新军营内，商得六十五标标统周骏同意，率部进驻皇城都督府，重组军政府。尹被推为都督，罗纶副之，周骏任军政部长，杨维任巡警总监。尹、罗以同志军难以控制，特设置大汉公，作为哥老会的总公口，尹、罗、周、杨皆为大汉公掌旗大爷。城内务街、各警署也都打出公口招牌。同时还在各路哥老会头目中选出资格较老的仁字排行的五哥若干人任大汉公五哥，专门联系各路哥弟。现仅记得西路管事为盛岳池，南路管事为方茂山。罗纶之父罗绍周，既是南充文生，又是川北一带多年的老舵把子，在地方上有“小孟尝”之称，罗在保路运动中又颇露头角，因而罗在川西南的同志会首领和哥老会舵把子中颇有号召力。

当时所谓三山五岳的朋友齐集成都，大家“拿上复”，红花贵片满天飞。都督府内亦以大汉公务管事最为忙碌，几有应接不暇之概。直至各路同志军改编就绪后，大汉公始逐步无形结束。

成都同盟会支部长原为林冰骨。林回成都时正值同盟会会员杨维、黄方、张治祥、黎清瀛、王树槐等被逮下狱，因而少所活动。后由孙中山先生派董修武任四川支部长。董于辛亥年夏由北京返川，经邵明叔约任法政学堂绅班教员。董因新归，与各方面少联系，因而在官绅协议转移政权过程中无法插手。兵变后改组军政府时，董曾主张应由民选。十月二十五日，董在南校场召开国民大会，参加者万余人，盛况空前。但在当时局面下，董不能获得军政府诸人支持，乃不得不放弃其原来主张，出任军政府总务厅兼财政部官职。

当成都发生兵变，蒲、朱出走之际，商会中人曾往请赵尔丰出来维持秩序。赵竟不征询各方意见，径自出示招抚变兵，俨然政权在握。且赵在交出政权以前，曾密调川边防军傅华封部自康定回川。尹、罗诸人重组军政府后，对赵自是放心不下，遂运动赵之卫队管带陶泽昆，于十月二十五日将赵逮捕。公审时赵坚不认罪，遂被杀，并枭首传示各街。尹昌衡亲自巡视，赵之镖客马果乘机行刺，弹中尹帽，未伤人，事后尹亦未予深究。傅华封部东行至清溪，军政府命彭光烈率部阻击。雅安同志会统领罗子舟复通过哥老会瓦解傅部。

傅部溃散，傅亦被俘。

成都兵变后，社会秩序颇为混乱。变兵发得一笔横财，生活阔绰，且有不少人娶妻成家，民间称之为“起发太太”（川语称兵变为“打起发”），且有“不照不照两不照，明年生过大老少”之民谣流传一时。旗民因旗饷停发，迫于生计，纷纷以贱值出售房屋，房基价与田价相等。汉人在少城购地者不少，一转手之间即获得厚利。哥老会中人提倡恢复汉族衣冠，于是头扎英雄髻、身着戏装、腰佩宝剑、脚蹬花靴、招摇过市者随处可见。

军政府于局势稍定后，即着手整编军队，共编为 3 个师。新军改编为第一师，宋飏臣任师长。各路袍哥队伍组成之同志军改编为第二师，彭光烈任师长，哥老会头目孙泽沛、吴庆熙、丁厚堂、张达三分任标统，官兵皆哥老会中人。第三师则由城防军及一部分同志军编成，孙兆鸾任师长（成渝合并后，又成立第四师，以刘存厚为师长。重庆熊克武军改编为第五师）。军队整编就绪，各街公口亦即撤销，成都秩序至是粗定矣。

（选自全国政协文史资料研究委员会编《辛亥革命回忆录》第 3 集，中国文史出版社 2012 年 6 月第 2 版）

重庆蜀军政府成立亲历记

向　楚*

我今年85岁了，辛亥革命时正是壮年。我原本是巴县举人，七品小京官，当时在重庆府中学堂任教，是同盟会会员。蜀军政府成立时，我任秘书院院长，凡有关军政府的重要文件，大多出自我的手笔或亲自核稿，对于事前的活动与酝酿，当时的部署和措施，以及夏军起义，鄂军反正，端方授首，滇、黔军入川，军政府西征北伐，吴玉章回川主持开会戡定反侧，熊克武组蜀军回驻重庆，成渝两军政府合并与重庆镇抚府的成立等，时间虽已经过半个世纪，但往事历历，记忆犹新。昔年虽撰写《蜀军革命始末》一文，刊于《巴县县志》，现在看来，犹觉层次不够分明，资料复有挂漏。谨就回

*　向楚：时任重庆蜀军政府秘书院院长，后任重庆讨袁军民政厅总务处长，孙中山大元帅府秘书长。新中国成立后，任四川省人大代表、政协委员，四川省文史研究馆副馆长，民革中央委员。

忆所及，参照原著分别更正补充，以供历史研究者参考。

一 同盟会党人在重庆的秘密活动和积极部署

我参加同盟会是在1906年，得杨庶堪的劝说为多。当时我对民主革命的认识还处于启蒙阶段，认为：

（一）入学中举的科举思想，是落后的，腐败的，它对于救国救民，只有害处，毫无益处，知识分子应当吸取文明进步的思想，以研求救国救民之道。

（二）春秋大义，首重华夷之辨，应当推翻清朝统治，“光复”大汉河山。

（三）清廷的政治腐败，丧权辱国，民不聊生，应当实行政治改革，方能富国强兵。

因而赞成“驱除鞑虏，恢复中华，建立民国，平均地权”的斗争纲领，自思非入盟不足以言革命。当时虽曾顾虑入盟以后要担风险，情绪颇感不安。但我相信主盟人孙中山先生和介绍人杨庶堪。杨为我多年密友，他尚不怕，我又何所畏惧。吾师赵熙曾议我“趋时”（指革命），当时只好相应不理；而今革命意志增长，我就要力争“趋时”，遂置困难牺牲于度外，勇往直前，参加了革命的秘密活动。

1906年，同盟会在重庆始设支部。1910年，重庆府中学堂监督杨庶堪，学监张培爵，教员向楚、黄圣庠、熊兆飞、周国琛，川东师范学堂监督杨霖、学监朱之洪等均为同盟会旧会员，是时同盟会重庆机关部即设于重庆府中学堂。辛亥年三月二十九日黄花岗之役，广州党人曾密致书电请接济，培爵、庶堪等首倡响应之。广州起义失败，国中党人皆思乘机再动。重庆同盟会机关部亦积极秘密活动，并想方设计地买炸药，造炸弹，作为起事的武器。同盟会员夏江秋即负责专造炸弹，熊兆飞、周国琛等亦能掌握造炸弹的技术，所有造成的炸弹都秘密存放在大米市附近，俟有机会发动革命时取用。当保路斗争开展，朱之洪被推举为川汉铁路重庆股东代表入成都，重庆机关部即派之洪与在省党人密议进行发动。之洪临走前，访杨庶堪问大计，庶堪笑曰："君此去，蒲、罗均未足与谋也。"之洪笑应之。既至成都，迭与党人龙鸣剑、曹笃、方潮珍、肖参、张颐、刘经文、杨伯谦、刘咏闿、曾昭鲁、刘永年等及凤凰山新军中党人开会商议，佥以成都自丁未之役，党人密谋乘省城清吏到会府朝贺清帝生日时，安放炸弹，为聚歼之计；事前被人告密，张治祥、杨维、黄方、王树槐、黎庆云、江永成等被捕，构成"六人之狱"。此后省会军警防范极严，发动较难，不如在外州县发起，互为呼应，较易成事。于是决定分派党人四出活动：刘经文取道川南，东下威远、富顺，曹笃返自流井，方潮珍返井研，张颐到青神、井研，而荣县龙鸣剑、王天杰尤为愤慨，首先举行武装起义。上述各地党人皆密商定计，伺机动作。朱之洪由成都转重庆，报告以上情况。重庆机关部复派周国琛入省视察川西局势，国琛人地不熟，未得要领而还。重庆的党人以全川民气尚不可为，迟未作出发动决定。其后肖参、张颐到重庆，会见庶堪、培爵等，告以青神、井研、荣县、自贡间民气激昂，且有党人居间策动，斗争正广泛开展。诸人闻之皆奋起，乃积极部署革命，但未作公开活动。渝人见同志会日益壮大，演说时恒集万众，哗动一时，而不见同盟会党人于会场中有言论，窃窃有私议。有人以此语庶堪，庶堪曰："此非根本革命，无以拯救人民，保路云云，要皆枝叶耳。”于是庶堪、培爵等日夜与党人密谋，写信致各路，虑邮件泄露，乃遣可靠心腹专送。各县党人渐次到重庆相与开会密议，关于内部组织、人事安排，亦重新决定：主盟为杨庶堪，负决疑定计、筹谋财政、计划开支、周旋官吏、结纳党人之责；张培爵、谢持负发纵指使、交通联络、征集军械之责；朱之洪负联络官绅商会，通往来、交客军之责；为书劄，草檄告，则由向楚等二三党人负责；熊兆飞、夏江秋则负责制造炸弹。

当时，重庆的清官吏中，署川东道朱有基，庸懦简出，巴县知县段荣嘉，巡警总署署长杨体仁多不任事，较易对付。唯重庆府知府钮传善，兼府城警察监督及新巡防军管带，一身操政、警、军大权，其人机警狡诈，号称干员，颇属可虑。党人中以重庆商业中学堂监督舒兴谓善于辞令，常与钮传善亲近，乃推兴谓相机说钮，终以钮性叵测，多主慎重，罢原议。府中学堂既为革命党人的机关部，收到的书信、文件较平常增加许多，钮传善很为猜疑，阴令人尾庶堪、培爵诸人之后，探其所为，诸人皆不知也。庶堪所居在中学堂背后而迹甚疏脱，每就培爵语，辄至深夜不去。一夕出校，见便衣四五人立门外，手镫巡哨，状异他时，始大惊悟。庶堪于某日见钮传善，钮谓：“人言你校教职员中某某皆革命党人，是不是？”庶堪答谓：“这些人都是书生，哪说得上，如果一定要拿革命党来中伤的话，像我本人，庶乎有点相近。”言毕，拱手笑谢去。党人的活动，既已引起官方注意，我们在行动方面也就更加检点，更加注意秘密工作了。

端方奉清廷命，任钦差大臣，统率鄂省新军一协（第八镇的十六协，辖三十一、三十二两个标），到川查办。清廷认为川省保路风潮扩大，是由于赵尔丰镇压不力所造成，又密令与端方，可以就地拘捕赵尔丰。其时，各地同志军风起云涌，川局在极端动荡中，重庆官方深感震恐。端方过渝时，决定募新兵成立防军3营，委派李湛阳为防军统领。李湛阳是巴县人，他的父亲是天顺祥银号大老板，拥有雄厚的财力，他本人原在广东任巡警道和督练新兵统领，因省亲请假回到重庆。端方见他是旧属，又在地方上有财有势，所以要他担任这个职务。李湛阳与同盟会早有联系，既奉命招募新兵，需人亦多，于是同盟会党人多投身参加其中，充任中下级干部，并介绍有关系的人进去当下级军官或士兵。向楚就介绍过张熙（午岚）等三四人在新军中任下级官，其他介绍去的人也不少。所以当时新成立的巡防军3营，不仅与同盟会通声气，而且基本上是可以加以掌握的。川绅施际云受端方之命，由涪州到渝，召集重庆官绅商学各界在总商会开会商讨维持地方治安问题。党人等为扩大武装力量，由朱之洪、江潘等在会上提议举办团练。施际云主张“团而不练”。之洪等力争，认为各地“盗匪窃发，不练无以资防御”。重庆知府钮传善又以没有火器、军械为借口，拒绝团练。同盟会员简达西，曾主管川东团械簿册，乃当场出底册，开列清单，指出还存有团枪、铁炮、刀矛等共数千件，钮等无以借口，众议遂决。于是商会方面办商团，街坊方面办民团，在商团、民团中均渗入党人，并争取掌握其领导权。培爵等复派张颐等走夔、万，联络下东党人同时起义；派肖参返荣威、自贡与诸党人谋，分别建立同志军或渗入同志军响应革命；派陈育堂赴大竹，促张慰隆到渝共策进行。

随端方入川之鄂军前队行至资中、荣威间，有军中党人王志高、蔡品三曾密与曹笃接头，曹笃不敢遽信，恐是刺探消息者，未与深谈。及张颐抵万县，端方所统鄂军后队适至，鄂军中党人田智亮见张颐，相与深谈，谓武昌已于八月十九日起义，并写信交张颐密转鄂军前队跟即反正。张颐持信，不分星夜，由梁垫兼程赶回重庆。其时，地方人士被庶堪等邀约参加同盟会者益多，而张懋隆亦由大竹至，诸党人集议，谋据重庆起义，以响应武昌，计议再三，仍不敢举动。大家认为，成都为四川省会，可号召全省，成都还没有起事，若自外发难，恐收效不大，而凤凰山新军及成都诸党人目前还难以措手，发动的机会还没有成熟。于是决定再积极联络邻近县份的武装力量，并设法添置军火，准备起事。闻端方所运军火船将过涪州，机关部即派谢持赴长寿伺机截取，但此事未能成功。四川党人易在中、柳达，认识鄂军中党人不少，于是机关部乃派他二人将田智亮的信件秘密送到鄂军前队去。其时涂传爵亦携黄兴的亲笔信返川，驰抵成都，走凤凰山，以信与方声涛，声涛任新军参谋长，但实力甚微，不敢轻动。

二　夏之时龙泉驿起义和率队到重庆会师

夏之时，合江人，日本东斌学校步兵科毕业，为同盟会党人。回川后，为清廷所疑忌，不得重用，最初派在陆军十七镇任排长，驻成都。同志会起，夏之时与党人陈宽等曾组织《西顾报》，借鼓动保路以宣传反清，并加入保路同志会，密谋伺机起事。既而知同志会志在保路，不足以图革命，又闻清吏将逮捕蒲、罗诸人，私以为有机可乘，但部署未定，即被察觉，被撤销军职，暂任留守。不久，各路同志军围攻成都，九月初，清吏以军事紧急，又起用夏，派他率步兵一队，到龙泉驿驻防。夏乃以种族主义鼓动士兵，一面串联发动同驻龙泉驿之新军步兵、骑兵，辎重兵各一队，同时宣布革命，众皆附和。遂于九月十五日夜间，约集驻在龙泉驿之武装兵230余人，于附近土地庙内誓师起义，杀东路卫戍司令魏楚藩。其时，适赵尔丰命教练官林绍泉赴资州迎接端方，夜宿龙泉驿。林闻兵变，潜至土地庙窥察，士兵有识林者，开枪击之，中伤其髋，夏力为维护，林得以不死，即挟之同行。众推夏之时为革命军总指挥，即夜率兵东下。至简阳与孙合浦兵相遇。合浦为新军某协支队官，之时召集其步、炮兵各一排，演说民族革命大义，众愿归附，遂增兵180余人，并得有若干步枪、山炮。当时，端方拥鄂军驻资州，扼阻东路，夏不敢前，于是率队渡沱江，取道北路东下。次日，驰180里，到施家坝，众皆疲惫，且惧追兵，官长逃者3人。地方来问行军意向，夏之时复集众宣说，并手刊“中华革命军总指挥印”出条告安民。次日，兵将抵乐至，距城20里，闻新军管带龙光奉命率大队跟追将到，林绍泉更以危言恐吓士兵，众心恐惧，之时复召集全体士兵解说，鼓舞士兵继续前进。行50里，遇邮卒，检查得乐至驻军清统制派兵增援的告急文书，乃伪装为奉命援乐之兵，驻乐至之清兵迎迓入城，之时即集合驻乐至清军，宣布革命军假道，士兵归附者又300余人。次日，至分水岭，士众益疲，军心不固，思逃逸者增多，之时复与众共同结盟以维系之。同时，闻追兵已缓至，乃就地休息一日，以稍复疲劳。次日，行安岳道中，有王生以壶浆迎接，言其师王休奔走革命有年，今正策划安岳反正。之时即告王生转达王休，内外策应。之时随率兵抵安岳县城，但城门紧闭，拒而不纳。正疑虑间，王生出，告以其师王休正劝县令投降，嘱缓攻城。不久，县令弃印逃走，王休出城迎接，相见大为欢洽。之时率兵入城，地方接待颇为殷勤热烈，并借钱数千缗，分散士兵。是夜，龙光率追兵至分水岭，以长信责之时，要他速自解散引去。之时与王休商议，休谓：“重庆诸党人密谋‘光复’，筹划已久，并已与鄂军中党人沟通，正待时机发动。”当劝之时速率兵到重庆，共图大举。于是之时复信与龙光，以革命大义严责之，龙光下令攻之时，其军中有向义者，无斗志，地方人民见龙光军纷集，亦群起燃炮响应义军。龙光立令不服从命令作战的士兵缴械，遂率队返。龙光本同盟会党人，事后始向人说：“夏倡独立，兵少，我名追之，实送之耳。”追兵既退，义军休整三日，乃拔队至潼南。驻二日，有合州代表白炳宣等来见之时，谓合州愿自谋响应，不劳兵力，请速趋重庆。之时遂率众由水道船行两日抵江北黄桷树。夏军来，一般人不知其意图，深为疑惧，于是重庆总商会决定送之时 30 万元，米 100 石，请其勿入渝城，并推朱之洪为代表，往见之时达此意。渝中党人则与之洪商定，晤见之时应密商筹划和部署举义事宜。之洪晤夏商妥一切后转渝，道经龙隐镇、浮图关等处，复说水警及巡防军归向革命，赞助起义。之洪并复告总商会诸人，谓：“夏军此来，乃促成重庆独立，已拟露布，即将入城，勿用疑惧。”之洪既返城，之时亦引军兼程进抵浮图关。次日平明，以望远镜俯视巴县城在指顾间，乃积极准备整队进城。当之时与之洪晤面，标志着夏军与重庆党人已胜利会师，里应外合之势已成，独立时机便告成熟了。

三　重庆“光复”，蜀军政府组成

自武昌首义，九江、长沙、安庆、昆明、贵阳先后响应，形势发展得极为有利。重庆同盟会党人亦积极加紧筹划，进行发动，除发展组织，加强联系，运动军警，赶造炸药外，并派石青阳、卢汉臣负责组织敢死队，秘密招集青年200多人，予以一定的训练，为必要时冲锋陷阵做准备。一面指定专人负责联络哥老会，共同行动。府中学堂教员党人周晞颜，工篆刻，机关部特购买大寿山石两方，嘱密刻“蜀军都督”及“蜀军总司令”印，在当时情况下，这是造反，查出要抄家灭门的。大家认为藏之校舍甚不妥当，因府中学堂已为官府和军警极端注意，故为此事大费踌躇。经多次密商，才在下陕西街巫德盛栈房附近找到一个妓女（妓女伪作眷属），由周晞颜送往存放她家。后来，见常有岗警逡巡于门前，恐被发觉，晞颜又把这两颗大印分别包好，藏在两腋之下。秘密挟出，存放其他地方。自夏之时率兵临渝城下后，城内居民闻大兵将到，惊惶不安，官吏尤兢兢不自保，宣布了全城戒严。其实，李鸿钧、张煦诸同盟会员纷纷集重庆，府中学堂学生中的党人，亦群为革命效力奔走，巡防军、哥老会并纷纷密约效命。但大家最担心的是巡防军中的开花炮，它是火力最大的武器，如果开花炮打起来，不但要轰毁很多房屋，而且会死伤很多居民。机关部对于这点还特地做了许多工作。巡防军管开花炮的是一个姓肖的管带，终于说通了这个管带的儿子，把开花炮的炮栓偷出，缴到机关部来。这样一来，开花炮也就打不响了。

十月初一日，重庆士绅及各界人士，齐集总商会密议独立问题，众以既推朱之洪往说夏之时暂缓进城，拟即推巡防新军统领李湛阳为都督，宣布独立，免致地方糜烂，乃举向楚、温仁寿、杨朝杰往说李湛阳。既见，李湛阳流涕辞谢，谓：“吾有老亲，不敢当此非常重任，秩序如可维则维之，如不可维，愿党中诸贤好自为之。”于是培爵、庶堪等益加戒备，并令敢死队做好准备，应付非常，维持秩序。

十月初二日，同盟会与各方联系均已妥当，准备亦已完善，于是邀集重庆绅商学各界，在朝天观开大会。到会的有机关法团代表、学生、市民数千人，鄂军中党人田智亮等亦武装与会。大会由张培爵主持，宣布重庆独立。会前重庆总商会会长古绥之、士绅温友松（回族，秀才）曾探问杨庶堪曰："我们是同情革命的，也是参加的一分子，你们究竟是不是革命党？你们的领袖究竟是何人？"杨庶堪答曰："革命党自然是革命党，至于领袖，总之不是重庆人。"古绥之又说："你们把宝盒子揭开看一下嘛，使大家明白呀。"他们完全不相信这些书生老酸会将革命闹起来的。当时同盟会内部已决定推张培爵任都督，培爵为隆昌人，故庶堪以领袖非重庆人答古。当开会时，重庆的清吏中，川东道台朱有基已先逃跑，重庆知府钮传善不到，乃推向楚、朱之洪去府衙饬钮来会，向、朱两人又邀李湛阳同去，钮传善随即到会，巴县知事段荣嘉随后亦至。党人李鸿钧、夏江秋、欧阳尔彬等各手持炸弹，将钮传善包围，周国琛执手枪指着钮传善，叫他投降。钮人很狡猾，平时本善说词，今慑于群众威势，畏缩气沮，瞠目结舌，低头表示投降，同段荣嘉一起跪在地下，剪去辫子，缴出伪印，并亲笔书写"驱除鞑虏，恢复中华，建立民国，平均地权"誓词，当众宣读。随即由党人挟之游街，钮挽杨庶堪手，坚持甚牢，不肯稍释，意在挟以自保。是日，居民门前都悬挂一白布小旗，上书"汉"字，游行队伍一到，群众夹道欢呼，人人兴奋万分，个个眉飞色舞，热烈地庆祝重庆"光复"。

是晚，继续开会，众公推培爵为都督，夏之时为副都督，设蜀军政府于原巡警总署。先是朱之洪出通远门往通知夏之时。守兵以为无知府钮传善之令，不敢开城，乃就城阙卑处梯城而下，张颐继之。不久，体育学堂学生军亦赶到，事先本与之时约定如到时城门不开，即行攻城，朱蕴章乃喝退守门兵，将铁锁砍断，打开城门。之洪到两路口与夏之时军相遇，告以城中反正，遂迎夏军入城安民，通电全国，宣布重庆“光复”。一日之间，兵不血刃，大事已定，民皆悦喜。是晚开会筹组蜀军政府并派向楚带武装兵二人即到大清银行及濬川源银行进行接收。找两行的负责人把重要簿据一并交出，但是要向出一正式收据。由于蜀军政府尚未成立，无法给以正式印收，向楚即在皮包内取出一张印有“向楚”二字的大红名片作为收据，将两个银行重要簿据几十本一并带转。其时军政府还在开会，向约张培爵出来，密向他报告，已把银行存款完全接收了，培爵大喜。盖当时两行存款共计 270 万元，有此现款，则军政府的一切开支便可无虑了。

张培爵、夏之时既就任正、副都督，遵照党人会议的决定，乃以林绍泉为蜀军总司令兼参谋部长，唐仲寅副之；谢持为总务处长，董鸿诗、朱蕴章副之；向楚为秘书院院长；李时俊为审计院院长；熊兆飞为监察院院长；方潮珍为军政部长；梅树南为行政部长，龚秉枢副之；李湛阳为财政部长，刘祖荫副之；江经沅为军需部长；邓絜为司法部长，张之竞副之；江藩为外交部长；杨霖为交通部长，陈崇功副之。并特设礼贤馆，以陈道循主持其事；改原有大清银行为大汉银行，成立金库，由朱之洪主持。之洪与杨庶堪均为军政府高等顾问，凡遇大事，定大计，均先征询二人意见，然后施行。对于军队方面，亦重新加以改编，统一编制：以盘铭为近卫军小标统，周国琛为警卫军标统，原敢死队改编为义勇军，以石青阳为标统；原有巡防军4个标统黄金熔、舒伯渊、周维新、邹杰及炮兵第一营管带肖步周，均予加委，隶属于蜀军总司令。此外，并委刘兆清为亲兵营营长，罗俊青为九门监察，向寿荫为蜀军第一纵队长。委王培菁为南路司令，率兵攻合江，支援起义群众。一面传檄附近各州县，每州县改置一司令官，兼管军民两政；司令部内设军谋、军政、军书、军需等处，分行政、财政、司法、学务等科；并委派57州县司令官，颁发57州县印信（均为周晞颜手刻）。一面照会驻重庆各国领事，申明负责保护外侨的生命、财产。布告尽裁进口杂捐，并对江、巴两县旧有厘金豁免5天。军政府成立次日（十月初三）即布告安民，有“少数服从多数，世界公理所存，人民不分满汉，剪发即许投诚”等语。并由刘祖荫（巴县举人、军政府财政部次长）到全城主要街道亲说各商家打开铺门，安心照常营业。于是各商店都把铺门打开，并在门前插一“汉”字小白旗，以示“光复”。总的来说，重庆独立，不折一兵，不费一弹，市廛安堵，草木不惊，是皆由于事前顾虑周详，临时谨慎行事，一切工作都做得很把稳，故能收到和平独立的效果。

军政府成立以后，对一切费用均特别节省，即以薪俸而言，都督每月薪水仅为100元，总务处长每月薪水为80元，秘书、审计、监察等院院长每月70元，各部部长月薪60元，其他开支也很节省。

不久，春节到来，军政府大门书联志庆，联文为“奉新元为正朔，扬大汉之天声”。全城民众大放花灯，欢度了独立后的第一个春节。

四　端方授首，川东南各县均告“光复”

端方在资中时，鄂军前队既得其后队密信，已知武昌起义确息；同时孙武于武昌起义后，又密致书电，通知在川鄂军中党人密图端方，促川人独立。端方来川，即派人随时检察邮电，凡鄂省来的秘密信件、电报均为端方所得。因此鄂军中党人深虑后发为人所制，在重庆时即密谋杀端方，渝机关部阻之，以渝为商埠，若有骚乱，即惊外侨，损市廛，大不利于人民。故端方由渝拨队去资州后，即有鄂军中党人回重庆与渝机关部相密约，如起事杀端，鄂军田智亮等且为前驱，军政府成立后，田智亮请赴资州图端方，培爵等拨兵300人，炸弹80枚、现款5000元与田，兼程往。行至距资州60里处，鄂军中党人与田智亮遇，谓重庆独立，他们已经知道，并已经做好杀端方的准备，劝智亮暂时缓去。是夜（十月初五日）鄂军中党人密议，认为非杀端方不足以取信于川人而报鄂军政府。议定，众皆书押，剪去发辫，毁肩章，袖缀白布，以表明决心反正，并决定于杀端方后回鄂。鄂军协统邓承绂、标统曾广大惧祸，夜缒城而逃。端方午夜闻变，与其弟端锦相持而泣，起义士兵随缚之至天上宫行辕。端方当向众说：“我本来是汉族，原姓陶，投旗才四代。我治军最初在湘鄂，后来在两江，在直隶，对待士兵，素来不薄，进川以后，对士兵尤有加厚。”乞免死。众答以：“此是私恩，今日之事，乃国仇，不能顾私恩。”有荆州人卢保清者，三十二标军士，素骁健，挥刀刺之，截其首级。军士任永森，复手断端锦头。

次日，田智亮等电蜀军政府报鄂军反正，举陈镇藩为统领，拔队东下。过内江时，协助内江独立。抵渝，卢保清等出端方、端锦首级，二头均储在铁匣内，沉浸以清油。培爵等以鄂军建此大功，犒以牲酒，对卢保清、任永森两人，特别奖赏，各以红白绫标其肩，旌其勇决。智亮返渝，向军政府报命，仅用去500余元，所余之款，悉数缴还，军政府大为嘉许。军政府旋派朱之洪向陈镇藩接洽，请鄂军暂时驻川，帮助维持地方治安。镇藩兵驻川东师范学校，正交涉间，鄂军闻而大哗，众谓：鄂省独立已久，正需要兵力，且父母妻子皆在鄂，人人思自救、愿早归，不肯留。之洪又达军府意，请借枪械，众又谓：枪械是军人生命，借出就是等于缴械，均不从。最后，之洪反复与镇藩洽商约定，由军政府给予3万元，即以此款订购汉阳兵工厂枪械（其后冯中兴运回是项枪械交熊克武军，陈镇藩是履行了原约的）。于是鄂军陆续离川返鄂。大部东下后，留富顺、内江间者尚有100余人，适驻自流井的清巡防军被同志军周鸿勋部击溃，奔入县城，知县孙易祺与劣绅数人实为内应。清巡防军入城，大肆劫掠，奸掳烧杀，妇孺纷纷裹棉絮坠城下，哭号之声，惨不忍闻。鄂军乃由白马庙乘船到富顺县城，梯人登陴，砍开城门，击走清巡防军，诛杀10余人，平息了祸乱。县中人民深为感激，及鄂军将赴泸州，由水道东下，县人又恳切挽留，坚不让走，复留驻了一个多月。其时有张桂山所率千余人来驻县城，未敢扰乱者，鄂军震慑之力为多。嗣后滇军至富顺，鄂军方行辞去。

当重庆未独立前，下东及泸南各州县，皆有党人运谋策动于其间，或联官绅，或结防军、哥老会，伺机举事，俟重庆军政府成立之后，即行响应、当时，夔、万方面，由卢师谛等负责，泸州下川南一带由杨兆蓉、邓希龄等负责。驻万县防军统带刘汉卿（绰号刘罗汉）经党人策动，于十月五日反正，次日以兵下夔府，七日宣布成立下川东蜀军政府，推刘汉卿任副都督。同时，卢师谛、汪厚坤、易存贞、王亮、刘梓春、晏祥武等积极谋运动下东各县独立。十月六日，杀奉节知县高矗义，徇巡防军之请，推陈某任司令，王亮为参谋长。云阳亦于同日反正，推晏祥武为司令，卢师谛为参谋长。泸州亦于十月六日宣布独立，建川南军政分府，推原任永宁道刘朝望为都督，温翰贞副之。长寿、涪陵、南川、隆昌亦先后与蜀军政府密约，陆续宣告独立。当时，川东南有57州县，均已反正，响应和拥护蜀军政府。于是蜀军政府已掩有半个四川，地位益加巩固。不久川南都督刘朝望、下东副都督刘汉卿均表示自行削去名号，请归并蜀军政府受统一调遣指挥。

五　成都独立和蜀军政府派兵西上支援

成都闻重庆“光复”，端方授首，鄂军起义，川东南全部响应，亦于十月七日宣布独立。先是，赵尔丰虽为形势所迫，释放了蒲殿俊、罗纶等9人，但赵尚拥有巡防军30营，藩盐两库尚存现款600余万两，兵饷皆在握。川绅邵从恩、陈崇基等以赵一日不去位，则川局一日不安，遂相与计议政权转移。陈崇基则奔走于诸绅士之间，邵从恩与吴镕则赴督署，相机说赵尔丰，往返周折经过六日，赵尔丰与清廷消息隔绝，自知前途无望，始承认将军权交与十七镇统制朱庆澜，政权交与邵从恩。邵从恩以国体且改共和，都督宜由民选，省民大会既不能在短时间内召开，则应以省民间接选出之谘议局议长任之。赵尔丰惧川民仇己，以为朱庆澜拥有新军尚足恃也，欲援鄂例，以朱庆澜为正都督，蒲殿俊为副都督。邵从恩乃谓湖南都督谭延闿亦系文人，若以民选议长而置之副，恐不惬舆情。在商定了所谓“官绅协约”30条之后，赵尔丰以文告宣布“四川自治”。于是蒲殿俊为都督，朱庆澜为副都督，并筹组“大汉四川军政府”。赵尔丰在交印的同时，并宣布了所谓“官绅协约”，约中有：请赵尔丰仍主边务及扩充军备，协济藏款，供应常年费、兵饷费四五百万两等条文；更为荒谬的是仍请赵尔丰留成都，暂缓赴川边，以便遇事商求援助指导。川民认为根据此项所谓协约，则赵尔丰仍然手握重权，后患将不堪设想，一时舆论大哗。党人持“协约”奔告重庆军政府早为之备，蜀军政府立即在报纸上对此项“协约”逐条加以严正驳斥，深入揭露赵尔丰等的阴谋，号召全省人民群起反对。并以赵尔丰仍居督署，拥有重兵，一旦发生变乱，实系全蜀安危，于是决定推派副都督夏之时率师西上，讨伐赵尔丰，支援成都独立。乃将原有蜀军各标，改编为3个支队，以蜀军总司令林绍泉兼北路支队长，改第一纵队长向寿荫为南路支队长，以但懋辛为蜀军参议长兼中路支队长。但率部甫进驻资中，不数日而有成都十月十八日之变。初，蒲殿俊于就职后许各军休假10日，发给薪饷3月，以示酬劳。在赵尔丰、田征葵指使之下索饷者纷纷，巡防军尤为骚扰。是日于东校场点名放饷时，仅给饷一月，巡防军首先哗变，枪杀发饷委员。随之枪声四起，新、巡两军洗劫了银行、典当、藩库、盐库及全城许多商家和住户，称为“打起发”，火3日不绝。变兵饱掠出城扬散。各路同志军入城维持秩序，始稍见安定。清陆军小学堂总办、“大汉四川军政府”军政部长尹昌衡自凤凰山乘机率新兵数百人入城。适兵变时蒲殿俊潜逃，尹昌衡遂为都督，罗纶为副都督。当兵变之后，赵尔丰竟公然以“总督部堂”名义，发出布告“安民”，其忠实爪牙傅华封率川边清军已至雅安，复辟罪行愈益昭著，这就危及了尹昌衡的既得地位。尹为了巩固自己的权位和不得不顺应人心，乃擒杀赵尔丰于旧皇城。蜀军政府闻赵既已伏诛，乃罢西上之事，迄于资州而止。

六　吴玉章到渝主持开会戡定反侧

林绍泉被任为西上军的北路支队长后，大为不满，当即将委令撕毁，把所发的支队长关防砍为四块，叫嚣支队长职位卑下，侮辱了他的总司令职位，并持手枪，傲睨放肆，大骂都督，大闹不休。朱之洪至，见林态度极为恶劣，出于意外，劝之不能止，乃袒胸大声喝止之，林始退去。其时，党人吴玉章适于发动了荣县、内江独立后来渝，玉章有卓识，能果断，素为同志所敬服。蜀军政府初建之际，不幸即发生林绍泉骄横跋扈的事件，培爵诸人均惴惴不安，不知如何措置。于是同盟会诸党人于迎接玉章进城后，即同往就商应付方策。玉章认为军府成立伊始，非整肃纪纲，严申法纪，不足以树威信而固根本。经确定原则，妥为部署后，即夕，召集各部院长、军官及同盟会党人开临时大会，众公推玉章为主席。玉章首先声明：大会主席必须由大会予以权力，可以控制会场，参加会议的人，要听主席的话，各守秩序，依次发言，会议才有结果，否则不任主席。众鼓掌赞成，于是玉章就任主席，宣布开会。首由夏之时发言，谓支队长名义，考之中外军制，乃分道出师之领队长官，有以一镇（相当于一师）再加步兵若干成一支队者，其名义不卑，其范围不小。况军府任命绍泉之文书，并无取消其司令官语意，且曾先召集参谋部属开会声明，林支队长出师时，随营携带司令官关防。是司令官出师，并加支队长名号，事权不为不重，委任不为不专，而林绍泉平日跋扈骄横，今则更为悖妄。并闻外间有密谋拥戴林绍泉做都督者，经检察已查得确凿证据。绍泉知事已败露，不得不自服其罪，按军律当处死。之时终以林自龙泉驿起义后，赞襄军务，尚有微劳，援都督可以特赦之规定，予以特赦，宣布将林押解回鄂省原籍。标统舒伯渊、周少鸿、周维新，教练官汤维烈等，阴与林绍泉相勾结，已定议乘北伐军发给子弹时哗变，扰重庆，以颠覆蜀军政府，事成即拥林绍泉为都督。舒伯渊等初曾密说黔军标统叶占彪同造乱。叶占彪以客军来援，饷粮皆仰给蜀军政府，不敢应。舒等又秘密邀都督近卫军的一些官兵在川东师范密议，有朱登武者，系龙泉驿起义时头目，现隶近卫军为下级军官，被招与议，知其谋，告密。当临时大会褫夺林绍泉军职时，近卫军群起引枪向会场，齐指舒伯渊，揭发舒谋乱。部长中有梅树南者正手烤铜烘笼，接近舒座，闻士兵枪簧拨动，大惊，手炉翻倒，灰火飞扬，与李湛阳、江潘等仓皇遁散。玉章主持大会，以极其镇静的态度阻止了仓皇逃会诸人，继续开会。旋议定，令监视舒伯渊、周少鸿、汤维烈等。次日黎明，令欧阳尔彬往捕周维新，值周维新尚在客馆挟妓卧床未起，箧中所藏秘密函件不及消灭，乃搜逮付军法。鞠讯得实后，遂宣布舒伯渊、周维新、周少鸿、汤维烈等罪状，处以死刑。同日，夏派曾昭鲁（隆昌人，绰号“曾猴子”）雇一小船押林绍泉由渝起程，行至江北巴县间之野罗子地方，林小解，昭鲁乘势推其入水淹毙，乃回重庆向夏报命。林案处理后，夏之时即自兼蜀军总司令，姜登选副之。此次戡定反侧，奸不得发，实得力于玉章之到渝主持大计。

不数日，蜀军拿获了清四川巡防军统领田征葵。这个凶残屠杀人民的刽子手，由成都化装易服，乘小舟东下，欲从水路潜逃，终为蜀军所捕获。军府得报，复派李湛阳、向楚、江潘往查看属实。十一月十二日，培爵、之时等召开官兵集会，将田征葵押至阶下，命军法宣读罪状，大意谓成都七月十五日之变，田征葵挥军枪杀无辜请愿人民，论事实则祸之首，论法律则罪之魁。田征葵闻罪状，佯作不省，强笑曰："欲加之罪。"在当众揭发田贼残杀人民的累累罪行之后，当宣布斩首，标木牌大书，"民贼田征葵之首级"，枭示于市，人民大为称快。

川南都督刘朝望之参谋余大鸿（鄂人），本林绍泉师，林先有电邀请其率兵下渝，共图重庆。余尚在途间，而林已事败。余率兵至石桥铺，军府乃派朱之洪、陈传往视。余知军府已有备，愿将所率全营交蜀军，之洪与之约，兵不得入城，次日于南岸铜圆局接收。余交出部队后，军府给予路费 400 元，令其返鄂。

十二月，军府得合江筹防局密报：有贺建章者，手持"四川治安军"印单及吴以刚名片，称蜀军统领，招兵下渝，图大举；其同伙罗燕章已赴贵州仁怀、土城各招得若干人，请军府指示。军府复令指为假冒，饬捕贺建章至渝，并搜得贺与吴克潜及陶叔侯信，信内称邓井关、仁怀、土城各招得炮队若干人，10 日可到等语。吴克潜即吴以刚，系清川江巡警提调；陶叔侯即陶家琦，系清巴县经征委员。均先已"投诚"，今又假冒蜀军名义招兵图造乱，谋复辟，乃宣布其罪诛之。

成都兵变后，朱庆澜亦易服潜逃到渝，住方声涛家。姜登选引其见夏之时，之时以朱为旧长官，曾参加成都独立，乃赠送路费

300 元，送朱东下。

经过这一时期的努力，戡定了叛乱，使蜀军政府的政权逐步地得到了巩固。

七　熊克武在沪组成蜀军回镇重庆

初，蜀军政府派周代本赴沪购枪械，并与各省代表团集武昌开会，熊克武则在上海团结党人，谋组蜀军为中坚。时有保定学生吕超、张存孝等电熊筹济路费，熊等兑款接济之，于是党人南来者多青年军人。四川同盟党人乃在上海举行会议，推任鸿隽为主席，黄肃方为同盟会干事兼总务部长，熊克武为军务部长，陈一夔为财务部长，郭蔚华为庶务，设办事处于上海，图谋组织蜀军，但苦无款购军械。众以重庆沪商代表董秉章、贾应权两处尚保管有川汉铁路公司所购兰格志股票，可值 170 万两，乃多方劝说董秉章、贾应权等将股票交出向银行抵借 25 万两，作为蜀军购械之用。二人初不愿交，经多次劝说亦归无效。后乃由党人黄祯祥（武昌的军人）携武器到两家，称说是黄兴大元帅的兄弟，强迫其交出，才将股票抵借现款，向日本军火公司订购了俄式步枪、山炮、子弹等军械一批。日本军火公司虽承卖军火，但还须有担保人，乃以同乡人关系，找江苏巡抚程德全出名担保，始行成交。于是公推熊克武为蜀军北伐总司令，彭家珍（金堂人）为副总司令。其时家珍已先走北京，挟弹往炸清禁卫军统领、宗社党党魁良弼。民元 1 月 26 日，家珍炸良弼于北京红罗厂，弹发，家珍当场牺牲，良弼受重伤，于二日后死去，清王室大为震恐。克武旋复奉民国政府大元帅黄兴任命，乃在宜昌将蜀军组成，并就近在汉阳购买厂造步枪子弹，添置军装。军容甚盛。蜀军成立之初，共有 3 个营：向传义营驻宜昌，丘延熏营驻万县，肖人龙营驻重庆。先是，宜昌上游发现炸药船，载炸药百余箱，雷管引线皆备，疑是川汉铁路公司所购运。乃分其半留武昌，余皆装制为炸弹，招青年学生百余人，士兵 120 人，组织义士团，使用是项武器，推定颜德基为义士团团长，曾宝森任参谋，先蜀军达重庆。黄肃方抵渝，适总务处长谢持因父丧请假回富顺，即以黄代谢职。熊克武到渝，经军政府委充蜀军第一师师长，原军政府所统各部队均属之。其后，成渝两军政府合并，蜀军改编为川军第五师，由熊克武任师长，仍驻节重庆。

八　滇军侵川的交涉

当保路风潮发生，各县同志军竞起，川局尚未臻安定之际，滇、黔均以“援川”为名，先后入据川境。黔军叶占彪所部，原接受蜀军政府之节制，隶属中路，嗣因黔省发生动乱，遂全部开回。滇军谢汝翼、李鸿祥两梯团先后自滇出发，以郭灿任滇军援川巡按使，陈先源副之，由昭通入蜀。蜀人客滇省者，飞书密告蜀军政府。军府乃派谢崇飞到叙府联系，并要请其长官赴渝订约，共相遵守。约中载明，蜀军政府承认滇军为援川军，付给兵饷，但不得自由行动，干涉民财政。约虽签订，而滇军首先破约，竟委彭汝鼎为宜宾知事，并杀害富顺司令范华斋。合江之役，川南总司令黄方竟被滇军残杀，百余人悉被剖腹挖心，极其残酷。盘踞自流井之滇军复将同志军统领、革命党人周鸿勋杀害，并委滇人黄德渊总榷盐税，截留盐款。这些以援川为名的侵川行为，大为四川各方所不满。

时成都军政府，经兵变之后，府库空虚，财政极感困难，仅靠发行军用票维持，以自贡盐场为滇军霸占，截留税款，难以容忍，乃出军赴自井，与滇军相遇于界牌，相持几至交锋。时溥仪尚未退位，传闻清廷以重兵犯潼关，将横截西北以牵制东南。于是东南、西南各省以大局危，乃亟谋北伐。适王人文由陕西转川，到渝谒军府，培爵对之优礼有加，聘为联合北伐总代表，说滇军共谋北伐，王人文以亟须东下为词，谢而不就。其时，胡景伊（文澜）亦由广西回重庆，蜀军政府以景伊与滇军将领有旧，乃委景伊以全权，继王人文为代表，以刘声元副之，同至自流井界牌，会于游家祠。与会者有：成都军政府所派联合北伐团委员王馨桂，与滇军交涉全权委员邵从恩、王祷昌，滇军总司令官韩建铎，第一梯团长谢汝翼，第二梯团长李鸿祥，支队长黄毓成等。议定：以成都军政府因遭兵变财政枯竭，无法承担军费，由重庆蜀军政府先拨筹备费 30 万元，作为滇军筹备北伐费用，部队出川后，蜀军政府再按月给军饷 15 万元；后方勤务则完全由蜀军担任。在此以前，滇军曾通电推举夏之时为北伐军总司令官，张培爵为北伐军总兵站官。李湛阳首先捐助军饷以为倡导，蜀军政府即以李湛阳、黄肃方、刘祖荫等负责筹措北伐饷捐事宜，文武职司捐薪者争先恐后，士兵及市民、妇女之捐金钱脱簪珥以助北伐军费者亦众。时，成渝两军政府合并之议起，成都军政府以省库空虚，曾请由渝拨付 10 万元，作援陕出师协济饷款，蜀军政府为照顾全局即予如数拨付。胡景伊与滇军签订了《北伐协约》，应尹昌衡之召，即直入成都，亦不向蜀军政府复命。刘声元以胡未先电蜀军政府请示，竟与滇军签约，允此巨款，实为专擅，有负使命，乃拒不副署。滇军自川南抵渝已三日，蜀军政府始接到胡景伊报告及协约条文。正考虑间，不数日，奉南京陆军总长黄兴电令。谓清帝已宣布退位，南北统一，决罢北伐之师。当以电令示滇军，滇军仍执原约需索巨款，经过反复交涉，蜀军政府以客军远道来援，愿以三数万元作慰劳，滇军仍坚留不去，卒与30万元，始得毕事。胡景伊至成都，尹昌衡任以军团长，位在各师之上。尹昌衡见滇军勒索巨款，仍不开拔，乃命孙兆鸾率兵赴重庆，迫滇军出境，双方戒严。蜀军政府为使人民免遭战祸，又出面调停排解，经过再三劝说，双方之兵始离去渝城。

九　成都、重庆两军政府的合并和重庆镇抚府的设立与撤销

成渝两军政府合并的主要原因：

（一）云南都督蔡锷来电正式承认重庆蜀军政府为四川政府，对以尹昌衡、罗纶为首的大汉四川军政府不予承认，指责尹等在军政府内普设公口，尹自任大汉公龙头大爷，所谓大汉四川军政府实为哥老会政府。蔡锷同时还咨请湘军都督，以树声援，并主张派兵西上进攻成都。蜀军政府都督张培爵及同盟会党人以哥老会诚有诟病之处，然应以大局为重，不可轻启兵端；且革命系为国为民，更不应借外援以谋取个人权位，当即电复蔡锷婉谢。自此，两军政府同感长此对峙，必受外省欺凌，而合并动机遂渐趋成熟。

（二）同盟会在成都党人如董修武、杨维、龙光等，以成渝分立，两军政府事权既不统一，财政亦无法整理；又加滇军骄悍，哥老纵

横，长此拖延不决，川民痛苦必深，究其终极，势将两败俱伤，遂首创合并之议。重庆同盟会党人如张培爵、杨庶堪、熊克武、谢持、朱之洪、向楚等亦同感合并之必要。张培爵并电征泸州川南总司令但懋辛意见，但也复电赞同。自是成渝合并之议，各方便力促其成了。

（三）重庆同盟会党人多以成都向为全川省会，渝城则属军事重镇，应当服从于久已形成的政治中心——成都。有人甚至还以“脚杆硬不过大腿”为喻，以说明重庆之应合并于成都。

在这样的情况下，双方书电、专使往还甚为频繁。重庆复派朱之洪、成都派张治祥，皆为全权代表，相晤于荣昌之烧酒坊；随又同至重庆，议定合同 11 条，各签订缮呈上报。两军政府乃各召集特别会议，审议加印，俱同意合并，成立统一的政府。合同内容大要为：成都为政治中心，省会仍设在成都，重庆地位重要，应设重镇；合并后的正、副都督人选，由统一政府的全体职员选定，原成、渝两都督，分任合并后之正、副都督，原两副都督拟以重庆重镇相界，或以枢密院长及军事参议院长位置之。双方于民元 2 月 2 日换约。越十日，培爵率警卫队起行，以陈先源为行营参谋长，卢师谛、董鸿、向楚、方潮珍、张颐、赖肃等从行。抵隆昌，适谢持自富顺赶到，党人张习（时任成都盐务处长）亦自成都至隆，于是举行行营会议。当议定：培爵自行电请让正都督于尹昌衡，自就副都督职。盖明知两府合并后由职员选举，成都人数较多，即选亦不可能得正，不如不选为佳。会上并决定谢持、但懋辛同赴成都，向楚、张习则转重庆商组镇抚府事宜。张习既到渝，夏之时以黄肃方出巡川东，乃命习代理总务处长。3 月 9 日，培爵抵成都，12 日就任四川军政府副都督，遂通电全国，宣告四川统一。

重庆设置镇抚府，由前蜀军副都督夏之时任镇抚府总长。镇抚府的组织及人事安排，亦重新决定：以张习为政务处长（不久辞去，以刘光烈继任）、朱蕴章副之，向楚任秘书厅长，刘植藩任军政分司司长，王休任民政分司司长，李湛阳任财政分司司长，江潘任外交分司司长，马柱任司法分司司长。蜀军政府既已合并于成都，重庆镇抚府实为同盟会党人的据点，因此大家都愿之时留任新职。殊王休密谓之时："人生一世，好容易能得到雪花银三万两，你既当过都督，还应当注重生财之道。"夏大以为然，遂不经向楚拟稿，自己发电，坚请辞职出洋留学。四川军政府赠以3万元，以酬其功，夏遂挟资离渝。夏去后的继任人选问题，同盟会党人在隆昌开会时曾决定，如夏坚决不任镇抚府总长，即以张习继任，培爵等并嘱向楚同张习到渝，为之游扬。向当向蜀军政府旧有人员说明，张习才具在谢持之上，要大家一致拥戴。对于镇抚府总长一职，杨庶堪主张由黄复生继任，当时曾有电与尹昌衡推荐黄复生，内有"复生海内奇杰，众望所归，文澜本吾故人，亦有时望，但不如以复生接任为宜"等语。而尹昌衡则对胡景伊特别信任，遂乘机发表胡景伊为重庆镇抚府总长。这正是同盟会党人授人以柄，从而遭受宰割的开始。

胡景伊既奉委，星夜兼程赴渝，至资中并电请尹昌衡将机关枪营拨给他一同到渝，为武力接收的准备。重庆方面派向楚、朱璧光赶赴永川，形式上是表示欢迎，实则探视情况。胡见向、朱等，首先说："你们是来挡驾的吗？"向答以："同是巴县人，哪有挡驾之理，我们是来欢迎你的。"胡又说："杨庶堪的电报很有趣味，复生海内奇杰，文澜本吾故人，所谓奇杰亦不过能耍几个炸弹而已！"言下悻悻之意溢于言表。镇抚府成立之初，成都即有人谓其组织庞大，与都督府俨然敌体，倡议撤销，以实现真正统一。同盟会党人中有许多人亦赞同此议，认为谋川局统一，本党具有诚意，革命非为职位地盘，主张明白表示，以示大公。党人川南总司令宋辑先（绍曾）遂首先通电请撤销镇抚府。于是经召集在渝党人开大会议决，并得培爵等同意，经尹昌衡批准，于6月10日撤废镇抚府，任黄肃方为川东宣慰使，任熊克武为川军第五师师长兼重庆镇守使。7月，尹昌衡西征，胡景伊代为都督，张培爵改任民政长。至是同盟会党人遂仅保留下熊克武一个师的兵力，张培爵名为专司民政，根本上毫无实权，不久亦为袁世凯、胡景伊排斥去职，同盟会党人被残杀迫害，亦旋踵而至了。

（选自全国政协文史资料研究委员会编《辛亥革命回忆录》第3集，中国文史出版社2012年6月第2版）

蜀军始末纪实

王子骞　吴祖沅*

辛亥革命时期，四川省的重庆、成都两地宣布独立都在武昌起义40天以后，而全川各县民众纷纷发动武装革命与清军作战，却又早在武昌起义之前。自此以后，四川的革命军队如雨后春笋，林林总总，不可数计，其中“蜀军”异军特起，孤峰独秀，其组织成立虽在各军之后，而数量、质量却又居各军之先。这一支兵在全国革命运动达到高潮时还在孕育之中，未及参加战斗行列，而癸丑讨袁之役，在西南一角却又是以孤军发难，独当其冲，事虽无成，而精神不死。它所胚胎的民国5年以后的“川军第五师”，民国9年以

* 王子骞：曾任四川省参议员。
新中国成立后，任四川省文史研究馆馆员。
吴祖沅：曾任四川省邛崃县代理县长，陕西省政府秘书，四川省建设厅主任秘书。
新中国成立后，任四川省文史研究馆馆员。

后的“四川第一军”，于“护国”“护法”“讨贼”3次战役中都曾大大显过身手。在民国初年，川中知识分子没有不知道“蜀军”的；到了现在，除掉五六十岁的人脑海中还刻有印象而外，大多数中年人和青年人对这一名词便都已陌生了。过去报章刊物中关于蜀军的记载，有时也可发现一鳞一爪，私人笔记也或许还留有痕迹，但都缺乏系统，更不详尽，或传闻失实。为了保存这一武装革命集团在历史中应有的地位，我们特地抽出极有限的时间，将过去49年前所亲历亲闻的事实毫无粉饰地抒写出来，提供各方面参考。

蜀军从孕育成长以至消灭，统算起来，不过两三年的光阴，天年有限，好景无多，但经过情况却相当复杂。我们为了使读者容易明了，将它的组织成立和讨袁之役分作两段记述。

一　蜀军的组织成立

蜀军为辛亥革命北伐联军的一部，其组织开始在辛亥年初冬。当时各省革命军队番号和编制各自为政，只是各冠以本省的简称名词，如鄂军、湘军、苏军、粤军等，以资区别。是年九月底（农历，下同），北军攻武汉甚急，汉口、汉阳同时失守，武昌危急，苏、浙、粤各军为声援武汉，联合猛攻南京，于十月中旬将南京克复，革命形势才暂得稳定。先是，川籍同志已纷纷由日本、南洋、天津、北京各地聚集上海。大家交换意见，都以为现在联军还攻镇江未下，进占南京不知何时，即使南京收复了，也仅是进取北京长程的第一站，各省联军踊跃参加，川省不可落后，我们应该赶快组织一支新的军队，积极参加。原则虽已确定，而领导军队的人选问题，大家心目中却都是一张白纸，至于军费、军械、军官、兵员种种问题，更谈不到了。此时适熊克武同志由武汉到沪。缘自是年三月二十九日广州起义失败后，同盟会总部即决议将发动目标转移到全国心脏的武汉三镇，因此，克武奉派到陕西与井勿幕同志联络，准备在陕运动一支军队，待武汉发动时，即沿汉水南下援助。嗣闻武昌起义，克武即匆匆赴汉，与武汉军大元帅黄兴商讨策略；及目睹武汉吃紧，又匆匆到上海，向同志们传达实况，催促联军急取上海、南京，以解武汉之围。克武到后，同志们便公推他担负组织蜀军的任务，先就上海沪西大王庙设临时办事处，并由克武和黄金鳌（新由南洋回来的同盟会会员）同志各出 1000 元作舟车费，邀集各方同志到沪，到者大多数都是军人。不久之后，即召集会议，由任鸿隽主席，群推克武为军务部长，彭家珍为副部长，黄金鳌为总务部长，陈一夔为财政部长，郭蔚华为庶务，同时新参加同盟会的共 100 余人。

筹措经费是组织军队的先决问题。所有募兵、购械、被服等都需很多的经费，同盟会总部既无力负担，同志们私人更难凑集，便有多人建议向四川铁路公司借款，待将来军事平定后由四川省的新政府如数拨还。当时公司存款中有兰格志股票一种，价值 100 余万元，系由在沪蜀商商董童子钧、贾应权两人保管（兰格志系某国石油公司股票，当时在市面为极稳定的有价证券）。子钧之弟慎如（同盟会会员）与黄金鳌先向后两人游说，两人以款项甚巨，不敢负责，迁延不能即决。同时川人黄祯祥为黎元洪卫队长，在武汉战役中受伤。到上海就医，也起了组织军队的企图，便声称奉有大元帅的命令，威胁童子钧交出股票。子钧本意是倾向于熊一面的，看见黄作风粗猛，只得允许定期邀集旅沪四川同乡人士会议，共同解决。在蜀商公所开会之日，黄统率武装兵一班人到会，在群众议论未决的时候，不由分说，喝令军士将童扣留，关押在一间屋内，大踏步而去。本想用一种民主会议方式解决问题，经过黄的武打演出，弄得群众莫名其妙，面面相觑，陆续散去。事后，川人淡春谷（字宅旸，奔走革命努力，后为袁世凯捕杀）往告沪军都督陈其美，陈立刻派武装兵一排人交淡赶往营救。淡本文人，一旦军队在手，不知如何开步走，忙跑到北四川路大德里告熊。熊以同志中王子骞曾参加前次沪军攻打江南制造局战役，且现任沪军先锋军总司令部一等参谋，即派王代淡统率这一排人前往。王到蜀商公所已是夜深，先派两班人在外面警戒，自带一班人排闼直入。那时黄祯祥所派的一班人都三三两两坐在地下谈天，只有一两人在室内看守童子钧。王即大声说道："奉都督府命令将童子钧交我带回，你们各自回营。"这一班人听了，不问来人是谁，也不索阅命令，都一齐站起身来，将闷卧室内的童子钧交与来人，行了军礼，整队出门去了。王安慰童子钧几句，即统率原队和童出门，到了华洋交界处，各自分散，也不再向沪军都督府报命。当时办事，便是这样的简单。这一幕不伤粗皮的全武行，不料倒发生了很大的效果。次日诸人正在大德里打小牌，一面拉杂谈论昨日的事情，与童共同保管股票的贾应权忽地跑来，一脚入室，便大声说道："昨天的事，你们真好，而且说干就干，我们佩服极了。公司的兰格志股票我们决心全数交你们使用。"

向外国商人购买大量军火，在四川党人还是初次，不免陌生，大众意见认为，运输便利迅速，首推日本，决定以日商为对象。其次谈到交涉的人选问题，大家都以为王子骞于黄花岗之役曾由东京护运军火到达香港，对于军械的品种、质量等不算很外行，且一口日本话又相当纯熟，便一致推王出马。那时日本大仓洋行在上海设有分行，售卖军械和军用物品，王探得黄兴（时任临时政府陆军部长）曾向该行订购过一批军械，因而知道价格大概，便赴该行，越过华买办这一关，以日语直接与该行大班谈判，说明需要军械种类、军用品种类，但目前无现金，并要求先以兰格志股票抵押作保，于一定期限以后用现金无息收回。大班答云："物品的有无和多少，我们不能决定，须电东京总行请示，兰格志股票样品请交来，以凭调查是否当地有价证券"等语。过了一天，大仓大班告王言："东京来电云步枪新式的不能出售，只能出售俄式步枪（当时俗称钩钩五子枪），机关枪和山炮可出售新式的，其他军用品都可照办；股票已经调查，确是有价证券，可作担保，望即以各项需用数目告我"云云。王返寓报告，众人议定订购数目为步枪 2000 支，配子弹 200 万发，机关枪 12 挺，山炮 6 门，配枪炮弹若干发（此项数目已不能确记），手枪、望远镜、子弹盒、指挥刀、战刀等，双方议定价格共 25 万余元，以股票数 10 万元交该公司作保证，限一年期满以现金收回，不付利息。统计算来，比较黄兴所购价格为廉。草约已定，王持回交众研究，都无异议。比到将及签字时，大仓大班忽提议云："你们的军队既是准备北伐，便是流动无定的，将来抵押期满，我们寻觅负责人颇不容易，应请由地方长官加一书面担保，才有着落。"大家本不愿接受此种双重担保的过分要求，但为了这一场大事，只得勉强允许。担保的人自以川籍的现任江苏都督兼南京临时政府内政部长程德全为最合格，但党人又都素与程不相识，不便贸然请托。适川人赵尧生先生由北京迁住上海，他与程有交谊，便派黄复生（赵的门弟子）前往请求他为此事赴南京一行，他欣然应允。王子骞即陪赵、黄二人同到南京会见程，说明来意。程也慨然许诺，并说："锦帆我是早知道的，今由他组军北伐，我没有不赞助的。"饮食招待后，他就叫人写就担保书，加盖私章关防。这件事便很顺利解决了。购械的正式合同由熊克武、黄金鳌、王子骞等签字，并约定期日，由日本轮船负责将全部货物一次运到南京下关码头交货，一场交涉算是告一段落。这一项经费，在当时党人心目中都认为是一个大大的负担，又事关国际信用，所以自始至终，慎之又慎。后来一年期满时，熊以蜀军总司令兼川军第五师师长驻在重庆，成都、重庆两个军政府已经合并为一，才由原重庆军政府于所保留的善后经费项下拨出 20 余万元，交朱之洪、曾道以现金护运出川（因可为公家节省一大笔汇水）交付大仓洋行，将股票收回，仍退还铁路公司原保管人。一切手续，到此算是结束清楚。至于以武力扣押保管股票人员的黄祯祥，事后经陈其美劝告其与熊合作，不可发生争执，招惹物议。黄虽未与熊合作，也无形放弃了原来的企图。后来流传一些说法，如说熊、黄曾起过冲突，又如说军械是由黄祯祥购来转交与熊的，都非事实。

随着购备军械而来的，便是军队的组织问题。南京临时政府授熊为左将军蜀军总司令（当时军制，上级军官分三级，即大将军、左将军、右将军，相当于后来的上将、中将、少将；中级军官亦分三级，大都尉、左都尉、右都尉，相当于后来的上校、中校、少校；下级军官三级，大军校、左军校、右军校，相当于后来的上尉、中尉、少尉；军士分上士、中士、下士，与后来称号相同），赋予此军的组织全权。那时保定陆军军官学校和南京、西安两个陆军中学的川籍学生纷纷到达，各级军官佐的人选都由同志们共同拟议，由熊委任，中间毫无争执。全军士兵的呢制军服、皮鞋、皮带、饭盒、背囊等装备在上海订购，价款正苦无着，适蜀军政府派张懋隆携款数万元到武汉买枪不成，复到上海，即由张在此款内拨出一部分应用。吕超、向传义、邹延薰、戴鸿畴等早已被派前往宜昌、夔府、万县、忠州招练士兵（在宜昌应募的大多数都是川汉铁路的工人和学生，后来到渝，选了一批入蜀军随营学校肄业）。各县知事都是同盟会会员，无不竭力赞助，每兵火饷照南京陆军部规定发给，概由当地县府筹垫。总司令部自熊以下各级军官、军佐，一律每月只支银 20 元，一直到熊所兼川军第五师师长发表后才开始照章发给薪饷，故军饷数字极为有限。

蜀军筹备处原设沪西大王庙，后迁设提篮桥，至是迁往南京，暂借马道街前清总督吴棠遗族的住宅成立蜀军总司令部。不多时候，日械到达下关，同志们很辛苦地亲到码头监护卸运，经小铁道运往总部，严密保管。未几，南北和议定局，北伐停止。一月中旬，熊奉令率蜀军回川，并由临时政府委以调和成、渝两方争执，注意川边国防问题（时英帝国主义正乘势向西藏进兵），维持社会秩序，严禁贪污不法等重大的任务。这时，蜀军在宜昌招募的士兵已经过初步训练，有一营开驻南京，现既奉令回川，便派王子骞到上海商订轮船运送。经王向日清轮船公司订包武陵丸一艘，议定由南京直达宜昌，运费 1 万元，先交半数。签字时，日人告王谓："实价是 1 万元，此外，经手人要想多得几何，尽可在合约内添加进去，贵国人向来都是这样办的。"王正色答道："这些勾当是清廷官场舞弊的恶习，你把我们革命党人也和他们一体看待，你太轻视中国革命党的人格，对我来说，可算无理之至。"日人连忙赔笑道歉，站起身来，恭恭敬敬行了一个九十度的鞠躬礼，这才签字。王待一切交涉定后，即对日人说：“这一下，你拿回扣来！”日人惊问：“我刚才不是先问过你吗？你自己不要，怎么现在又向我要起回扣来？”王道：“刚才你所说的是外快，是以买方私人浮报数字亏损公家，所以我不要。现在我要的是照商场一般规矩的回扣，在卖方所得价款内挖取，所以非要不可。”日人说不过去，便现付了500元。王又笑向日人说道：“这500元我私人也是不要的，仍当缴交我们蜀军总司令部登账，待制取收据后还要交你看看呢。”后来收据到手，王果持示日人，日人不免又说了一些钦佩革命党人的恭维话。熊也曾笑向王说：“子骞，你今后是蜀军500元的股东了。”

轮船行经汉口，熊过江拜访鄂军都督黎元洪后，驻汉口日本军司令部欢迎熊检阅他们的军队，仪节颇为隆重，其司令官且致辞，希望“日中亲善”，以后两军切取联系等。但熊在川省统兵执政10余年中，确未受过“日中亲善”4字的欺骗，谨守军人职分，从未与日本政府或日本驻华军队有所联系，而对付日人要求在成都设立领事馆一事，态度尤为强硬。缘清末英、法两国违背条约，在不属于开放商埠的成都擅设领事馆，清吏软弱糊涂，不加阻止，无形承认。熊主川政时，日本又援例拿着北京外交部的公文要求在成都设置领事馆。熊以英、法两领事馆系既成事实，已难挽回，但后来者则必须杜绝，即答以事关国际交涉，可自向中华民国护法军政府请求，四川省政府不便办理等语，因此无形搁置。双十节宴请外宾，赖在成都不去，自称“日本领事”者亦同被邀请，但在请帖和座席签条上都只称“某某先生”而不称官衔。某日，所谓日本领事者乘轿出门，轿后灯笼有朱书“日本领事馆”字样，四川交涉署长刘逸仙即派人拦舆，硬将灯笼提去，日人大为败兴。一直到民国13年四川讨贼军失败离开成都，刘湘、杨森的军队开来以后，“日本领事馆”这块久已挂在金河街某公馆二门内的招牌才敢公然挂出。这些都是后话。

不久之后，到达宜昌，蜀军总司令部暂设四川铁路公司驻宜办事处。时春水未发，川江仅有的一艘数十吨的蜀通轮船还不能上驶，一行人在宜候轮，留滞了一段时间。在这一段比较闲暇期内曾发生了一幕滑稽喜剧，演出的独角主角便是蜀军的向传义营长，喜剧的内容是清算四川铁路公司账目。向为人坦质粗猛，军中有“牦牛”之号，出身保定军官学校，生平不懂会计统计，也不懂珠算。铁路公司收支总数数千万元，内容万分复杂，非集合若干会计专家，竭穷年累月之力，未易得其真相，而我们天真可爱的向营长以乳虎食牛的气魄，单枪匹马要去查账，安得不叫人捧腹。事后十数年，向营长已历跻高位，年过40，偶于闲谈中向笔者说及此段经过，彼此大笑不止。今据实追录其谈话如下，以作本文插曲。

“民国元年，我们在宜昌候船回川，每天除上操场训练军队外，总是闲暇时多。有一天，我向锦帆说：‘你此次回川，附带负有严禁贪污的责任。我听说川路公司内容腐败混乱，账目不清，我们应该负责彻底清查，将结果公布全川，才足以对全川人民与保路死事的先烈。’锦帆听了称是，便道：‘你就去查吧。’我毫不犹豫地答应下来，一面由蜀军总司令部通知铁路公司驻宜负责人李稷勋去讫。不久之后，我便独自踱到公司办事室查账，李稷勋亲自招待，很有礼貌，几句寒暄话以后，即陪同我到一间事先布置好的大房间内。我一进门，就是一惊，见室内卷宗账簿堆积如丘如陵，才省悟到此事颇不简单。又见室中央长长的大餐桌铺着崭新白布单，周围摆列了好几个座位，每座前都陈列有算盘、钢笔、铅笔、毛笔、砚盒、墨水、纸张等物，看来是预备多人做查算工作的，我这才又省悟到此事似乎非一手一足之烈所能完成的。一面坐下，一面不免有些踌躇。李一面叫泡茶拿纸烟，一面赔笑向我道：‘公司一切档案账目都在这里，营长尽管清查，如有疑问，尽管提出，我立刻可以答复。’我一面酬应，一面心想，糟了糟了，今天从哪里说起。又转念，我既然来了，又岂可不查，便在账簿堆的中层随意抽出两本，信手翻阅，只见内面科目繁多，且有许多名词术语，生平从未见过，又不便问他，怕露出外行马脚来。满纸数目字，弄得眼花，仿佛身落大海，四望无际，连想勉强提出一二问题来粉饰门面都不可能了。暗想，再翻也无益，拖延下去，更是不妙，三十六着，不走才是下着，便向李道：‘今天算是初步接头，我还有事，改天再来’。说毕，起身一点头，如病鸟出笼，匆匆走回来了。锦帆一见便问：‘你查过了吗？’我说：‘已经查了。’又问：‘内容如何？’我道：‘依我看来，大概都还差不多。’自此以后，我即不敢再提‘查算’二字，锦帆也不再追问了。我生平出丑之事很不少，而有声有色却以这一回为第一。”

蜀通轮久候不至，大家决定全体乘木船溯江西上，人员和辎重共分乘大船100余艘。时川鄂政局初定，川江一带时有股匪出没，许多商船留宜不敢前进，至此使相率尾随大军后面，求其保护。头尾衔接数十里，好似一条长蛇，蠕动青玻璃江中，橹工纤夫，耶许之声相闻，旌旗飞动，蔚成壮观。川江晨夕多雾，启碇迟而停泊早，每天仅能上行数十里，有时阻风，还须逗留一二天之久。军队便利用这种停泊时间，上岸操演，并由军佐们分头作精神讲话，除遇大雨以外，从不曾空过。粤人梁载基原在上海制造局任工头，由粤友介绍于熊，随同入川。他设法取得黄药不少，制造很多有螺旋盖的铁壳炸弹，类似手榴弹，又在宜昌铁路公司取得多量黄色炸药。故蜀军编有炸弹队，船头悬有黑旗的便是装载此类炸弹的特别标志，也是当时蜀军先声夺人的特别标志。

万县居宜昌、重庆的中点，为下川东重镇，北通绥定，南通鄂西，商业繁盛。辛亥冬，县人熊、潘大道秘密游说驻万的巡防军管带刘汉卿，于十月初五日宣布反正，刘被推为下川东副都督。此人外号“刘罗汉”，拥有巡防军1000余人，号称革命，旧性不改，贪污不法，又多残杀党人。蜀军到达万县后，驻扎郊外白崖书院，即接到民间控诉呈文多件，同时接得但懋辛密函，称重庆镇抚府总长胡景伊曾密嗾刘袭击蜀军。熊将各方情形了解后，即决心先发制人，期于最短时间内予以彻底解决，为民除害，即于某日拂晓时分派队围剿。新式山炮特显威力，发发命中巡防军的营地，毫未损及民房，刘的巡防队伍半天工夫即全部缴械。刘一人逃到离万县城10余里的天成寨，追兵还不曾赶到，已被寨上人民绑缚送来，解回万县，随即于城外田野召集群众，公开审判，宣布罪状，执行枪决。军官刘剑公深恨刘残杀同志，拔出战刀，将刘首级割下，设灵追祭。

蜀军先已在宜、夔、万、忠各地招募训练，现在仅需于总司令部经过各该地时，分别正式编组成立，统率前进，因此运动灵活，进行顺利。总计算来，在宜昌成立第一营，以向传义为营长，彭远耀、易存明、熊世哲、雷昌龄、胡南宾、黄天评、钟伯华等分任军官佐。在万县成立第二营，以邱延薰为营长，刘高槐、文道心、王维纲、黄述钧、王云、蒋纶、谢澍、张恽、唐学诗、罗梦龙、张文若、任海先、张敬、王亚伟等分任军官佐。到重庆后成立第三营，以萧文龙为营长。

孙礼、郭景汾、邓道炘等分任军官佐。以此三营成立第一团，任孔庆睿为团长。嗣后冯中兴受鄂军政府之命，运汉阳厂造步枪 500 支到重庆，即配合旧械，成立第二团（缘辛亥十月初间，清廷所任命的川粤汉铁路督办大臣端方由渝赴成都，行至资州，所统的鄂军蔡镇藩等起义诛杀端方，携其头至渝，献于蜀军政府，军政府以 3 万元资遣起义将士还鄂，故鄂军政府以此项军械为报），任冯中兴为团长。以在忠州招募的第四营（营长为江晓城）和新成立的李遐章、张威两营归其建制。冯未几辞去，以方化南继任。蜀军回川之际，化南曾经蜀军政府派赴上海购买德国步枪 5000 支运回。成、渝两军政府合并后，改称四川军政府，川军随之改编，熊克武以蜀军总司令兼任第五师师长，并接收了这批德国步枪。

川人胡景伊出身日本士官学校，回国后在广西任新军协统。辛亥广西起义，原议推胡为都督，胡胆小观望，才改推布政使兼统领巡防军的王芝祥为都督。胡见所部响应义军，即弃职逃去，王曾电请黎元洪下令通缉。胡到上海，他的胞弟南宾（同盟会会员）劝他与熊合作，但四川党人已察觉胡野心大，城府深，阴谋攫取蜀军全部组织，不愿熊与他携手，故熊对胡仅以言辞敷衍。胡见所谋不遂，怏怏离沪，回川后，因四川都督尹昌衡的庇护，于成、渝合并后得任重庆镇抚府总长；镇抚府撤销后，任四川军团长。此人一向媚北仇南，秉性狭隘，阴贼险狠，对四川蜀军视同眼中之钉，戒备极严。约在 3 月下旬，蜀军总司令部由万县乘蜀通轮船抵渝，船刚到，同志曹笃（叔实）即登舟报告，谓胡已在城上安放大炮，不许蜀军一兵一卒入城。不一刻间，胡果派人到船交涉，阻止入城，并指定驻扎江北，其意殆图以此种苛酷待遇激怒蜀军。熊窥破胡的挑衅阴谋，立允其请，将部队开入江北县城，并将司令部设在县城高处的吕祖阁。而渝城的大炮便针对吕祖阁安设，以致两城人心惶惶。蜀军总部严禁士兵入重庆城，官佐往探亲友均须一律穿便衣，以避冲突。这种紧张情况一直到6月间镇抚府裁撤、蜀军移驻重庆后才得消除。在这中间，胡又曾计划分割熊的兵力，以熊既已发表第五师师长，要熊将蜀军两团拨归川东宣慰使黄金鳌统率，金鳌不受，胡的阴谋未能得售。

熊既原有蜀军两团，又加上蜀军政府移交的部队，和由方化南购回的德国枪 5000 支，增募兵员，编整成第五师，故其所统人员数量较其他川军各部为多。其中蜀军要算是骨干，一则军械锐利齐整，二则干部大多数是青年同志，革命意志浓厚，又都新由学校出来，朴素坦率，训练特别认真。再就两部分的共同风气而论，都是守纪律而无阶层界限，能团结而无小圈子。办公采用合席形式，不问官阶大小，一律严守时间。每天下班后，从长官到差遣员（以前相从革命而无相当技能的同志们大率以此职安顿）大家围坐，随意闲谈，不限题目，不拘形式。吃饭时参谋、副官、书记等都与主官同席，主官照例坐在主人位次，从不高居首座。大家经常喜喝酒，酒必求其佳，概由主官掏腰包供应。在饮酒间，或偶有一二差遣员打从饭堂经过，便招呼入席同饮。部中同事犹如手足相处，犯了过失，互相直言批评，有时也彼此争吵，但吵过即了，事后不存芥蒂。不相统属的事务也尽可随意翻阅案卷，随口提意见，言者出于无心，受者不以为忤；虽然方式不够严肃，却是十分亲切。逢星期日换便服上街，大都灰布长袍、青布马褂。这样的风气后来便不多见了。

二　讨袁之役

癸丑讨袁之役，重庆发动是在8月4日。此时距赣宁起义之日已是20多天，各方败耗已有所闻，但蜀军和第五师是全国革命力量之一环，断无坐视之理，所谓箭在弦上，不得不发，成败利钝，都在所不顾了。

四川由于胡景伊对国民党仇视太甚，多方挑逗，早种下战争之因。胡因仅有军团长空名，不能满足野心，于重庆镇抚府裁撤后即回到成都。适藏兵进占巴塘、里塘，胡便怂恿四川都督尹昌衡西征，职务交他护理，阴谋攘夺川政。尹生性粗疏，而又好大喜功，不知是计，即向北京电请。袁世凯本无所爱于胡，只以当时正以全力对付东南，无暇兼顾四川，胡既一向仇视国民党人，自乐得暂时利用，即于民国元年6月13日下令委尹为川边经略使，川督由胡护理。尹于7月10日统率一部军队浩浩荡荡离成都而西。胡调虎离山的计划已成，又进一步排挤国民党籍的四川民政长张培爵。袁政府参谋部次长陈宧（总长为黎元洪，未到任，由陈代理部务）在清末曾任四川武备学堂和陆军小学总办，住川有年，通习川省情况，为袁所信任，胡派胡忠亮驻京，贿以重金，倚为内线，竭力向袁讨好输诚。因此培爵于是年10月无故奉令调京，胡又代理民政。于是胡大举布置党羽，于民国2年2月保荐陈廷杰为川西观察使（观察使后来改为道尹），赵一德为川东观察使，梁正麟为上川南观察使，裴钢为下川南观察使，杨湘为川北观察使。陈廷杰旋于3月初间被委为四川民政长。

四川第一届省议会于民国2年春召集开会，议员共140人，国民党占70席，共和党占60席，进步党占10席。2月26日选举议长，国民党推杨庶堪为议长候选人，共和党所推为朱大镛，进步党所推为胡骏，选举结果，杨、朱各得 54 票，胡得 10 票，依法重选，经几次开票，结果各党票数都无变动。至 3 月 1 日举行最后复选，事先胡景伊所领导的共和党为了拥护袁世凯抵制国民党，已暗与进步党妥协，临选举时，胡复派军警威胁议场，结果胡骏以 64 票当选议长，朱大镛和国民党的唐宗尧为副议长。

胡生性残刻好杀。民国元年 1 月，大汉军政府成立，四川省银行首次印发军用票 300 万元，票面注明一年之内不能兑现，故行使之初，成都市民抗拒不用，胡曾下令将兴隆当柜工陈绍清枪毙示威。又胡的部属国民党人陈万仞打电报责其平时种种违法，事后被胡捕得，立判处死刑。陈在被绑赴刑场途中，胡的参谋长林碧珊闻讯，亲身追至半途救回，值胡盛怒，秘不敢告，几天后才相机解释，仅得以褫职了事。同年 11 月，《蜀报》主笔朱山因论文触胡之怒，胡下令逮捕，硬诬其在北门武担山上照相，测量皇城（都督府所在地），企图炮轰都督府，将朱斩首于皇城摩诃池畔。朱山的老父奔赴北京控诉，亦未获得有任何结果。川中知识分子无论知与不知，莫不同抱不平。朱临刑有诗数首，其《寄婢子》一绝云："去年谈笑握君手，天上人间两自由。惟有人间留不得，一分颦笑见恩仇。"《寄妹》云："弱妹申申恐詈予，大雷岸上久无书。爷娘已死惟依叔，此日哥哥似鹧鸪。"《忆女儿》云："华堕地蝶娜纤，一作缇萦一木兰。女子将来参政好，阿爷生死重人权。"词旨凄婉，足征冤恸之深。民国2 年，尹昌衡觉悟到受了胡景伊之骗，由川边赶回成都，要与胡算账，胡躲到成都北门外的昭觉寺。尹无计可施，求省议会出力。议长胡骏召集会议，决议由省议会向胡索取都督及民政长印。未几，袁世凯严饬尹回川边的电令到省，原来拥护尹的几个师长见风转舵，都滚到胡一边去了。尹不敢违拗，又适逢袁授尹勋章的使者于此时到达，尹于失望之余得到这点点安慰，也就卷旗息鼓，重回川边。事后胡骏恐遭胡毒手，跑到天津去了，而参与迎尹驱胡的国民党人《民报》总编辑谭创之被捕，张捷先、徐回天、李俊侠被杀，国民党党部亦被勒封闭。国民党的省议员纷纷避到重庆。

根据上述一系列的事实，癸丑川省战争，发难的是国民党，而蓄意阴险、竭力挑逗、利其速发、以遂其一网打尽之计的则是胡景伊。这与袁世凯对东南各省的阴谋毒手，可谓毫无二致。

讨袁宣布的前十几天，熊克武借名在重庆对岸的老君洞避暑，与杨庶堪、但懋辛、李鸿钧、吴景英、王子骞、张冲等密议，以胡景伊为袁最凶恶的鹰犬，此人不去，四川革命事业无从着手，故当前之敌是胡，而最大目标是袁，仍应以讨袁为主而驱胡为附。众议既定，即于8月4日发布通电，同时成立讨袁军总司令部于重庆。众推克武为总司令兼军政厅长。杨庶堪为民政厅长，署刘植藩为参谋长，但懋辛为副参谋长兼督中路之师。李鸿钧、王子骞、刘炳忠、范菁为参谋，杜炜如、贾禄贵、彭楚等皆任军职，军需处长吴景英，军械处长喻培棣，军法处长童显汉，军医处长冷曝东仍旧。其兵力除蜀军两团外（团长方化南、范蓁），为第五师的步兵第九旅，旅长龙光，团长黄金镕、卢师谛；第十旅旅长孙渊，团长周国琛、邹有章。别有骑炮两营，营长彭远耀、王维纲。模范营营长彭树军，工兵营营长某（忘其姓名）；机枪两连，连长戴鸿士、陈继善。此外还有石青阳、卢汉臣、鲁瀛等所统各部。蜀军与第五师虽名号不同，系统则一，至此将两部人枪约共9000，混合编制为4个支队：

第一支队，司令龙光，率前卫司令吕超、团长方化南、营长周官和、李遐章等由中路的永川进攻泸州。第二支队司令范蓁，率团长周国琛、营长李蕚、易存明等守御北路。第三支队司令兼安抚使李树勋，第四支队刘植藩，各率所部及石青阳部屯防南路，分拒滇、黔两军。以余际唐为水师司令，团长邹有章、营长李天钧等归其指挥。以学生军为炸弹队，曾子玉、颜德基分任队长。川东宣慰使黄金鳌护水道交通。团长卢师谛、营长熊世哲、张威等驻守万县、夔州，以防陕军。当时计划，南北两路取守势，而北路据点的合州（今合川县）尤为重要，必须死守。中路取攻势，泸州期在必得，以便沿东大路的隆昌、内江、资州、资阳、简阳进取成都而免后顾之忧。战略部署，大概如此。当时但懋辛曾建议，谓兵力宜合不宜分，应采突贯攻击战略，集中全力于中路，一面牵制泸州，一面由自流井、荣县、仁寿直袭成都，出敌不意，但因恪于众议，策不得行，事后有些人还引为遗憾。在今天来追论往事，单就战略来谈，他的建议确有其独到之处；但就当时大势而论，即使取得成都，也不能久守。四川的革命军当东南溃败之后，以孤军抗滇、黔、陕、鄂、甘五省之众，外无救兵，内缺饷弹，失败命运是早已注定了的。

在胡景伊方面，为川军第一师师长周骏、第二师师长彭光烈、第三师师长孙兆鸾、第四师师长刘存厚及模范团团长王陵基（模范团属第二师，共4营）等，合计兵力，超过讨袁军不止一倍，其中以第二师人数为最多（共12团，大都以同志军编成），以第一师为最强，故第一师特为配备驻防泸州。

讨袁军起后，响应的有第一师参谋长李哲、第二师参谋长张泽源及傅常、周谷登、黎同耳、欧阳灼等。李哲、张泽源均因事泄，为胡景伊所杀，欧阳灼亦遇害。至于酉阳的邹杰，开江的颜德基，保宁的孙洪震、张百祥、龚焕然、庄逸侠、孔宝庆、母剑魂等（孙、龚、庄、孔后都遇害），绵阳的张天保、张品三，荣县的王天杰、赵叔尧、刘彦谟、李难、钟光甫、贺崇熙等，以及王兆奎、谢百城、汪蜀宇、余龙、仝毅等，都仅能遥为声援，且往往不久即溃，对于义师并无多大的实际帮助。

防守北路的第二支队司令范蓁，出身四川武备学堂，与出身保定军官学堂的所部诸将不协，为人口吃才短，不善指挥。大河坝之役，连长罗鸿恩兵败阵亡，全线动摇。王子骞奉令由重庆赶赴合州，竭力调护，熊又亲临督师。时敌团长王陵基率部来攻，连长贾禄贵等率兵夜袭，挫之于合州之大石桥，北路暂得稳定。

中路之师分3路攻击前进。左翼沿长江南岸，自江津朱家沱进取合江王场、白米场、望龙场一带，战事顺利。中路由但懋辛督率，败敌军张鹏午旅于永川、泸州间立石站，进据特凌铺（离泸州50里），与敌军鏖战10余日。右翼吕超进屯隆昌，与石洞镇敌激战数日，营长李锡荣、排长马辉义负重伤，死于军中，退至石燕桥。周骏所部营长吴行光、贺重熙（二人皆国民党籍）、梁渡等杀其团长吴观鲁，起义来归，反攻周军，乘胜径抵龙透关。中路得万县调回的熊世哲一营之助，击退当面之敌，与右翼军直抵小市（在沱江东岸，与泸城隔水相望）。此一路战事最为惨烈。据当时参加战斗的军官颜宜之云："有连长某，右手提手枪，领兵进攻，敌军弹如雨下，忽一弹贯其右臂，手枪落地，复用左手拾枪，大呼前进，反袁官兵激烈情绪足见一斑。"是役，讨袁军营长唐思位，连长周杰、熊崇墉，排长李文凯先后阵亡，周骏军官战死者倍之。泸城四面被围，指日可下，周骏已逃匿泸州上游之纳溪县，讨袁军营长周官和已进克内江，候泸州攻下，即会师北指成都。正在这个紧要关头，滇黔军奉袁世凯令，入川助敌，一部由黄毓成统率突陷綦江，进至渝城南岸不远之三百梯，一部由叶荃统率，已到叙州（今宜宾县）。陕军张钫亦抵夔州，鄂军进屯施南、利川，都以万县为目标；甘军孔繁锦亦进驻川甘边境，跃跃欲试。讨袁军见重庆大营岌岌可危，不得不急召中路军回固根本，即电令吕超等还师，留邹有章、李天钧所部屯合江、江津，以余际唐所部还守江口。吕超与熊世哲率部甫行至璧山县属之马坊桥而重庆已陷，遂将枪支交该地团总万炳银，并将饷银分给士兵，令各散去。水师参谋长陈先沅自戕于永川之来凤驿。屯驻合川之营长李天钧、钟朗星亦都自杀。梁渡由泸州解围退至富顺，拟突过隆昌与龙光合师，不意甫抵隆昌而龙军已先退走，四顾无援，又为敌军所逼，只得弃军遁去。其余各部群龙无首，也都先后溃散。

当中路军奉令回师未及到达时，滇军已由三百梯进踞大江南岸之黄桷垭（离渝城 15 里），流弹已落到城内，同时合川失守，胡军逼青木关。渝城腹背受敌，危在旦夕，但地势天险，也未尝不可坚守一段时间以待回师，但顾虑到在炮火下的数十万人的生命、财产，且明知东南各省义师都早已在一月以前消灭无遗，倘再坚持下去，甘、陕、鄂、滇、黔 5 省之兵必然陆续增加，全省糜烂到何地步真难设想。因此，熊克武与同志们一再考虑，不得不决心放弃。时前江西都督府参谋长陈泽霈和国会议员萧宅三在重庆旅居，两人都是川籍，克武即托以善后事宜。泽霈号为临时总司令，立司令部于三忠祠，由萧协助，暂时维持秩序。9 月 13 日深夜，克武偕李鸿钧、吴景英、童显汉、王子骞、张冲等数人由东水门出城，乘木船东下。行至忠州石堡塞附近，克武携带便衣卫兵三四名登岸，由黔北转湘西，经汉口到沪。临别时同行诸人都无长物，仅各带有银币三数十枚。王子骞等怕克武路费不够，还脱指上金环相赠，略壮行色。别后，余人仍乘原船东下，过万县留驻了几天，经卢师谛赠送盘缠，先后逃出川境。

陈先沅自杀一事值得一述。先沅退至来凤驿（离重庆百余里），闻渝城已陷，全局瓦解，即召集部属会议，一部分主张宁可上山落草，决不降敌；一部分虽也不愿降敌，但不同意上山，相持不决。先沅主张将所有枪支概点交当地团练，用以保卫地方，点交后即各自分散回家，如此办法，既不落草以妨害治安，亦不降敌以玷辱军誉。他犹恐部属不能一致同意，讲话毕即饮弹自杀。全军受其感动，将枪支一律交付团练主持人员，挥泪散去。当地民众以香花供奉，厚葬遗体。

炸弹队长颜德基于重庆危急时奉令携炸弹数百枚、手枪百余支扼守青木关（在重庆北30里），刚到关而渝城陷。适周国琛、易存明、花笑时等自前线退走入关，大家聚议同赴梁山、万县寻熊，共图恢复。比到梁山、垫江，闻熊已出川，因此全部溃散。周国琛行至忠州（今忠县），被捕遇害。

王天杰，字子骧，荣县人，天性豪迈。清光绪三十二年，县人谢伟、丁厚扶自日本回县秘密宣传革命，王始参加同盟会，一面与邻县同志密谋活动，一面大肆结纳哥老会，预做准备。王家本是大地主，但财产权全握在他父亲手里，一毛难拔，每逢党人需要经费时，天杰总是暗中东挪西借，或将他夫人首饰典卖充数，从无吝色。辛亥四川各路同志会纷纷起义，荣县宣布独立最早，天杰与龙鸣剑出力最大。后来他领导了不计其数的壮丁进攻成都，与赵尔丰的新军战于秦皇寺。那时他们最犀利的器械也只是洋抬枪、明火枪，其余便是春秋刀、牛角叉之类，自然不免吃了败仗，退回本县，但他并不因此灰心，既攻嘉定，又攻叙府，“王二统领”的名气因而大著于上川南一带。此次他响应重庆起义，就荣县召集旧属，宣布独立，在县西白石铺与胡军大战，败后统率残部约800人赴渝助战，行至永川，闻义师已败，周骏大部已先入永城，道路梗塞，既不能战，又不愿降，如只身亡命，又对不起800子弟，还怕他们流落无归，溃散为匪。他徘徊考虑了许久，单骑往见周骏，意在要求他全部收容，资遣回籍，一切罪状由他一人承担。在此之前一年，王游成都，周骏因慕“王二统领”大名，极力要好，曾与他拈香拜把；可是到了此时，便另换了一副面目，不但拒不见面，而且竟将这位把兄弟扣留起来。第二早晨，天杰遇害，陈尸广场，数日无人敢过问。同县张志高素与天杰交好，在渝闻讯，赶赴永川，以白绸裹尸，买棺装殓，送回本籍安葬。到了民国3年春间，余波已平，天杰的家族才敢照俗例替死者题主成礼，所请题主的人是同县赵尧生先生。县人知胡都督手段毒辣，网罗严密，都替此老担忧，但赵毅然不顾。县中教育家张光森且挽以一联云：“侯之门便存仁义，头可断即是将军。”县人更替他担忧，以为定要兴文字之狱，亦竟无事。

此次战役，从7月下旬开战（讨袁军采用的是先战而后宣的方略，发布通电时已开战数日），至9月13日重庆失陷止，约计50天。党人及将校先后殉难的有王天杰、杜绍田、赵永发、傅真积、张亚回、孙洪震、钟明三、陈品佶、章润田、熊沦、王培菁、何棠、罗文全、李正芬、任浚昌、侯郇、陈时杰、吴祖源、张泽源、唐思达、周国治、孙东瀛、唐棣春、李遐芳、李文金、钱禄荣、陈学渊、甘毓瑶、余大法、余楚汉、陈王道、刘汉卿、吴永琨、杨栩、游德俊、樊泽举、赵诚等40余人，上文所叙阵亡和自戕的还不在内，士兵伤亡亦多。牺牲如此惨重，亦可说是为亲者所痛而为仇者所快了。事后综论，四川讨袁军有几个特点：第一，讨袁军任何部队从未接受过袁世凯的金钱收买。第二，在作战期间，虽军用浩繁，却不曾向著名繁荣的重庆商界及各县勒筹一文。第三，事败亡命诸人大都身无长物，虽在混乱中也不肯卷窃公帑。有许多同志由渝退到万县，都赖当地驻军团长卢师谛筹赠路费，才得逃到上海或日本、南洋。在上海藏匿法租界的较多，霞飞路宝康里便是著名党人栖留所，往往是五六人、七八人同聚一室。个个都穷，天天恐慌，而且衣履不周，某一人要上街时，借甲的帽子、乙的鞋子、丙的马褂，逗凑而出。这样景况，延续了两三年之久。第四，全军失败后，各部分虽然各不相谋，各打主意，而无一部一人降敌，也无一部一人落草，大都将枪械交与团练，或仓促委弃，各自分散，宁为玉碎，无一瓦全，此是民元以来战史稀有之事。

滇黔军将领黄毓成于重庆陷落后与胡军的第二师前锋王陵基先后率队入城，两部在城内不知因何发生巷战，王陵基退出城外，驻在江北，渝城由滇黔军单独驻扎。黄留学日本时曾参加同盟会，不意此次率兵入川，竟为异党特别卖力，进攻甚猛，以致造成讨袁军全局的瓦解。吕超素与黄有相当交往，曾间道入城，秘密晤黄和黄的参谋长杨杰，问何故助敌（当时云南都督蔡锷与拥袁的进步党有密切关系，故滇黔军不助熊而助袁，黄或也有不能自主之苦）。黄嘱吕收拾残部再举，一面又托周官和往告藏匿沙坪坝的但懋辛，劝其出面，重谋恢复。懋辛知其不可靠，且眼见大势已去，未允。川中人士因辛亥年滇军入川无故杀害党人黄方，要索军饷30万元，始行退兵，已极端不满，此次滇黔军重来，都认为他们仍是乘机自图发展，意在长驻川境，利用川省粮饷供应，借以减轻本省负担，讨袁拥袁，都无所谓。此时黄见讨袁军溃敌，才觉悟到本身势孤，难以立足，故又希望讨袁军重燃死灰，借以重温旧梦，而不知大错已成，彼此同归不利，这又是另一种看法了。黄占据重庆不久，终于不得不遵照袁世凯命令退出川境。客军既去，重庆商家才敢开门营业，恢复市面繁荣气象。吕超晤黄后，即赴万县告卢师谛，并往说陕军将领张钫。钫亦党人，意思颇活动，相约讨袁军与陕军以万州桥为界，彼此不相侵犯。卢、张已克期缔结盟约，不意是晚两军哨兵因小事私斗，张遽背约，与卢军战于南津街，讨袁军营长曾奎、连长程融光皆战死，师谛引兵退梁山，旋亦溃散。

川东宣慰使黄金鳌逃亡时，乘坐大船，船头居然高悬川东宣慰使大旗，迎风招展，昂然顺流而下。到了宜昌码头，黄又卷旗息鼓，悄悄地上了外商轮船，直抵上海。同志们都怪他胆大，他道："就是要这样，才走得脱。假使中途有军警盘问，我便说因有要公，兼程入京。如此大气盘旋，谁能知我深浅，倘遮遮掩掩，倒反要落网。"

民政厅长杨庶堪家住重庆，克武临走之先，往约同行，庶堪以上有父母，迟疑未决，因此与诸人脱节。次日满城都传说熊、杨逃走了，街上城门盘查甚严，杨想走已走不脱了。友人有和天主堂法国籍的神父相熟的，往求设法帮助杨出城。这个神父虽素不识杨，仍慨然应诺，并自愿亲身送出川境。杨即乘小轿避过军警耳目，到了天主堂，深夜时分，由法神父领路，偷越城墙，步至江岸。那时渡船已停，正自无法，恰有法国汽艇一只游弋江边，神父与艇上法国人交涉，许以重金，因此得以安然渡到南岸。两人上岸后，乘夜步行了数十里。那时正是农历八月中旬，天边一轮秋月，照得满地如霜，映着神父挺直的胸膛，披拂着长长的一部银须，好似唐人小说中虬髯公一般。天明，行抵一个乡镇，那里也有一个小小天主堂，在此处遇着了讨袁军的外交司司长宋辑先，3 人同搭小船到涪州（今涪陵县）。涪州当黔江汇流长江之处，3 人不敢直出川江，换船溯黔江入黔，途中又逢着逃亡的安抚使曹笃和另外一个同志，5 人同路，一直到了黔边，神父方才辞别回渝。庶堪后来经湘西的辰州、桃源、常德，越洞庭湖，过汉口，到达上海，转赴日本，有千言长诗追记亡命始末，载在《巴县志》中。

巴县学者向楚，字仙乔，精通小学，工诗古文词，辛亥参与蜀军政府独立，一切重要文电多由他起草。癸丑讨袁，他任总司令部参议兼秘书。克武出走时，他毫无所知，次晨照常到部办公，见门前有异状，悄悄打听，才知一夜之间已发生了绝大变化，仓皇出城，住在郊外故人李明远的家中。未几，有土匪十数人乘夜来劫李家，向出视，匪以刀斫其项，几死，主人请附近的土医生疗治，经过几月才得痊愈。后间行到沪，以教读自活。当民国三四年间，袁政权获得暂时稳定，大多数革命党人都以为翻身无日，不免沮丧，且有少数意志薄弱的人向袁投降，甚至变为他的鹰犬，转而构陷同志。楚曾有诗一首，未尝轻意示人，今追录原作，以见当时《党锢传》中一部分人物的情绪和志节：“一念家山百感俱，吴江枫落渺愁予。杜根涤器甘穷死，梅福成仙定子虚。大错铸成新造国，余生留读未烧书。乾坤自此多长夜，只梦桑田见海枯。”

川军第一师师长周骏，为人圆滑阴险，唯利是趋。讨袁军兴，安抚使曹笃因与周有旧谊，特赴泸州，劝其附义。周伪与曹亲昵，实则观望风色，如讨袁顺利，即借曹为之先容，如其不顺，便杀曹以向袁、胡表白自己。曹驻泸日久，各方情势渐次明朗化，周便有意要采取后一着。曹料知危机已迫在眉睫，便大胆地又往见周，假作不知，谈笑如常。周本想立刻下手，又一时不能决，且不免碍于情面，拟待他回到旅馆后，派兵捕拿。曹辞去后几个钟头，周才派兵到旅馆掩捕。曹于离开师部以后并未回到旅馆，立即直接出城，上船东下，此时早在百里以外了。

重庆宣布独立后，跟即有捕杀川东观察使赵一德于万县之举。当时各方议论纷纷，不免怪讨袁军狭隘寻仇，其实别有内容。赵，德阳人，曾留学日本，以干捷圆滑为胡景伊所信任。民国 2 年春，胡拟保荐五观察使为作耳目，其中唯川东一席在熊军范围内，时又值国民、共和两党水火不容，无人敢去，赵独告奋勇愿往，胡即荐为川东观察使。赵行抵重庆见熊，得知熊军正计划于离渝 60 里的白石驿建筑军营，需款 10 万元，尚无着落，赵立电胡请予照拨。胡对熊之文电素来亲阅，凡有请求，无一次不加驳斥，独此次特别照准。赵本意在借此讨好于熊，而不知枉杀朱山一案，赵负有重大的罪责，渝中党人早抱不平，不是借花献佛可以了事的。缘胡景伊对朱山的言论衔之刺骨，必欲杀之而后快，故逮捕后即派赵一德这个干员承审。编者在三四十年以前，曾在某处阅过朱的供词案卷，尚忆其中有几句：“问：你何故测绘都督府地点？答：我不曾学过测量，并无此事。”（原文不能记忆，大意如此）这几句是案中关键所在，然而朱山竟被判决斩首。赵到万县后，设观察使署于禹王宫，对驻军营长熊世哲极力张罗，屡次请客送礼，熊一概谢绝。讨袁军发动后，万县电报局突接重庆总司令部致熊营长一个十万火急的密码电报，电文仅有“速捕杀赵一德”几个字。熊立即派队赴禹王宫捕赵。使署本有一连兵守卫，赵见来势不妙，即令卫兵缴械，拉着观察使署秘书陈新尼（陈廷杰之侄，国民党籍）同到熊营。熊将赵扣留，为谨慎起见，又电渝请示，旋奉复电，照原令执行。次日清早，赵便横尸于“枉杀朱山”的罪状布告前了。布告是陈新尼受熊世哲之托而代拟的。

袁、胡战胜之后，便有袁世凯的煌煌告示张贴全川，文云：

据四川都督胡景伊、民政长陈廷杰电称：“川省前遭熊、杨之乱，逆党蜂起，幸即戡定，迭获要犯，讯明严惩，人民怨气借以稍伸。惟首恶漏网尚多，诚恐死灰复燃，续经督饬所属，认真查缉。除熊、杨二犯显为首逆，早经宣布罪状呈请通缉外，兹查有叛旅长龙光、孙学渊（即孙渊），叛参谋总长但懋辛、伪参谋陈万仞、刘国佐、乐九成、王希闵（即王子骞）、刘光烈、吴哲、张秉升，叛团长黄金镕、卢师谛、周国琛、邹有章、吕辅周（即吕鹿鸣），叛营长熊世哲、周谷登、梁渡、吴行光、贺崇熙、钟铭三、殷用光、周之桢、李树勋、张威、敖祖荣、杨天泽、张元卿、易存明、谢召南、郭镇藩、李萼、朱纛、周官和、李锡荣，叛连长黎同耳等，甘心背叛，有辱军人名誉。又伪川江总司令余际唐，伪安抚使朱之洪、曹笃、黄金鳌、黄成璋，伪水警厅长余致书，伪警视厅长欧阳尔宾，伪司长淡宅旸、宋辑先、李雨田，伪参谋长廖小韩，伪司法总长童显汉，伪宪兵司令杨绍奇，伪指挥长谢仲容，伪支队长范蓁、吕超、刘植藩，伪参谋范菁、李鸿钧、危勋，伪执法官朱鸣銮，伪团长卢汉臣，伪营长石青阳、张子钊、杨必慎，伪军需长吴景棠（按当是吴景英之讹），伪水师总司令林镜台，伪连长谢秉奎、王财神、李大眉毛，伪参议兼秘书余舒、向楚、吴梅修、郑雨笠，伪银行总理余耀荣，伪铜圆局总办吴庶咸，伪科长董鸿词、李峙青、王雨农、童子钧，伪科员贾应全、童斗皋、张师禹，伪九门稽查詹福，伪巡缉队长杨巨卿，并招兵助逆之哥老会匪张百祥、黄鹤群、涂德敷，鼓吹独立之报馆主笔张佐臣、燕梓材等，均力主破坏，卷款分肥，种种暴行，人皆切齿。又省议员薛仲良、曾子玉、郭崇渠、冉献琛、杨文萃等，或充伪参议，或充伪科长，冉献琛一犯并系议员团发起人名义；其时经杨逆委任充当县知事者则有吴恩鸿、徐代堪、吴楚、谢崇飞、王耑书、李伯凯、彭小渊、任鸿熙、涂海珊、张仙槎、陈钟灵、周北君、陈笃生、吴永枰。吴恩鸿、徐代堪二犯并与逆党勾结最密，卷劫公款甚巨。以上各犯，均属罪大恶极，万难曲贷，除周国琛、詹福、吴楚已经拿获正法外，恳饬下各省，一体协缉，务获惩办”等语。查川省迭遭兵燹，均由该党等蓄谋造乱，以致生灵涂炭，全境骚然，亟应悉数查拿严惩，俾免再滋余孽。应由各省都督民政长、各地方长官通饬所属，一体按名严行查拿，务获究办，勿使漏网。

这一榜共是百单八人，已是洋洋大观，据闻景伊原呈请严办的还不止此数，有 300 名之多，嗣后不知何故袁政府又行减削，且有意凑成天罡地煞之数。据令文来看，通缉的只限于百单八人，并无续查余党之说，罪止本身，亦无籍没财产字样。然而公文自公文，实际还实际，单就重庆一城而计，被抄没家产的就有 18 家。其他繁荣城市以及曾经作过战的各县，共和党人乘势勾结军队，倾陷异己，夺取权位，成了普遍现象。前后方得胜的将官们大都腰缠累累，其中尤以刘存厚最为充实，据闻所获不下 100 万元，但事后多年有人检阅案卷，他呈报都督府的数字仅有 26 万余元。又其中掌故最多的还要推驻军自流井的支队长方彬。

自流井和贡井相去 15 里，两地为全省产盐最丰之区，在民国初年还算是极盛时代，盐商大都席丰履厚，喜欢联络官场，互相夸耀。方支队长进军自流井后，扬言这些人都与乱党有密切关系，必须严密查办，并先行逮捕凡人来作榜样。有钱人胆小，都吓倒了，直接送钱上门，又怕支队长拒绝不收，且恐借为口实，弄巧反拙；不得已而思其次，只有敬陪支队长打麻将牌，间接贡献，不显痕迹。支队长牌瘾甚大，天天要打，而且赌得越大越合口味。陪赌的人上场之后，哪里还敢和牌，唯有相机放炮，又虑瞄放不准，特别密派专员站在支队长身后，随时指挥。支队长于必要时，两块白板也可开暗杠，不但暗杠中间的两块卧牌无人敢翻，即使自己手中有白板，也要赶快扣起，永不出堂。每次下场结账，支队长自然是常开笑口，陪赌人也略放宽心，大家所苦的只是陪赌限于 3 人，好缺无多，因而不免常有拥挤现象。据有人计算，方彬在这期间连软带硬共计捞了 70 万元。他后来在民国 7 年死于非命，却与此事有关。缘是年春初，四川靖国各军总司令熊克武驱逐了北洋政府所委的四川督军刘存厚，由重庆进驻成都，为了收拾残破，恢复秩序，严令今后任何人不准擅自招匪募兵，违者重办。那时方彬已“功成身退”，又见猎心喜，打出一个什么司令旗号，仍行招安匪队。靖国军招讨司令部总指挥萧德明以其违法抗令，派兵逮捕囚禁，拟以军法从事。方神通广大，贿通狱卒，越狱逃匿。外间不明真相，对萧颇有烦言。萧气极，四出搜索，得之于城内暗娼之家，判处斩首，谣言乃息。事后据人传说，方彬平时曾请一个有名相师看相，相师说他有百万富翁之命，而他于自贡两井所获不过 70 万，尚差 30 万，亟须如数补足，方与相法相符，所以这回违法招安，实在具有其万不得已的“苦衷”云云。是否属实，无从查考。

川中耆宿赵尧生先生与胡景伊素不相识，更说不上恩怨，然而胡于瓜蔓株连之中，也竟把此老看中了。赵于民国元年各由上海携眷回荣县，路过重庆，世交李培之招待他住城外浮图关的礼园。熊克武、杨庶堪素敬重赵之为人，熊部诸人亦多乐与赵接近，在此半年之间，礼园门外常有国民党人的车辙马迹，其实彼此聚会不过饮酒谈天，从不涉及军事政治。熊、杨败走后，胡刻意罗织，必欲置赵于死，乃一面散布谣言，谓熊、杨造反，赵为主谋，一面制造证据，以为借口。某一天，忽有素不相识的两少年假作慕名，前来访赵，一见之后，即破口大骂胡景伊。赵知其意在套话送话，钳口不答，两少年只得扫兴辞去。　时风声颇紧，吓得礼园主人李培之躲到南岸，乘外国船逃到上海去了。赵知事机紧迫，乃迁移入城，故示镇静，一面写信告诉在北京的旧友蒲殿俊。蒲以函示梁启超，梁于亡命日本时，经常通过康有为弟子潘博的秘密传递，以所作诗求赵点窜批评，事以师礼，至此乃言于袁世凯。袁即电胡云：“赵尧生先生文章道德，海内宗仰，战乱之余，应予保护。”胡见来头不对，方才收手。此事过后 23 年，赵重游重庆，胡过意不去，还托人解释，并请吃饭，表示歉意。当时虽所谋未遂，然而因党争竟迁怒到一个读书人身上，处心积虑，多方倾陷，其狭隘狠辣，又超过朱山之狱了。民国 5 年，克武以川军第五师师长兼重庆镇守使重回重庆，彼时胡系已失势，克武不特未做政治性的报复，即受害之家，也未重翻旧案依法起诉，控胡谋财害命的种种罪行。这可说为宽大有容，也可说是富于妥协。

胡景伊对袁世凯也可算“忠勇”之至了，然而袁对西南别有大算盘，岂能舍家将而用帮闲。民国4年春，袁派陈宧入川代胡。据有知其内幕者（已忘其姓名）云，陈入川之先，胡景伊曾派胡忠亮赠陈70万元，请陈别求发展。胡忠亮大约看见人事已去，送钱也无济，况总号将倒，不怕算账，便不声不响，卷而怀之。嗣后陈到川，胡与对面，才知上当，只好自认晦气。胡既以威字号将军调京，已觉闲散无聊，不料祸不单行，陆军部次长徐树铮知胡富有，扬言要查算他任内侵蚀军饷账目。胡又以大量贡献，才得了事。

总结来说，蜀军为革命事业而产生，为革命事业而败灭，善始善终，求仁得仁，可谓毫无遗憾，在革命历史中尽有它立足的处所。编者纂辑此篇，对材料来源十分审慎，除了小小一部分系由历年收集的文史资料中摘录而来外，绝大部分都是编者当日亲历亲闻。今番回忆所得的虽是篇幅不算很长，却已经过好几次的审查，并一再请当时亲历的同志们加以印证。唯事隔多年，情事复杂，虽已竭力求其接近真实，仍恐不免遗漏错误，希各方同志指正疵谬，或加以补充，这是编者恳切的衷心愿望。

（选自全国政协文史资料研究委员会编《辛亥革命回忆录》第6集，中国文史出版社2012年6月第2版）

大汉四川军政府成立前后见闻

王右瑜*

我于清宣统三年辛亥（1911年）夏，在日本陆军士官学校毕业后，回到上海，即搭轮溯江西上，由万县起陆从小川北抵达成都，已是农历七月初二日（阳历8月26日）了。入城见到久别后的成都正通城罢市，市民每家门口都供奉了一个黄牌位，各街还扎有许多黄牌楼。其时我急于向兵备处正式报到，对于保路同志会的行动，因还欠缺认识，不敢轻易过问。报到以后，我暂时移住在兵备处候差。

当时成都的新军是第十七镇，由朱庆澜为统制，尚未组织完成，仅有完整的步兵两标及炮、工兵各一营。我于此期间由朱庆澜率领

* 王右瑜：时任成都新军第十七镇六十七标教练官，后任四川都督府参谋部部长，南京国民政府参谋本部总务厅厅长。
新中国成立后，任四川省人民政府监察委员，成都市政协常委。

见赵尔丰后，被委为六十七标的教练官，遂搬到标本部去住。当时标统孙和甫率兵在外，我到标本部后，曾一度奉命到北路慰劳前线的军队。我到广汉前线所接触到的军官，都众口一词地说："保路同志军真不容易对付。"我亲自见到，清军如果进攻，起义农民就都散在田地内从事耕作，一有机会，就出其不意地突然展开袭击，当双方交锋的时候，遍山遍野都在喊杀，声势极为惊人。

尹昌衡，系四川彭县人，毕业于日本陆军士官学校，曾在广西军中任职。1910年，尹由广西回川后，充任教练处军事编译科科长，颇感不得志。当时川督赵尔巽已调朱庆澜来川筹备第十七镇，朱随身带来干部不少，都安置在十七镇里面，四川军人周道刚由日本陆军士官学校第三期毕业归国后，在四川历任武备学堂的教官和陆军小学堂总办有年，没有取得十七镇协统位置，川籍军人，深感不满。尹见此机会可乘，即大加煽动，谓川籍军官中人才不少，当局不予重用，遂致埋没，因而部分川籍军官认为尹能代表大家意见，对尹颇寄希望。尹也感觉到自己有群众基础，名位可以力取。1910年，川军举行秋季对抗演习，尹昌衡担任审判官，在总结讲评时，乘机大骂客籍干部毫无战术常识，指挥凌乱无次，为川籍军官出气，更博得了较多川籍军官的快意和拥护。在十七镇宣布成立的庆祝仪式上，川督赵尔巽讲话为国军川军贺。尹昌衡见赵在场，乃大声宣言，第十七镇的军械都是日本的废物，而且将不知兵，何足言贺。赵尔巽大为惊讶，询知尹是日本陆军士官学校出身，因反问他"要哪个才是知兵的将才？"尹首举周道刚，其次则举出他自己。赵尔巽又指出当时在场的日本士官学校出身的军官向尹说："他们也不知兵吗？"朱庆澜此时乃转圜说："尹昌衡醉了。"派人扶他回家休息。

果然赵尔巽虽感尹昌衡有些狂妄，但还认为他有点豪迈，可以利用，而且也感觉川军心理，必须采取以柔克刚办法乃不致偾事，遂亦表示优容。不久赵尔巽调任东三省总督，乃嘱其弟赵尔丰对尹特加留意。当我由日本回成都的时候，适尹已由编译科长升到教练处的会办，而且兼代了四川陆军小学堂总办。

当邵明叔由北京回成都，把在宜昌曾会见端方的情形和武昌独立的消息带到省城后，官绅方面有些人即在酝酿成都独立。在成都的一部分川籍军人认为尹昌衡可任都督，我以同学关系向尹窥探。尹表面上向我说："赵尔丰退位，由蒲殿俊任都督的酝酿已经成熟，我只要求他们给我一个军政部长就行了。"实际上尹与周骏、彭光烈等正在暗中积极活动如何取得都督的地位。农历十月初七日（11月26日），我在参加成都独立仪式中，得晤军事总参议方声涛、参谋姜登选、程潜等人，他们都是原来东京同盟会的成员，并且与我早有交往，这时我便与他们联系起来。蒲殿俊就都督职不久，尹昌衡等即正式提出要求：第一，由尹昌衡任军政部长；第二，立即在十七镇之外再行编一个镇；第三，参谋部内要安置一个四川人。这些条件提出后，朱庆澜、方声涛、姜登选等大为不满，感到尹昌衡等是在排外，即日起便不到都督府办公，使都督府一些组织无形中停顿下来。邵明叔在夜里来找我商议，要我设法调停这种隔阂。我想应先从军界同盟会的关系上去力求疏通，或有可能。经与各方面酝酿的结果，相约两方主脑人物在陆军小学堂会面。会晤时，方等表示川籍军人所提3项条件，第一条要尹昌衡当军政部长完全可以同意；第三条参谋部长人选已预拟姜登选为正而我为副，也不成问题；只对于扩充一镇的问题，在原则上虽不反对，但指出在一般的经验上，兵员饷械，尚须有一段筹备过程，只能在今后逐步加以解决。我认为他们的表示不错，遂邀集川籍军官在文殊院宣布接洽经过。次日，朱、方等便又到都督府办公，并开始进行都督府的组织工作。

有一天午前，我同方声涛、姜登选正商量组织军政府的问题时，尹昌衡率领川籍军官周骏（当时任凤凰山六十五标标统）、彭光烈、宋学皋、龙光（都是管带）等到都督府来，先由尹昌衡向方、姜提出关于另外扩充一镇的问题，川籍军官要求将主要干部先行发表，以便共同筹备。方声涛素来鄙视尹昌衡，迨尹话毕，方未予答话而嗤之以鼻。尹于是大发脾气，冲出室外，怒骂方声涛太瞧不起人，同尹来的这些人亦群起咆哮，彭光烈拔出手枪声称要打死方声涛，周骏把指挥刀击在石板上，大哭大叫高嚷："不把四川的军官当人啦！"尹等大闹都督府以后，方、姜和朱庆澜等人，便不肯再来办公，而且对于我的调停亦大大地失了信任。当天晚上，邵明叔又来约我翌日同访方、姜，我不得已勉强应承同他前去。翌晨与邵明叔找到施存蛰（号调梅）家，要求会晤方、姜二人，门者声言不在。我们没有听他的话，一直走进上房去，方、姜虽都会着了，但是他们只叙寒暄，绝口不谈都督府的问题，终亦不得要领而返。

成都独立，赵尔丰被迫交出政权，旋侦知清廷尚未完全倒坍，便有悔意，阴谋复辟，除急催亲信傅华封从川边率军来省外，并唆使路广钟等挑拨巡防军、新军向同志军挑衅。同时，尹昌衡和周骏、彭光烈等亦密谋夺取都督府权力，一面大力拉拢四川军人，一面加紧联络袍哥，准备大干。蒲殿俊等立宪派人处此情况，并无若何措施，以致人心不安，流言甚多，当时即有部队行将哗变之说，乃至派到藩库去守卫的士兵，发令者亦指示他们说："如果街上有什么风吹草动，你们就打开藩库抢银子。”农历十月十八日（12 月 8 日），蒲殿俊、朱庆澜在东校场阅兵，部队借名索饷，即行哗变。一时全城枪声四起，火光烛天，新巡两军的骚乱抢劫，“打起发”整整闹了一天一夜，迨翌晨四乡的保路同志军赶进城后，始得暂就平息。据我所知，在这一天一夜中，藩库所存的 800 万两（一说 600 万两）生银全遭洗劫，尹昌衡还乘机把他当时所兼管的陆军小学堂的公款 3 万元卷入了私囊。人民财产的损失，就无法计算了。

兵变后，蒲殿俊藏匿不出，朱庆澜、方声涛、姜登选诸人由东校场越城而逃。尹昌衡乘时率部分川籍军官奔往凤凰山六十五标标本部与周骏等商量如何迅速登台。是夜，这一伙人决定尹昌衡任都督，周骏为军政部长，宋学皋为第一师师长，彭光烈为第二师师长，孙兆鸾为第三师师长。翌晨尹昌衡等从凤凰山率兵入皇城，各路同志军也纷纷入城，这时赵尔丰要实现他的复辟阴谋还准备不及，士绅及市民只望迅速恢复秩序，尹恰恰成为一时人选。尹昌衡就做了正都督，罗纶做了副都督。尹见到我时，要我当川军第一师师长，我已闻知川军第一师师长早经指定了宋学皋，因此我没有答应，只答复尹说：“我还是给你当参谋好了。”因为参谋部长还没有指定人，所以尹赓即照会我为军政府的参谋部长。

尹昌衡高居大汉四川军政府的都督后，即挂出一个“大汉公”的招牌来，自封为大汉公的舵把子。在他登台的几天内，天天都到成都各街的“公口码头”拜客，各公口码头也都为他挂红进酒。他每出去一次，必披一身的红绸或红布回来，堆在床上之后便又去拜客。如是往返拜客披红，以致都督府亟待处理的公事也找不到人划行。

周骏就任军政部长后，在军政部亦挂出了一个“大陆公”的招牌来。于是参谋部的人员也要求我组织“大参公”，我没有答应。几年前我由成都东文学堂毕业回家准备到日本留学的时候，觉得哥老会是一个有反抗性的群众组织，就参加了本乡宝兴场的公口码头，但以机关作公口，我很不赞成，因此“大参公”的招牌始终未拿出来。

尹昌衡就任都督后，本已踌躇满志，趾高气扬，本无杀赵之意。但赵尔丰野心不死，拥重兵在督署，巡、新两军兵变后，仍以总督部堂名义出布告安民，这已使四川人民感觉不能再予容忍。加上傅华封拒绝接受都督府给他雅州府知事的委任，积极向成都进兵已危及尹的地位。同时重庆蜀军政府又已派副都督夏之时率兵西上讨伐，这就迫使尹昌衡不能不及时采取措施了。当时四川对赵已是群情愤激，尹即利用袍哥关系，先分化了赵的卫队，在农历冬月初三日（12月22日）晨，命陶泽锟率队去擒赵尔丰。当逮捕赵尔丰时，为预防少城旗籍人员的妄动，曾派有军队严密监视。赵尔丰被处决后，旗籍人员不免惶恐，当由满族的日本士官同学文蔚卿来都督府向我表示，少城旗籍人员决无袒赵之意。我当即报告尹昌衡，请其严令监视少城的军队，除收缴旗籍人员的武器外，不准随便开枪，旗兵问题，随亦得到和平解决。当各事有了头绪后，随即出兵讨傅华封。傅知大势已去，没有怎样抵抗就投降了。我随即辞去都督府职务。

（选自全国政协文史资料研究委员会编《辛亥革命回忆录》第3集，中国文史出版社2012年6月第2版）

成渝两军政府合并经过

龙国祯 *

我在清末时代，于宣统二年（1910年）在日本毕业后，八月，前往北京应当时清学部所举行的留学生考试，得授法科举人；翌年庭试一等，得授七品小京官，签分外务部。我未到部，就应四川绅班法政学校的聘，回川专任教员，遂与邵明叔、董特生一行3人回川。途中闻悉：川人反对铁路收归国有，酿起极大风潮，川督赵尔丰收捕蒲伯英、罗梓青、张表方等6人，电请正法，川西数十县，纷纷组织保路同志军，反赵援蒲，风潮愈激愈大。清廷派端方查办，并带兵一旅入川。我因与董特生由渝间道急行入省，意欲超越部队，免受其他阻挠。殊端方的军队行至内江，将端方处死，意欲仍回湖

* 龙国祯：时为四川绅班法政学校教员，后任南京国民政府安徽省、贵州省高等审判厅厅长。新中国成立后，任重庆市文史研究馆研究员。

北。当是时也，武昌业已起义，曾通电全国，各省亦纷纷响应。川督赵尔丰见势不佳，愿将川省政权让与谘议局长蒲伯英接任主持，成立蜀军政府。我与董特生，在此时候已先入省，与闻此事。遂联合成都的华兴会会员和同盟会会员，重新组织政党，已告成立，后接中央同盟会来电，仍旧名为同盟会，我遂于此时参加为同盟会会员。不久，此会即改为国民党。蒲伯英即就任都督后，于10月18日，在东校场召集全部陆军训话。各军推出代表，向蒲都督索取3个月恩饷，都督不允，代表逼争，马弁举枪示威，代表纷纷抗议，齐呼要打大家打。由于要求不遂，军队因而哗变，抢劫全城，四处起火，枪声不息。蒲伯英、朱庆澜正、副两都督逃避隐处，不敢露面，演成省内无政府状态，尹昌衡从凤凰山率兵数营入城弹压，秩序始渐恢复。众遂推尹昌衡为都督，罗梓青为副都督。政治方面，推董特生为总理。这时我亦担任军政府民政部部长。施政数月，川西南北，渐趋统一。唯重庆已先独立，成立了一个军政府，各自为政，非取消一个，不能统一全川。去电协商，渝方提出10个条件，极为苛刻。军人有主张以军事解决重庆军政府者。我与董特生力主和平统一，两府合并。都督同意召开全部军政人员行政会议，解决此事。我在会场上，即首先发言，详述成渝应即合并，不可用兵的理由，共有四点，即：

（一）革命初起，清政府尚存在，方议北伐，不可先起内争，置清政府于度外，败坏革命事业；

（二）成渝两方，同是革命志士，不可自相残杀，丧失革命精神；

（三）重庆是重要商埠，一旦用兵，糜烂桑梓，残害人民，甚与革命目的相反；

（四）渝方条件虽苛，合并后，成为一个机关，一切政务，按实际情形办理，利害共通，从前条件，皆是具文。

我想彼此所争者，只有一个人事问题。成渝合并后，渝方人员，不能拱手而退，成都政府应让出几席，以待渝方人员接替。我想民政部地位重要，我首先让出此席，以待渝方人员前来接任。此外副都督、副总理，亦应让出。其他军政各机关俟合并后，协商办理。如此互让，和议自可成立。我发言后，罗副都督起立，表示愿意退让此席，全场一致通过我的建议，与渝方往复磋商，卒获赞同。于是遂推定省方尹昌衡为都督、渝方张列五为副都督、董特生为总理、谢慧生为副总理，四川于是完全统一。我辞去部长后，回任教员。

嗣后两都督因继任人选，不得协调，仍请我回任。我仍坚决辞谢，不愿食言，并推邵明叔接任部长，人选于是才定。

（邱儒宗　记录整理）

（选自全国政协文史资料研究委员会编《辛亥革命回忆录》第7集，中国文史出版社2012年6月第2版）

辛亥重庆“光复”的回忆

温少鹤*

辛亥革命时，重庆“光复”先于成都，成都由立宪派操纵，重庆则由同盟会主持。重庆同盟会员主要是知识分子，大都以学堂为隐蔽之所，而以重庆府中学堂为根据地。余于1904年入府中学堂肄业，当时监督（即校长）为杜少瑶（名成章）先生。教员杨沧白（庶堪）、梅黍雨（际郇）、童文琴（宪章）、陈新知（崇功）先生均为同盟会员。1906年，府中学堂学生集资刊印同学录，废光绪年号，用黄帝纪元四千六百零四年。是年暑期余赴成都入四川高等学堂，同学中同盟会员有黄圣群（崇麟，亦重庆府中学生，与余同时入高等学堂）、张列五（培爵）、张夷伯（镕）等（尚有多人，

* 温少鹤：时任巴县中学校长，后任重庆《商务日报》社社长。
新中国成立后，任第二、三届全国政协委员，民建中央委员，重庆市政协副主席。

不悉举）。沧白先生则在成都东文学堂任英文课。1910年，南校场（系高等学堂外操场）举行全川学生运动大会，因学生与巡警教练所巡警冲突受伤，各校罢课，高等学堂学生曾推列五为代表之一参加抗争。当时省教育会长代表学界赴督署申诉，未得结果。刘士志（行道，高等学堂教习兼分设中学监督）和沧白两先生挺身往见总督赵尔丰，严词力争，迫赵将巡警教练所提调撤差，以平众愤。沧白先生不久返渝，任府中学堂监督，并延列五为监学。同时，杨席缁（霖）任川东师范学堂监督，朱叔痴（之洪）任巴县女子师范学堂监督，谢慧生（持）任女校教习，朱必谦（蕴章）任巴县中学监督，周季平（国琛）任体育学堂校长。圣祥亦来重庆，临时代课。他们均以同盟会员担任教职，借便暗中活动。沧白先生与列五居中筹划，联系各方，准备待时发动，推翻清政府。

辛亥五月，争路事起，成都成立保路同志会，重庆亦成立保路同志协会，叔痴被推为代表之一，继又代表路股赴成都参加股东大会，不久返渝。端方入川至夔府，值成都蒲伯英（殿俊）、罗梓青（纶）等被川督赵尔丰拘留，叔痴又与刘锡封（祖荫）代表赴夔上书请愿。武昌革命消息传来，龙泉驿新军夏亮功（之时）率队起义，东下来渝，重庆“光复”时机已至。同盟会员密谋起义，筹划愈急，在体育学堂储积枪弹，训练学生，准备力量，并与当地士绅联系，争取同情支持，推叔痴、圣祥往近郊接洽亮功，相为呼应。

十月初一日，重庆同盟会员与当地开明士绅在县庙街三忠祠前重庆总商会密议，推向仙乔（楚）、温鹤汀（仁寿）、杨俊卿（朝杰）往说防军统领李觐枫（湛阳），事载《巴县志》。觐枫父李耀廷（正荣，云南恩安人）经营天顺祥，执盐业、金融业牛耳，为西南巨商。

重庆总商会（原名重庆商务总会）初成立时，耀廷曾任总理（即会长）。觐枫在伊父培植之下，官至广东巡警道，数月前由粤回渝省亲［当时闻人云，黄花岗烈士攻督署之役，但怒刚（懋辛）系广州狱，其后递解回川，系随觐枫同来重庆］，端方来重庆时，以防军统领属之。鹤汀为余父，长于诗画及中医，与李氏父子有交谊，故被推与仙乔、俊卿往致说辞，免生意外。

十月初二日（11 月 22 日），由同盟会发动，在朝天观城议事会集合起义人士，各持手枪炸弹。石青阳（蕴光，曾在府中学堂肄业）、卢汉臣（哥老会首领）组织敢死队，严阵以待。沧白、列五领导群众迫令重庆官府交出印信，剪去发辫，宣布“光复”。余叔父友松（仁椿，经营机器缫丝出口及火柴业）亦系同盟会员，当时曾携手枪实弹赴城会参加此役。制鞋匠人况春发，平日与同盟会员通声息，初二日亦持刀奔赴城会，加入起义队伍。

蜀军政府成立，推列五为都督，亮功为副都督（亮功亦同盟会员），以林绍泉为蜀军总司令兼参谋部长。绍泉鄂人，原为四川新军教练官，曾任高等学堂体操教习［余肄业高等学堂时，有兵学及体操课程，由周凤池（道刚）讲兵学，绍泉教兵式操］。亮功在龙泉驿起义时，绍泉被迫同情革命，随军来渝。蜀军政府初成立时，因赵尔丰尚居督署拥兵为患，特组织 3 个支队进军成都，澄清川局，以绍泉兼一个支队长。绍泉认为此系取消他的总司令职，出手枪指责都督。叔痴挺身排解，并以舟遣送绍泉回鄂。旋闻尔丰被诛，成都事定，乃罢西上成都之兵。蜀军政府又与省内外“光复”各地联系组织北伐军，以觐枫（时任财政部长）、锡封（时任财政部副部长，经营药材出口业）、古绥之（秉钧，重庆总商会会长，经营山货、猪鬃出口业）、赵资生（城璧，重庆总商会前会长，经营百货、颜料、火柴、煤矿业）等筹备北伐饷捐事宜，发起爱国捐，觐枫首捐饷银两万两以倡导。宣传员中有唐廉江到各庙会集众演说，声泪俱下，闻者动容，捐献极为踊跃。廉江又倡议组织红十字会，协助北伐军，余曾参与其议。廉江慷慨陈词，谈及为此事奔走各处，穿破草鞋数双。当即发起红十字会，推觐枫为会长（一说红十字会成立于1915年，此次组织或系临时性质，未能确忆）。廉江又曾主演新戏，即当时所谓文明戏，为后来话剧先导。沧白先生曾为鞋匠况春发及唐廉江作传，题为《巴东两奇士》，载在报端）。南北和议成，中止出兵北伐。

蜀军政府成立不久，成都成立四川军政府，双方为谋统一川局，各派代表协议合并事宜。重庆派叔痴往商，议定：重庆机构并入成都，名称用“蜀军政府”，成渝副都督均辞职。列五推尹硕权（昌衡）仍任都督，己则赴省任副都督。及合并时，成都仍用“四川军政府”名义。余曾写文载当时《国民报》[蜀军政府成立，先刊发《皇汉大事记》，后出版《国民报》，馆址在当时财政部内右侧即旧重庆府署内，后迁在校场口演武厅旧巴县汛署内。周文钦（家桢）、燕子才（翼）任总编辑，余任主笔]上，题为“正名”，表示异议。认为自湖北开始成立鄂军政府后，各省均用省名简称，冠于军政府之上，因此，成渝协议合并时，决定用“蜀军政府”名义，以昭划一；不应存畛域之见，变更原议（原报纸所载全文，现尚保存）。叔痴曾参与成渝协议，对此亦深为不满，可见当时成渝两军政府之间的摩擦（重庆“光复”前后，自争路事起至成渝两军政府合并，叔痴迭任代表，往来奔走各地甚勤，对重庆“光复”事业极力维护，每遇拂逆事件，辄出怨言。当时有人咏重庆“光复”时人物若干首，即所谓《巴渝竹枝词》，余仅记其一首：“我从事独贤，跋涉于山川，汉宫春色好，尽上琵琶弦。”即指叔痴。重庆“光复”之役，论劳绩，沧白、列五而外，应推叔痴，这是个人的看法）。

成渝两军政府于1912年2月合并。重庆军政府办理结束时，对重庆“光复”出力人士特赠勋章及勋状，余父所得勋状尚存，原文如此：

中华民国蜀军政府为特赠勋状事

照得中国受鞑虏专制者二百余年，国势濒危，强邻日逼。诸贤惧友邦之交谪与故国的沦胥，乃组织同人经营光复，知死不避，蒙难愈坚，万众一心，用恢汉业，论劳列功，不可无纪。盖我蜀僻居西土，发难东川，义旗竖而四境无惊，政府成而万民有托，事底于成，功垂不朽。夫河山表烈，带砺酬庸，今昔殊途，中外异制。爰仿东西各国特赠勋章一枚，嘉尔庸功，永留纪念。具列履历如左，须至状者。

右状交温君仁寿收执。

正都督　张培爵

副都督　夏之时

中华民国元年三月十五日

勋状上盖有方印，文曰“中华民国军政府蜀军都督之印”。成都系于辛亥十月初七日宣布独立，都督蒲伯英为立宪派，副都督朱子桥（庆澜，新军统制）为旧军官。十月十八日兵变后，新都督尹硕权（陆军小学堂总办）为旧军官，副都督罗梓青（纶）为立宪派。及成渝两军政府合并，列五赴成都继梓青任副都督，后改任民政长，虽系同盟会员，并无实权。同时，重庆先曾设镇抚府，由胡文澜（景伊）任总长，旋即撤销。文澜赴成都继硕权为都督，列五辞职离省。文澜与袁世凯沆瀣一气，摧残民党，不遗余力，形成反动军阀专政的势力。成渝局势的演变，与当时南北统一，军政大权操于袁世凯之手，颇相类似，川中局面可算是全国的缩影。

回忆辛亥革命的往迹，同盟会员不惜流血牺牲，完成推翻清专制王朝的伟大功业，这是令人十分振奋的。从重庆而论，同盟会员鉴于重庆经济比重居全川优势地位，接纳当时实业界人士，拟求有所展布。彼时蜀军政府支援各方面的金额之可考者，如资助鄂军（随端方来川的）回鄂3万两；支援川滇军北伐筹备费30万两；成都兵变，支援10万两，作为援陕出师协饷。略举数项，可见重庆的财力是可以凭借有为的。唯重庆“光复”时的弱点正与全国相同，同盟会与其所联系的进步人士，缺乏执掌政权的经验和力量，不能充分发动群众，在推翻清政府后，未从根本上打破旧政权机构，建立新的政权，巩固并发展既得的果实。因此，反革命分子乘虚而入，篡夺领导权，转而摧残新生力量。同盟会未能将革命进行到底，以致无所成就。

1913年，重庆第五师师长熊锦帆（克武，同盟会员）与沧白举兵讨袁，文告前四句为“本军独立，誓讨袁胡，元恶大憝，在所必诛”，足见胡与袁同恶相济，为川人所深恶痛绝。讨袁军失败，参与此役的人士或遭戕害，或逃避他方。辛亥重庆“光复”时同盟会员及其所经营的一点革命基础，至是荡然无余。

（选自全国政协文史资料研究委员会编《辛亥革命回忆录》第3集，中国文史出版社2012年6月第2版）

回忆蜀军政府都督先父张培爵

张映书 *

我的父亲名培爵，字列五，同盟会会员。辛亥年领导重庆革命，担任蜀军政府都督，嗣后成、渝两军政府合并，四川统一，被推举为四川军政府副都督。继因密谋讨袁，被害殉国。他的一生，是献身于旧民主主义革命的一生。1922 年，孙中山先生领导的中华民国政府，明令褒扬，追赠为烈士。

为了纪念先父革命的一生，特撰写回忆录，以表达哀思。文中史料来源一部分是亡母生前亲口所述，一部分是我父生前盟友朱之洪（叔痴）及“乙辛学社”的老一辈革命者，亲口向我讲述的亲见亲闻。

---

* 张映书：系四川副都督张培爵之女、四川副都督夏之时之儿媳。曾任四川省第一女子师范训育主任、国民党四川省党部妇运会副主任、四川省参议员。
新中国成立后，任四川省文史研究馆馆员。本文原标题为《回忆蜀军政府都督先父张列五》。

早期的革新思想

我家祖籍四川省荣昌县荣隆场，曾祖父、祖父和叔父，三代业医。先父生于 1876 年，14 岁从王申甫老师就学。当时清朝的科举制度规定要缴验田契，证明家有田粮，才许报考。我家世代业医，开设药铺，并无田地。我父到隆昌界市场的“八石粮”张家，借了一张 30 亩田的契纸，得以参加隆昌乡试，考上清政府的“诸生”。后来清廷废科举，办学堂，我父渴望新学，不愿再学那些八股文章。听说成都高等理科优级师范学堂招生，非常高兴，便对祖父说：“我是汉人，不愿再在清朝作奴颜婢膝的官吏，要到成都考理科师范，学新的科学，做一些实际有益于各族人民的事情。”祖父同意了。父亲考进理科师范学堂后，因家境清贫，就一面读书，一面教书，半工半读。一家大小九口，悉赖祖父、二叔业医糊口，母亲和姐姐绩麻纺织。

我父幼年读史，得知满族入关，灭亡明朝的惨状。他结合自身所体会到的汉人在清政府暴虐统治下，被奴役被压迫的痛苦，常慷慨悲歌，彻夜不眠。他尤其憎恨妇女缠足。他认为妇女缠足，不仅身心受到摧残，而且不便参加劳动，受人歧视。所以他反对小妹妹和女儿缠足，祖母和母亲都拗不过他，只好答应。

1903 年，我父从成都回家奔丧。守制期中，因受维新思潮影响，约集志同道合的亲友吕奉轩、吕其峰、李灼初、潘式斋、李咸友、张乾久、杨贡臣等，组织了一个“女子放脚会”（当时有些州、县也有这样的组织，都是自发的），并将他的小妹妹和女儿，作为放足的榜样，教育大家，讲了许多放脚的好处和缠足的坏处。他说：“缠足使妇女受痛苦，极不合理！我们做父兄的，有责任提倡女子放足，支持妇女和男子一样参加劳动和工作。”他的宣传很有效果，至今荣昌、隆昌两县年龄在 80 岁左右的妇女，基本上未缠过足。

我父早期的革新思想，和他以后献身革命事业是分不开的。

加入同盟会　从事反清活动

甲午战争，清廷与日本签订《马关条约》，割让台湾。庚子八国联军入侵，赔款 400 余兆，丧权辱国，民穷财尽，爱国志士莫不痛心疾首。这时父亲已认识到康、梁的维新变法，不足以拯救清廷的腐朽和国家的危亡。但究竟从何着手？走什么道路？还是感到茫然！

1906 年，父亲在成都高师读书时，结识孙中山先生派回四川发展同盟会组织的谢持（慧生）。在他的帮助下，父亲才了解同盟会的革命纲领：“驱除鞑虏，恢复中华，创立民国，平均地权。”从而认识到，只有推翻清廷，进行民主革命，始能复兴中华民族，就决心参加革命，并由谢持介绍加入同盟会。同时参加的还有同学廖泽宽、李宗吾、雷品新等数人。他们都在校内校外展开各项革命活动，我父的活动主要有以下 3 个方面：

（一）成立剪辫队。清朝统治时，无论官民，脑后必须蓄一条豚尾（发辫）。我父对同学李宗吾说：“要干革命，首先革自己的命。”带头先剪掉自己的发辫。同时发动同学组织剪辫队，沿街演说，劝人剪掉发辫，剪辫结合革命宣传，效果很好。

（二）组织同乡会，创办联合中学。我父约集叙属旅省同乡成立同乡会，并以该会名义创办“叙属旅省联合中学”（后改为列五中学，现在的成都第五中学，校址在马镇街），接纳川南各地来省的学生，从中选拔思想进步、成绩优秀者培养为同盟会员。

（三）创办女子学校。我父常说：“国家要富强，首先要使女子能够读书。”他坚决反对“女子无才便是德”的封建说教。1906年，父亲回乡筹募叙属同乡会及联合中学的基金时，便劝说“八石粮”张家带头在隆昌界市场捐办女子小学，开了女子读书的风气。1913年，我父由成都去北京，路过荣昌，捐银圆300元扩建荣隆场小学，以便招收女生入校读书。

在成都又办书报社、教育会等，积极从事革命宣传活动，并将叙属联合中学作为同盟会在成都的工作基地。所需经费均由我父和廖泽宽分赴川南筹措。因而该区议定每年供给联中经费3000元（银圆）。在筹措经费的同时宣传革命，发展成员，使同盟会员的人数得以急剧增加。

1907年，同盟会员黄金鳌（肃方）从菲律宾，黄复生从日本（学制炸弹技术）先后返川，谢持自泸州来蓉，都聚会于叙属联中准备起义，并由谢持主持决定。他们约集各地党人，并联系清廷新军、巡防营中的革命党人，趁当时护院赵尔丰出席春季学界运动会时发难。因准备工作不周密，指挥不统一，所制炸弹不多等原因，当革命党人趁运动会开幕向主席台扔炸弹时，即被军警包围。在敌众我寡的时刻，党人杨维（辛友）、黄方、张致祥、黎清瀛、江永成、王树槐六人被捕入狱，这就是有名的“丁未六人”之狱。事后，赵尔丰通缉谢持，缇骑四出。谢持出走西安，其余党人有的隐匿不出，有的脱离了革命，但我父却置生死于度外，往来奔走革命。谢持行前对我父亲说："同盟会成都方面的组织与活动，今后即由你全权负责。"故此后我父即承担起革命重担，并总结了这次起义失败的经验教训："是仓促发难，联络不妥，组织松懈，孤立无援。"从此他在布置工作前，总是深思熟虑，并广泛征求同志们的意见而后定。

记得李宗吾老前辈曾对我说过："你父亲不但积极开展革命工作，还经常锻炼自己的革命意志。他同廖泽宽、雷民新和我数人，在联中教书时，朝夕相处，共策革命。你父常说：'要革命就不怕杀头，得经常练习临危如常，砍头不惧的本事。要盘足而坐，当钢刀架在脖子上，把后颈一挺，人头就落地了'。说完他自己做给我们看，还要我们一个一个试一试。"最后，宗吾先生感慨地说："此事虽小，可见列五献身革命的决心，我至今还深为敬佩！"又一次，杨庶堪先生见我父奔走革命，不计个人安危，对革命事业无限忠诚，曾戏赠以"朕即国家"4字。意思是成都同盟会没有机关，列五就是机关。

1907年，赵尔巽调任四川总督后，就加紧监视和搜捕革命党人，同盟会的活动处于极端困难之中。成都叙属联中已受到清政府的严密监视，不便展开活动，我父就以筹集学校经费为名，到川南各县开展革命工作，鼓动同盟会员，积极准备起义。犍为、广安等处，曾先后发难，但因组织仓促，指挥不力而失败，革命受到挫折。

响应武昌起义　建立蜀军政府

1909年，同盟会重庆支部负责人杨庶堪任重庆府中学堂监督。他来函介绍重庆是四川水陆交通枢纽，经济发达，新兴资产阶级和先进知识分子多聚集于此，对革命影响很大，十分有利于革命活动。

他邀约我父到该校教书，以便共商革命大计。我父即整装去渝任教，共同商定以重庆为扩大组织、发动革命的基地。

不久，杨庶堪、朱之洪（叔痴）、朱蕴章、李肇甫（伯申）、黄金鳌（肃方）、黄复生、曾省斋、张颐、方朝珍（琢章）、向楚（仙乔）、谢持（慧生）、曹笃（叔实）、王勃山、徐可亭、熊克武和我父亲共同组织“乙辛学社”，作为同盟会的核心。入会时必须宣誓，誓词是：“我们精诚团结，在孙中山先生的领导下，坚决执行同盟会的纲领，实现推翻清政府，建立民国。如果同志中为革命而牺牲，在生的同志，有担负其家属生活、教育的责任。因为我们是革命的同志，应正义无私的互助。”

此后，他们胜似亲生弟兄一般，休戚相关，患难与共，一致努力为革命而奋斗。

1909 年，川汉铁路股东代表在成都开会，朱之洪作为重庆股东分会代表出席，参加了保路斗争。组织上嘱其利用保路运动，积极发展革命力量，保路是斗争的手段，彻底推翻清朝统治，才是同盟会员参加保路同志会斗争的最终目的。

1911 年，川督赵尔丰疯狂地镇压保路运动，逮捕蒲殿俊、罗纶等人，枪杀请愿群众，制造了有名的“成都血案”。全川各县革命党人和广大人民群众闻讯后，纷纷响应。保路风潮如星火燎原。我父见革命时机业已成熟，召集党人，策划举事。他强调说：“……不立即革命，不足以拯民于水火之中。”便与杨庶堪等共同决定，以“乙辛学社”成员为核心，大家分工负责。杨庶堪全面负责，有最后决定权，兼理财政，筹措经费；我父担任交通联络，运输武器，编制起义计划，指挥各地同志配合行动；朱之洪负责交往客军，通内外消息；向楚等负责文字宣传；谢持协助杨庶堪统筹全局。

当时省内外革命形势发展迅猛，我父工作日益繁重，常常和同志们熬到深夜。朱之洪回忆当时情景，曾说过："那时我们真不知道度过多少不眠之夜啊！"尽管革命工作紧张，我父所担负的教学工作，毫不松懈。他善于辞令，条理清晰，教学有方，循循善诱，深受学生欢迎。记得前四川省参议员刘泗英对我说过："张列五老师给我们留下的印象很深刻，他常从学理方面，作革命鼓动的宣传。因此，我们重庆府中学堂的学生，都是自动请求参加'炸弹队'的。黄复生老师教我们造炸弹，重庆起义时，我们每人手持炸弹游行，重庆人民叫我们是'炸弹队'。"

重庆府中学堂并不大，后面操场的墙侧有一扇独门，通往一个小院，院内有几间小屋，被同盟会用作会议室。我父亲的办公室和存放枪支炸弹的储藏室也在这里（枪支是巴县知县张铎拨送的，快枪 200 支供学生军事操练用，掌握了这些武器，可作为自卫和发难的工具）。这扇门白天紧闭，夜晚却热闹非常。操场成了练兵场，各种会议在办公室开到深夜。一次杨庶堪会毕回家，发现有人尾随身后。次日，他因事去会重庆知府钮传善，便问道："我昨日公毕返家，发现有人跟踪，是否你们指派的？"在杨严正的质问下，钮传善只好承认说："风闻你们学堂里有复杂分子出入。"杨坦然说："什么复杂分子，可以说就是革命党人吧？既然你们怀疑，就请将我收入狱中。因为这个学校除了我是在成都运动会后为学生辩护，去见过赵督，已把我划为革命党人外，其他师生多系书生，并没有什么革命党人。"钮传善听后瞠目无言，庶堪一笑而出。从此大家更加警惕起来，竭力避免暴露，以免影响全局的部署。

我父亲历来深知武装对革命的重要性，所以非常重视在清军中发展革命力量。当时重庆驻军主力有新军、巡防以及城防营、炮兵营、水道巡警以及商队民团等。他都通过革命党人关系，介绍一些同志去参加军队，并派些比较进步的学生去报名应考。有文化的知识分子，在军队中晋升很快，有的当了中小队长或上、中士。尤其是新军中，同盟会员不少。因此，新军中的革命党人很快就和端方率领入川的鄂军中的革命党人取得联系。这是辛亥革命起义成功的重要因素。

当武昌一声炮响，九江、安庆、贵阳先后独立，消息传来，人心振奋，重庆同盟会党人决定掀起独立运动。正考虑到所掌握的清军各部，虽有反正的决心，力量尚不足以控制全局时，安岳王孟南专人送来密信说："同盟会员夏之时，原是新军十七镇的排长，于1911年11月5日在简阳龙泉驿率部200多人武装起义。该部沿简阳、乐至、安岳一带东下，已发展成将近千人的大军，现正向重庆方向开来，希望迅速联系。"我父与杨庶堪极为高兴，认为这是一支强大的革命武装，重庆起义有绝对成功的把握了。于是立即召集革命党人，积极研究起义的各项准备工作。如国旗采用同盟会上海总部送来的式样，革命政府的名称，援用武昌革命军政府的成例，称"蜀军政府"。又分派同志通知清军务部、商队、民团及学堂的同盟会组织，安排游行队伍次序。经议定：在朝天观府城会议厅开会宣布重庆独立及军政府组织方案和有关各项政策、条文等。另一方面，派朱之洪、张颐出城与夏之时联系，商定入城日期，并由我父亲笔函告夏之时，谓同盟会组织决定推夏之时为蜀军政府副都督。

重庆清政府官吏见大势已去，专制政权土崩瓦解。川东道台朱有基留下官印，率眷潜逃。重庆知府钮传善、巴县知县段嘉荣，则龟缩衙内。直待朱之洪、杨庶堪等去晓以大义，斥令剪去发辫，交印投降免死。钮等俯首，缴印请降。

辛亥革命重庆军政府成立于 1911 年 11 月 22 日。副都督夏之时率革命大军举行了庄严的入城仪式，重庆这座山城洋溢着从来没有过的欢乐气氛。人民推翻了压在头上 200 多年的清朝封建统治，怎不感到革命的温暖？！

蜀军政府成立的次日，即召集在渝同盟会全体同志开会，由杨庶堪宣布，重庆同盟会支部在独立前夕，已开会决定蜀军政府的人事安排：公推张培爵任都督，负责行政；夏之时任副都督，负责军事；杨庶堪、朱之洪为蜀军政府高等顾问；向楚为秘书院长；方朝珍为军政部长；谢持为总务处长；并设各部局处。改大清银行为大汉银行。军队由副都督夏之时、直辖司令林绍泉，分别管辖 4 个标。所有蜀军政府各级人事，从任命之日起，即到职视事。

11 月 23 日，张、夏两都督出席审讯在成都残杀保路运动请愿民众的刽子手、清政府四川督署营务处总办田征葵，当场宣布罪状，判处死刑枭首示众，人心大快。

军政府草创伊始，万端待举，工作十分繁重。我父亲为国事操劳，经常废寝忘食，不几天人就消瘦了。朱之洪老友特别关心他的健康，曾多次关切地叫嚷着："列五！革命成功了，你究竟要不要命哟？事情固然忙，可是饭总得吃，觉总得要睡呀！像你这样夜以继日地工作，还行吗？"又批评侍卫人员，照顾不力。命马上准备一份饭菜，他把门关上，亲自守着我父放下工作吃饭。饭后，又要我父躺下休息，不许会客，我父对朱之洪这种真挚友谊非常感动！

重庆独立前后，川东、川南、川北数十州县，相继独立，革命烈火遍及全川。川督赵尔丰困处成都，被迫交出政权，订立官绅协定，由谘议局议长蒲殿俊、十七镇统制朱庆澜出任正副都督，于11月27日成立了“大汉四川军政府”。人民革命胜利的果实，便为立宪派所篡夺。重庆蜀军政府反对成都的“官绅协定”，除逐条予以驳斥外，决派副都督夏之时率兵西征。农历十月十八日（12月8日），成都兵变，原陆军小学堂总办尹昌衡率兵戡平内乱后，众推尹昌衡、罗纶为正副都督，改组“大汉四川军政府”。群众强烈要求杀“赵屠夫”（赵尔丰杀川人最多故有此名）。农历冬月初三（1911年12月22日），尹昌衡下令捕杀了赵尔丰，民愤稍平。夏之时所率西征部队，闻此信息，暂停前进。

顾全大局　促成四川统一

重庆蜀军政府成立后，川北（广安）曾省斋、川南（泸州）刘朝望两军政府，都自愿与重庆合并。同时我父把张颐在万县从端方所带的湖北新军后队中党人田智亮组织起义的信，派专人送到资中，交与鄂军前队中的党人，在取得联系后，遂决定于11月底正式反正。以陈正藩为首的革命党人，在资中将端方、端锦弟兄诛于天上宫，成立了地方政权，宣布资中独立。鄂军将二端首级置于铁匣中，随军运赴重庆。我父代表蜀军政府设宴欢迎鄂军。由于武昌起义成功，鄂军官兵思乡心切，蜀军政府筹赠旅费，并派“蜀通”轮送回湖北。

至此，清政府四川政权彻底消灭。而重庆成立的“蜀军政府”和成都的“大汉四川军政府”形成对峙。前者由同盟会员主持，代表新兴的革命势力，后者主要由“哥老会”成员（尹昌衡以哥老会作基层力量）组成，代表着落后的封建势力。因此，以蔡锷为首的滇、黔、鄂3省均分别来电，承认“蜀军政府”而诋“大汉四川军政府”为“哥老会政府”，愿派兵声援蜀军政府西上，进军成都。这时，黔军已由叶占标率一部军队到渝，蜀军政府待之以礼，按月送给饷膳费，不久，即返回贵州。滇省以韩建铎为“援川总司令”的两个梯团，进驻川南。他的部队，不明大义，竟将革命党人处死（富顺司令范华斋、川南总司令黄方、自流井统领周鸿勋等均被害），设官任职，形同割据。川民对此极为愤慨！我父此时深感问题严重，立即召集蜀军政府成员会议。会上，议论纷纭，莫衷一是。有的主张西上戡乱；有的主张迎客军入川。我父严肃地说：“哥老会，诚是诟病，然四川应以大局为重，吾人岂为权力而革命乎？如此，必大乱！”强调成、渝两军政府，应以协商解决为宜。不同意让客军入川，并复电蔡锷，婉言谢之。我父这种光明磊落，以大局为重的崇高品德，使在座同志都积极支持他的意见，派朱之洪为全权代表与成都大汉军政府代表张致祥，共商成、渝两军政府合并事宜。

双方代表晤谈于荣昌的安富镇，后又同赴重庆，最后达成成、渝合并协议11条。当时，重庆流言四起，有的说：“张列五如西上成都，必有生命危险！”但我父不顾个人安危，仍毅然就道。朱之洪曾感叹地说：“列五一生都从国家和人民利益出发，不计个人安危得失，真令人感佩！”我父由重庆到成都，路过荣昌安富镇，距家（荣隆场）仅20多华里，竟因公忙，过门不入。当抵隆昌时，得滇、黔二督来电，推我父为川、滇、黔3军北伐总司令。同时，谢持自富顺至，党人张习从成都来，我父即召集行营参谋长陈光歧及卢师谛、向楚、但懋辛、董鸿诗、方朝珍、张颐等开会，认为南北既已统一，无须再行北伐，复电滇、黔两督谢之。同时电告成都推尹昌衡为正而己副之。谢持、但懋辛随我父赴成都；向楚、张习返回重庆组织重庆镇抚府（辛亥革命党人均在职）。1912年3月9日，我父抵成都。4月27日，成、渝两军政府合并，成立“四川军政府”，尹昌衡为都督，我父就副都督职，通电全国，宣告四川统一。

1912年7月，尹昌衡受命入藏西征，胡景伊以军团长护理都督，遂创军民分治，我父改任民政长。自成、渝两军政府合并后，军阀势力日益猖獗，由于军民分治，双方矛盾日甚。我父处境困难，遂萌退志。1912年10月，果由胡景伊转袁世凯电，调我父入京，咨询川政。即率随员及副官10余人东下，过荣昌回家扫墓，仅住3日。抵重庆时，曾赴重庆府中学堂与故人叙旧，教师梅际郇问曰：“君今入都，果将欲何为者？”我父不答，叹息而已。

成、渝两军政府的合并，迄今仍议论不一。有人说：“为了彻底革命，实现全川的真正统一，应该是率兵西征，戡平成都的大汉军政府才是。”曾记得我父在蜀军政府研究西征的一次会议上讲过：“今日之事应以国计民生为重，不应为个人谋权力。况且革命以来，蜀人苦，负担重，今成、渝两军政府加之以客军，老百姓能受得住吗？”我想，这就是他主张合并的重要原因。

离川赴京　心系川政

我父乘“蜀通”轮离川东下，曾在给乾九叔信中谈道：“此行虽乐，然一念及吾川父老子弟之疾苦，终觉耿耿于怀，不能不思所以拯救之。船抵宜昌，驻宜川人，在商会欢迎。情意真挚，望我能设法使川盐畅销长江沿岸。至武昌见川盐果停滞于楚岸，即连日与黎元洪都督、夏民政长商川楚销盐之方，盐事小有头绪……”我父到北京见袁世凯，又提出4事：

（一）财政之补救，请中央发行兑换券，收兑四川之军用票；

（二）大学之设置，请中央提交议院。盖四川学子，贫者居多。现在学制除去高等一级，中学毕业非入专科即入大学，而望四川中学生远地求学，恐大学人才，终寥寥也；

（三）设立大理分院为审判终了之地，川中无此院，凡高等厅不能了结之案，均必亲赴北京起诉，如高等厅不为转呈，上诉无门可入。民间冤苦，不知几何？即为转呈，由蜀至燕，其劳与费又如何？设此院则凡案均在本省可结，未始非四川人民之幸也；

（四）改巡防为巡缉队，巡防归地方各长官节制，既可免知事与军方之冲突，又可为将来巡警之预备，使之事有管辖之权，治匪即有实力。

以上4事均经中央各部批准实施。中央允拨500万元收兑军用票；设大学学部已允提交议院；大理分院事，司法部已允简派要员来川办理。

密谋讨袁　被害殉国

我父赴京时，途经上海，曾与孙中山先生、黄克强先生相晤。他在给乾九叔信中说及，路过上海，适孙先生由海外返国，约谈一切。还欲等黄克强到上海，将再与中山先生共商大计……虽然文字隐晦，不难看出，我父到京是衔有使命的。

1912年11月，抵达北京，向袁氏述职后，面辞川民政长职，不允；并加委总统府顾问之名，又不许出国考察，我父心情非常沉重。这时，南京都督程德全宣布宋教仁被刺证据，国民党与北京政府之间，疑忌更深。

1913年1月28日，《北京日报》载："内务部拟在川、陕、黔、甘、桂、新、滇7省各设巡按使一名，以辅内务部考察吏治之不及"，经大总统批准发表名单：四川张培爵、陕西杨开甲、贵州杨荩诚等。乾九叔知道后，去函劝就，我父回信中说："来书陈述蜀中苦况，令人心恻！……独惘于任我者信我不坚，忌我者惧我相形。……嗟乎！父老子弟何尝知争权者相互构煽之千歧百辙也。……遂辞不就。"

继而袁氏不通过议院，向英、德、日、俄、法5国，签订2500万英镑大借款，大肆扩军，加速复辟帝制的阴谋活动，对同盟会员监视甚严。我父即一再坚请辞去两职（川民政长和顾问）。袁氏虽然批准，仍派人暗中监视行动。我父即退居天津，率领随员从事织袜手工业，避免袁氏注意，以待时机。

袁氏阴谋窃国，排除异己，下令免国民党四都督职，江西都督李烈钧等国民党人起兵反袁，全国义军大兴。黄兴谋取南京，我父即冒险潜往上海，输资协助，不幸失败。盟友熊克武、杨庶堪又在重庆起义，也遭到失败。袁氏对同盟会员，恨之入骨，监视戒备更严。同盟会员被迫纷纷出国，在国外展开革命活动。我父即将天津住地，作为策划讨袁与国内外党人秘密联络的机关。

当时从日本回国的青年，对于袁世凯复辟帝制的阴谋，大家极为忿恨，暗中组织"血光团"，准备暗杀袁世凯，他们经常来天津向我父亲请示机宜。我父虽然认为这种"决心一击"的办法，不能根本解决国家前途问题，但对于青年革命热情仍积极支持，解囊相助。当时在天津的盟友有酉阳邹杰、筠连陈乔村，因都是同志，往还较密。关于“血光团”成员与我父秘密接触，邹、陈亦知梗概。

我父由四川调北京以后，眼见袁氏日益暴戾，对同盟会党人尤为残酷打击，革命党人处境甚危，就和老盟友谢持、余际唐等商议，各人将其独子送往外国留学，万一遭受不测之祸，下一代还可以在外国幸存。因此，谢持、余际唐和我父都将独子设法送出国外，遂把我才12岁的大哥钟洛送往法国，足见我父和谢、余两位老前辈已做好和袁世凯斗争到底的准备。

筠连陈乔村竟将特务李某引来拜见我父，借口合伙经营织袜业。我父未查其奸，竟遭其伪造证据，扣捕入狱。陈乔村叛变，供出“血光团”全体名册。我父始悉被叛徒出卖，怒眦尽裂，大骂袁贼不止，于1915年三月四日，英勇就义（详见四川文史资料选辑第一辑《记张君列五被难事》梅际郇写）。

隆昌党人黄肃方，当时与我父同拘狱中，曾向我叙述狱中一些情况。他说：“狱中惯例，凡有重要政治犯入狱前夕，狱吏必严查各房舍，针线、铁器均不允留。一月六日晚，又大检查，我猜必有同志入狱，次日晨，我故意去花坛前散步，想看看来人是谁？不久，狱外警卫喧哗，见你父神色泰然自若，昂首大步而入。我故意咳嗽示意，你父掉头见我，颔首微笑而过。以后狱吏提审多次，你父拒不作答。知为叛徒陈乔村出卖，你父愤怒地斥责说：‘袁世凯背叛革命，妄图复辟帝制，早为国人所不容，人人可诛！‘血光团’宗旨，是为民除害，团员是青年，血气方刚，谋刺袁氏，是我主使，与他们无干。’你父从入狱到就义共57天，临刑坚强不屈，慷慨从容……”。

肃方老伯语毕凄然！我早已悲愤交集，泣不成声了。

1916年，袁氏窃国称帝，改国号为洪宪，黄袍加身83天，讨袁义军如惊雷行空，江河泻地，席卷全国。兵临城下，逼令袁氏取消帝制，还政于民。袁氏在四面楚歌声中，被迫宣布取消帝制，他自己也在忧惧中暴卒。

孙中山先生此时自日本回到上海，在全国反袁护国胜利的形势下，被举为海陆空大元帅，建立反对北洋军阀的中华民国军政府。

中国国民党中央党部，缅怀先烈，建议军政府："张培爵早岁从事革命，艰苦擘划，辛亥"光复"四川，厥功甚伟，其后晦迹津京，密谋讨袁，中途殉国，大节昭然。业经本会优给一次恤金五千元，一等年恤金陆百元，并将生平事迹，交付党史在案，兹为表彰先烈起见，特检同居委员正等原提案，函达政府，希于明令褒扬，以彰遗烈。"

1925年，国民党中央派员率亲属到沪，将前暂厝的灵柩运返四川。抵渝时，我父的革命旧友及渝市人民，留葬衣枢墓于重庆浮图关烈士墓内。1935年，中华民国政府在荣昌故乡举行公葬典礼。同年，在重庆竖立张培爵烈士纪念碑。

我父殉国后，"乙辛学社"的盟友实践了誓言，担负我们全家老小的生活和教育的责任，尤以朱之洪三爷关怀备至，使我兄妹4人才能长大成人，在此我代表全家表示深切的感谢！

1981年撰稿

（选自四川省政协文史资料委员会编《四川文史资料集粹》第1卷，四川人民出版社1996年12月第1版）

龙泉举义的蜀军政府副都督夏之时

张映书 *

夏之时，字亮工，1887年出生于四川合江县榕山镇。其父是自耕农，大哥夏冕昭在合江城内经商。亮工少时在农村读私塾，课余帮助干一些农活。大哥见他勤敏好学，便送他到自贡市树人中学读书。树中师生多喜读康有为、梁启超变法维新学说，夏亮工亦从中学得一些东西洋的政治、军事、经济、科学等方面的知识。暑假回家，他向大哥说："朝廷能变法维新，当然好。但是，我看清朝皇帝是舍不得丢掉他的皇冠的。要推翻一个专制政权，一定要像张献忠、李自成那样有兵有权。"他要求大哥送他去日本学军事，得到同意。

* 张映书：系四川副都督张列五之女、四川副都督夏之时之儿媳。曾任四川省第一女子师范训育主任，国民党四川省党部妇运会副主任，四川省参议员。
新中国成立后，任四川省文史研究馆馆员。

到日本后，他考入东斌学校，专攻军事。1905年，孙中山先生在日本成立同盟会，提出的纲领是“驱除鞑虏，恢复中华，建立民国，平均地权”，他认为同自己的理想相符合，便慨然参加了同盟会。

1908年，夏亮工毕业后回国，在四川东路卫戍司令部，即新陆军第十七镇任步兵排长。时年24岁，血气方刚，有强烈的革命愿望，在新军中经常宣传孙中山先生的民族革命思想，并发展同盟会员。

辛亥年九月初（1911年10月），四川总督赵尔丰为镇压保路同志军的起义，调卫戍部驻龙泉驿，担负保卫省会成都安全的任务。夏亮工随军到达龙泉驿，认为这是造反的良好时机，于是与同级各兵种的排长贾雄、隋世杰、丁扬武等密切联系，向他们灌输革命思想，宣传清朝专制政权的残暴、专横，以及川督赵尔丰屠杀请愿群众和派遣军队镇压保路同志军的罪行；并说清廷派端方入川镇压革命，首先将解散新军，因为新军内潜伏了不少革命分子等。贾雄等激于义愤，即向士兵们广泛传播，全都愤懑不平。当时夏亮工因返川不久，尚未与川中同盟会取得联系，对如何乘时发难为好，正在考虑徘徊，恰好省里派同盟会员王文炳、褚啸天来找他。相见之后，得悉湖北革命党人已于10月10日在武昌起义，成立中华革命政府，王、褚希望夏亮工立即率队起义。于是商定于当天（11月5日），由他约集工兵排长贾雄、骑兵排长隋世杰、辎重兵排长丁扬武及副排长宋振亚等，到土地庙侧一棵黄桷树下结义。他们杀一头猪，歃血饮酒为盟，共同决定即日率队起义，誓要推翻清王朝，杀死赵尔丰及端方，为人民除害。

当晚卫戍司令魏楚藩闻军队将哗变，乃召集紧急会议，严令全体官兵遵守纪律，不许听信谣言乱动，否则以军法惩办。这一命令更加激起官兵愤怒，立即开枪将魏打死。这时赵尔丰的督练官林绍泉奉命去资中与清廷所派大员端方洽商要务，路过龙泉驿，也参加了这次紧急会议。他见官兵打死魏楚藩，全场骚乱，意欲劝阻，刚一发言，又被士兵开枪，击伤其腿。经夏亮工出面阻止，林绍泉得免于死。夏向全体官兵讲解当天起义的目的是推翻清朝专制政府，使全国各族人民一律平等。他并说服林绍泉顺应革命潮流，参加起义。全体官兵深受感召，共同推选夏亮工为指挥官。夏谦称自己和其他排长属同官阶，不便指挥，应选地位较高的军官担任指挥才服众望。他推举林绍泉为总指挥官，还说这样既可以截断赵尔丰与端方的联系，又可以让林安心住在军中医治腿伤，众皆悦服。其实行军途中指挥部署，仍取决于夏亮工。这次参加起义的新军 6 个排只有官兵 230 人，当晚他们举着火把爬龙泉山，好像火龙行空一样，浩浩荡荡地向东大路进军。

夏亮工在龙泉驿宣布起义后，赵尔丰立即命新军十七镇统制朱庆澜派管带龙光带领 400 名官兵追击。义军行至简阳县，夏亮工冒险入城，说服守城军官孙和浦的一支新军 100 多人和炮兵一排，参加革命，壮大了义军队伍。他们原打算开往自贡，协助曹叔实（笃）攻打盐务巡防军后，在川南宣布独立，殊因端方率领入川的鄂军驻扎资中，如走川南必为端方的大军所阻，乃改道向川北进军。又据闻同盟会员曾省斋已在川北起义，成立了蜀北军政府。夏亮工认为自己初次回川，没有地方革命基础，拟与曾省斋合作，使革命势力发展更快，遂北进。当其部队接近乐至县城时，因不知道该城有守军多少，而龙光部队又紧追在后，正在为难之际，忽见邮差从对面走来，便问他县城内情况，邮差见革命军气势澎湃，吞吞吐吐不敢直说。义军估计他邮袋里定有官函，决定拆袋检查，其中果有守城军队向朱庆澜统制求援的信。于是夏率义军乘乐至守军不备，冒充援军入城，黄昏时到达乐至。守军以为真是援军，开门欢迎他们入城。夏亮工召集守城官兵，宣传革命的重大意义，并说愿意参加革命的欢迎。守城官兵为夏亮工宣传所激动，这支300余人的混成支队，都自愿投入革命行列。从龙泉驿到乐至不过10日，革命武装已激增近一团人，而且步、骑、炮、工、辎重5个兵种齐全，比赵尔丰派来的追兵力量还要雄厚。夏亮工和部属们无比兴奋，感到革命前途无限光明。

但这些官兵大多是沿途临时聚合而来，对革命的伟大意义，还不十分明白，思想也不统一，军心常有动摇。夏亮工遂加强政宣工作，对部属讲清楚为什么要革命的全部意义，以及今后每个人肩负的重大责任，让大家统一对起义的认识，齐心合力地进军，发挥革命的巨大力量。起义军官一致赞成夏亮工的意见，这次民主革命宣传，使军心振奋，迅速行抵安岳城外，驻在一个小学校内，一位老师看见这支革命队伍士气旺盛，便经过了解，将安岳城内革命党人准备起义的情况向他们说了。夏亮工问："领导革命的是谁？"这位教师说："是我的老师王孟兰。"夏亮工想起日本留学生中有王孟兰其人，是同盟会员。便请这位老师去报信，自己带着队伍向安岳进军。部队来到城下，正与清军守城队伍相持备战时，王孟兰同几个人出城来，欢迎夏军入城，并帮助解决粮食、军饷等问题。于是共同议定在发军饷时，应该做如下3件事：

（一）士兵领饷前，一律剪去发辫。

（二）起义官兵各级官阶的职称，照革命军人改编，决不许沿旧名称呼。

（三）总指挥人选，不应推清朝旧军官林绍泉，应以革命党人担任。

经过全体酝酿，都认为推夏亮工为总指挥最适宜。夏一再谦让说：“我同各位军官，都属同级，不便指挥。”王孟兰驳斥说：“你这种说法不对头，我认为你当总指挥是非常合格的。第一，你是日本东斌学堂学军事的留学生；第二，你是同盟会员、革命党人；第三，你从龙泉驿起义沿途指挥进退，筹谋定策，是负实际责任的；第四，你宣传革命，鼓舞士气，对外交涉积极等有功，大家推你做总指挥，是实至而名归的。”夏亮工无法再推，只好承担总指挥的职责。这时负责追击的龙光管带派人送来一信，要面交夏亮工，内容是劝夏速将叛兵自行解散，不要误认清军没有穷追是同情革命，更不要妄想逃窜川南，陷入四面包围。夏问送信人：“龙光还说什么没有？”来人说：“省里听见夏排长反正，都很惊惶，派龙管带率四队人马来追击。朱统制说：带去的人，务须全部带回，不能再有损失。我们紧跟穷追，目的是不让你们中途停顿。你们沿途劝说归降的军队，比我们还多，你们又是革命的，我们打不过你们。现在你们已经脱离危险境界，劝你们解散得好。我们龙管带赓即返省报命去了。”

王孟兰听了这些情况，认为追兵已去，义军已脱离险境，极高兴地欢迎夏亮工的义军暂住安岳。夏说：“当初准备赴自贡援助曹叔实、方朝珍、周鸿勋反正，在川南建立革命政府。”王孟兰则建议说：“你们顶好向东去重庆，因重庆是四川水陆交通枢纽，操纵全川经济命脉，又是同盟会支部所在，是四川革命的中心。同盟会员在那里团结一致，共同指挥全川的行动。你去一定受到欢迎，同心协力，举起革命大旗，这是最好的机会哟！”夏亮工考虑之后问道：“为什么他们不先发难呢？”王孟兰说：“张列五亲口对我说过，重庆是四川的革命基地，一定要审慎发难，决不能失败，现在他们在政治上是有基础的，只是军事方面与清军对比要差一点。所以想等待一段时间，待各方面时机成熟，一举成功。如你能率军东下，助一臂之力，就是最关键的了。”于是商定由王孟兰派人送信去介绍夏军东下情况，然后由夏亮工率兵向重庆进发。3天之后，夏军已到重庆浮图关上。扼住重庆险要地势，把大炮指向重庆城，并扬言重庆的官吏如不投降，即开炮轰城，他实际是等待城内同志们的信息。

重庆同盟会要员张列五（即我先父张培爵）、杨庶堪、朱之洪等接到王孟兰的信，知道夏亮工是同盟会员，已于成都龙泉驿起义，军队已到达浮图关上，便立即召开会员会议，准备欢迎夏部入城，内外呼应。决定于农历十月二日（11月22日）在重庆正式发难，推翻清朝的重庆政权，成立重庆蜀军政府。当时公推张列五为正都督，负行政规划和政治管理的责任；推夏亮工为副都督，负责军事指挥和整训部队；方朝珍为军政部长，梅际郇、谢持（慧生）任总务处长，朱之洪、杨庶堪任都督府高等顾问。即由朱之洪、张颐两人持张列五亲笔信函，欢迎夏亮工届时入城，并将同盟会员大会推选夏为副都督的决议告诉他，请夏于22日重庆起义时，率大军进城游行，即日成立都督府，正、副都督及各部人事同时就职。

1911年农历十月二日（11月22日）晨，张列五在城内率领“敢死队”（重庆府中学堂学生组成）走在参加起义的炮兵营、巡防军、警察总队和商团后面，所有参加游行的起义部队手臂上都缠着红布条，表示是革命军的标志。虽然他们服装不统一，但精神面貌却格外振奋昂扬！而“敢死队”是学生装束，手臂缠根红布条，手里拿着炸弹也极其威武，整个游行队伍迈着雄健的步伐，从上半城走到下半城之后，直向朝天观府城走去。

当城内响了火炮之后，夏亮工的起义部队由各军官领着，直向都邮街进军，与城内起义游行队伍会师之后，继续游行示威。夏亮工这支由步、骑、炮、工、辎重 5 个兵种合成的大军，共 1000 多人，服装整齐，武器精良，军容严整。士兵们从龙泉驿起义后，尽管日夜行军千里路程，确实有些疲倦，但在重庆这座山城的革命气氛熏陶下,看见遍街悬着五色彩旗,人民大众夹道高呼“欢迎革命军！”“打倒清政府！”的口号时，也感到非常兴奋，踏着坚定的步伐，迈向新建立的“蜀军政府”。

所有参加起义的革命同志，当天都以无比激动的心情，忙于布置会场，准备蜀军政府军政人员就职仪式。推翻了清朝专制政权，建立起了革命的蜀军政府，全市人民怎能不举臂高呼呢？重庆市内遍街挂满大汉旗，欢迎游行队伍，那盛况真是空前啊！

蜀军政府成立后，立即贴出安民布告，告诉人民清政府已被推翻，革命政府已成立，希望市民各安其业，商贸照常营业，工厂照旧开工，农村行旅不必惊扰，学校按时上课。并说革命军人是保护人民利益的，决不许欺压骚扰百姓，违者严惩。市民看见安民告示，都欢喜若狂。

重庆宣布独立后，即派员持鄂军中革命党人的信，到资中去与端方所带入川鄂军中的革命党人联系，告以湖北起义经过。端方军中的革命党人陈镇藩等大喜，立即率领同志在资中城起义，杀死端方、端锦兄弟，并将二人首级割下，用铁箱装上。在他们辅助资中地方革命党人成立县政府后，即将端氏弟兄首级运往重庆。张、夏两都督设宴欢迎起义的革命党人，并筹资派“蜀通”轮运送鄂军返回湖北。

赵尔丰得知夏亮工在龙泉驿起义后已率部到渝，重庆已独立，端方、端锦弟兄被杀，资中及川南、川北已纷纷独立，革命风暴势不可挡。他为形势所迫，才在农历十月初七（11 月 27 日）召集成都士绅协商，提出成都独立的条件，将政权交给谘议局议长蒲殿俊和他的心腹朱庆澜接管，成立“大汉四川军政府”，以求谅于川人，保证他的安全。

由于赵尔丰与蒲殿俊等议定的独立条件有利于清朝官吏，使川东南革命政府和人民群众非常愤怒，谴责蒲殿俊等立宪派背叛革命的行为，要求重庆蜀军政府西征。经蜀军政府讨论，决定派夏亮工率队西征，以夏为司令，但懋辛为总参谋长，意在推翻成都的立宪派政府，使四川政权统一在革命党人主持的重庆政府之下。夏军已启程，忽得成都尹昌衡来电，谓已推翻蒲、朱政权，戡平兵乱，经众公选了他和罗纶为正、副都督，并已将赵尔丰明正典刑，以平民愤。就在这时，以蔡锷为首的滇、黔、湘 3 省新建的革命政府，也分别来电承认重庆蜀军政府而诋毁成都“大汉四川军政府”为“哥老会政府”（因尹昌衡大兴哥老会），愿派兵声援重庆蜀军政府，挞伐成都大汉军政府。滇、黔两省派入四川的部队，滇军驻在川南，设官任职，形同割据，甚至有将四川革命同志处死的情况；黔军开到重庆后，由于蜀军政府待之以礼，每月送给军饷，尚能相安。而有人倡议成、渝两军政府合并，蜀军政府开会研讨时，争论颇为激烈。张列五毅然说明："'哥老会政府'，诚是诟病，然吾人岂为权力而革命乎？四川政权，必须统一，吾人应以大局为重。"又说，"革命以来，蜀人苦，负担重，不宜再造兵燹之灾，应通过协商使成、渝合并。我也不同意客军入川。"在张列五坚决主张之下，重庆蜀军政府遂决定派朱之洪为代表，与成都所派代表张致祥会商于荣昌县安富镇，议定以成、渝两军政府正都督为四川军政府正、副都督，在重庆设镇抚府，而以夏亮工为镇抚使。凡革命党人之不赴省者，均留重庆镇抚府，并以张习副之。经商决后，夏亮工认为清政府已推翻，革命已大体完成，统一全国的南北和议，也已达成协议，大局已定，自己尚是青年（仅 24 岁），愿弃职留学深造，得到党人同意。重庆市商会以重庆起义时，因夏亮工大军入城会师，才能和平"光复"重庆，民不惊扰，商旅安熙，厥功甚伟，决筹资两万两，赠送夏作留学费用。

夏亮工于 1912 年乘轮东下，经上海赴日本留学。1917 年从日本归来，正值孙中山在广州召开国民非常会议，众推孙中山为大元帅，陆荣廷、唐继尧为元帅，组护法军，出师北伐。夏亮工被任为靖国招讨军司令，由唐继尧拨滇军一团，派他率领入川，驻防合江、璧山、永川等县。1918 年，川督熊克武对国民党系部队逐步改编，令亮工率部至成都，交出军队，改任文职。夏亮工鉴于时局动荡，派系间争斗剧烈，革命正气逐渐消沉，遂弃职寓居成都。1920 年，吕超任川、滇、黔联军副总司令兼四川总司令时，邀亮工出任川西护法军总司令。不久，熊克武联合刘存厚军反攻成都，吕超率军离省东下，亮工即辞去总司令职，又隐居成都。

从此夏亮工不问政治，从事教育，于 1922 年创办私立锦江公学，自兼校长，一心培育青年，为国家储备人才。

1928 年，因病赴沪就医，辞去校长，由向传义继任。

1938 年，日本侵华，敌机侵袭成都，日十数次，夏亮工偕眷返故乡合江，终日研究文物古玩，并潜心学佛，直至辞世。

（选自四川省政协文史资料委员会编《四川文史资料集粹》第 1 卷，四川人民出版社 1996 年 12 月第 1 版）

先父朱庆澜在川响应武昌起义的事迹

朱　树*

我的父亲朱庆澜，字子桥。辛亥革命时期，先父为十七镇统制，驻防四川，因受孙中山先生民族主义思想的影响，积极响应武昌首义，在成都参加组织“大汉军政府”，任副都督，随即宣布脱离清王朝。他反对世袭封建帝制，诩赞共和，拥护中山先生，并积极和四川省谘议局立宪派人物以及同盟会中人员合作。1917年，孙中山先生在上海倡议反段护法时，先父在广州以广东省长的名义通电拥护，与北京段祺瑞政府决裂，并派员去沪迎接中山先生来粤主持大计。

这里仅就自己所知所闻，以不为亲者讳，不为尊者讳的原则，写出上述有关的一鳞半爪史料，以供史家参阅。

---

* 朱树：系大汉四川军政府副都督朱庆澜之子。新中国成立后，任民革大连市委员会副主委。

我家祖居浙江省绍兴县柯桥镇渔后村。先祖游幕山东。先父朱庆澜于同治十三年（1874年）生于济南。年幼时，祖父、祖母先后弃养。因家贫，父亲19岁就离家到东北投军。有人说我父亲是袁世凯小站练兵之基干，此为误传。他到辽宁后，投在东三省总督赵尔巽部下。

光绪二十六年（1900年），先父已任绥锦三营统领，驻防辽宁田庄台一带，并负保卫海疆之责。当时有美国副领事黑夜乘船鸣枪于途，有哨官潘贵庭（后来潘氏在张作霖时代办军需工业，亦为省中知名人士）巡察时，见其不守海防规章，误以为匪，立即开枪击毙。当时这是洋案大事，美国直接与清廷交涉。清廷惧外，主管官之罪不测。上官授意可诿罪于哨官，先父认为哨官守职无罪，慨然自承。时北洋大臣袁世凯亲自处理此案，闻而壮之，仅给予革职留任。旋后又由赵尔巽奏请开复，保候补道，为前路防营，任新军八营统领、独立第一标标统等职。以后又兼奉天巡警局总办、东北三省营务处会办，主持编练东北新军等。

1905年，日俄战争爆发，清王朝软弱，不能维护自己国家主权、领土，被迫宣布中立。日俄两国军队在辽东半岛上烧杀掠夺，人民遭受涂炭，双方还都想把中国军民卷入战火。当时，先父率领新军驻守辽河至辽西一带，坚守防线不为所动，保卫了这一带乡民，并收容了大批逃避战火的灾民。

先父目睹八国联军入侵，又亲自经历了日俄战争，面对祖国大地遭受帝国主义国家铁蹄的践踏和蹂躏，人民陷于水火之中的现实，极为忧伤和愤怒，深感清廷腐败无能，丧权辱国。因而他在日俄战后自告奋勇，专心训练新军，以图自强。

1905年后，留日学生中的同盟会会员到东北宣传革命思想。其中有先父青年时代的朋友宁武，先父因而接触到了革命思想。

1909年（宣统元年），先父奉调回川，任陆军第三十三协协统；未几成立新军，旋擢十七镇统制兼副都统衔，掌管四川全省军事，并训练新军，因此他有条件培育人才和骨干，整军经武。

据我所知，他培养的骨干，有程潜（字颂云，湖南人。国民党高级将领，解放战争时于湖南起义。新中国成立后，曾任国防委员会副主席、民革中央副主席）、姜登选（字超六，东北军高级将领，曾任安徽督军）、郭松龄（东北军高级将领）、尹昌衡等，都是日本军事学校的留学生、同盟会会员。当时他们都是十七镇参谋部的主要人员，也是先父的朋友，从他们那里，先父进一步了解了同盟会的宗旨，从而产生了推翻帝制的思想。此外还有米春霖（字瑞风，辽宁锦州人）。米“九一八”时期任辽宁省代副主席，西安事变时任张学良西北总部办公厅主任，曾协助张氏与中共接触，也是宣统年间随先父入川人员之一。

辛亥革命前夕，川汉、粤汉铁路本已经归商办。所谓商办，其实也是地方实力派以及绅商集股，把持路政。1911年初，清朝大臣盛宣怀建议以英、美、法、德的借款来修筑铁路，这就是清朝政府宣布的将铁路干线收归“国有”。这种“国有”政策，实际上是把路权出卖给帝国主义。当时两湖、两广都掀起了保路运动，尤以四川为最，风起云涌。清政府不但没有缓和这个带有群众性质的反抗清朝政府的运动，反而以满族大臣端方为“督办川汉、粤汉”的铁路大臣，率湖北的新军杀气腾腾地西进入川，以武力镇压群众运动来推行出卖路权，掠夺地方士绅商民利益的政策。这样就给群众性的反政府运动火上浇油，四川保路运动更加蓬勃发展。同时端方率湖北军队入川，又给武昌起义创造了有利条件。

当时四川保路运动的领导人，大多是四川谘议局的立宪派人物，如蒲殿俊、罗纶、张澜等人，清王朝事前又派来东三省总督赵尔巽的弟弟赵尔丰为四川总督，用这个有名的“赵屠户”来镇压四川人民的保路运动。同时又想用曾任四川总督的岑春煊（广西人）来“宣抚”。

1911 年 10 月，武昌起义爆发。端方的入川鄂军，也于 11 月在四川内江起义。杀死端方。这时，四川成都谘议局立宪派的领导人物蒲殿俊等与十七镇的新军合作，在成都组成了“大汉军政府”，响应武昌首义，宣布“独立”。当时将“军政府”前加了一个“汉”字，已知其有浓厚的“种族”革命的涵义了。这个“军政府”的都督，推原四川省谘议局议长蒲殿俊担任；副都督推原十七镇统制朱庆澜担任，这年他 37 岁，仍由他掌管全省的军事。后来这个军政府与重庆蜀军政府协议，合派四川省代表去参加南京临时政府、参议院等。

为什么当时推举朱庆澜为“大汉军政府”的副都督呢？因为他当时是十七镇统制，掌握全省军事力量。本来总督赵尔丰计划会同总兵田征葵诱杀保路运动的领导人并严厉镇压群众的，后为先父极力劝阻，先父还冒雨与民众对话，进行疏导；同时他也反对杀害谘议局的地方知名人士，因此得到当地上层某些人士的拥戴。

先父离川后军权由四川人、原十七镇的军官尹昌衡接替。不久，立宪派用尹昌衡之手又杀了赵尔丰，反过来又镇压了各地群众运动。当时又有些地方实力人物高唱“川人治川”，军队内部争夺军权，割据地方；地方势力、哥老会等社会上各种力量间的斗争也极为复杂。

据闻尹氏不久也因受其他派系排挤而去职。先父交出军权后，只身离川东下去沪，后又北上说段（祺瑞）、冯（国璋）等北洋诸将领翊赞共和。袁世凯任总统后，他被任命为总统府高等军事顾问。

我多次听母亲徐雅志谈到，父亲非常赞赏尹昌衡的胆识、能力，袁世凯曾押解尹昌衡至北京，准备杀害，先父曾力保尹氏。尹氏被释后闻知，曾亲到吾家双膝落地，感激先父救命之恩。据闻尹氏返川后郁郁而终。

1981 年 9 月

（选自全国政协文史资料委员会编《文史资料存稿选编》第 1 卷，中国文史出版社 2002 年 8 月第 1 版）

川南起义到泸州独立

杨兆蓉 *

一　在川南的革命活动及历次起义

清光绪三十一年（1905 年），孙中山先生在东京创立同盟会时，我适在日本留学，激于民族革命大义，毅然加入了同盟会，参加了革命活动。

当时孙中山先生的革命计划是：着重联络会党和新军力量，发动武装起义。黄复生为同盟会四川支部主盟人，约集我和隆昌陈伯衡、永宁陈少封、屏山邓亚珍、泸州陈宝镛等同志（当时俱在东京），共商推动四川革命的具体步骤。大家认为，泸州哥老会首领佘竟成

* 杨兆蓉：时任川南军政府枢密院副院长，后任南京国民政府临时参议会议员。新中国成立后，任四川省泸州市人大代表、市政协委员，四川省文史研究馆馆员。

曾手持邹容的《革命军》、陈天华的《警世钟》在茶馆、酒店宣讲，具有革命思想，应加以争取，乃联名写信，邀佘作日本之游。1906年，佘到东京，由黄复生介绍加入了同盟会。中山先生见其魁梧奇伟，谈论风生，大为器重，委以联络川滇黔会党及沟通长江青、红帮声气的重任。同时，虑及佘为武人，复派富顺谢奉琦、井研熊克武同佘回川，共同策划革命的进行。

佘、谢、熊3人回到泸州后，设秘密机关于小市绫子街邓西林家。邓的亡父曾任山西知县，世家门第，宅舍宽宏。熊、谢借住其间，与革命党人往来，便于掩护。由于泸州机关的建立，加强了党人间的联系，巴县朱之洪、杨庶堪，富顺谢持，江津卞介夫等，均曾往来其间，密谋举义，从而进一步推动了川东南地区革命运动的开展。

翌年（1907年），黄复生与我次第回川，同熊克武、黄方、杨维、税锡畴等在黄方家（永宁兴隆场）制造炸药，装制炸弹。锡畴精铁工，制螺旋和炸弹壳有专长。黄方在青山岩有一佃户是铁匠，锡畴遂住到他家专造炸弹壳。在一个深夜里，复生因收炸药入瓶失慎，炸药轰然爆发，案上玻璃器具尽炸成细沙。复生重伤倒地，满面皆血；黄方因坐案侧视，受伤较轻；我与克武用面盆盛水，在屋角洗炸药，伤更轻微。随派人从青山岩接锡畴急归。锡畴善拳术，精治跌打损伤，当用药敷治，复生得不死。复生原名树中，号理君，因重伤未死，改名复生。

永宁为通滇黔要道，形势险要，会党势力亦有基础。我们在泸州即已商定首先在永宁组织起义的计划，除赶制炸药、炸弹外，并由黄方选派会党4人，各给路费，持万国青年会简章，往各处活动会党，按4路，每路各集众1000人，预定于八月中秋日到县，以开成立大会为名，举行起义，占据县城。但因黄方家炸药爆炸，声惊全场，流言四扬，永宁厅官派差查访，知为党人所为，遂将在乡场捕得持万国青年会简章者二人，立即杀害，并出示禁止集会结社。此二人姓名不能记忆，乃永宁首谋起义牺牲之无名英雄。

永宁起义未成，我们复计划在泸州起义。我与佘竟成负责联络江安防军哨官刘安邦、豹九成为外援，征得他们同意，俱加入了同盟会。佘竟成事前在泸州已集合会党3000多人，分住城内外客店，只等江安起义成功，刘、豹由江安率队乘船来助，里应外合，便可一举占领泸城。江安的起义，先由党人程树藩在该县部署，至时我与黄方同去指挥。计划以县衙刑房典吏戴皮及本地同志数人为主，在城内举火，刘、豹率队由城外入城救火，乘机占领县城。不料事机泄露，清官已秘做准备，届时县城火起，城门却紧闭不开，刘、豹队伍不能入城。同时，县官则亲率差弁，稽查客店，搜捕党人，除程树藩脱逃外，被捕去13位革命志士，立被杀害。戴皮的女儿与父一同死难。江安县官将党人起事情况电禀泸州知州杨兆龙，杨乃紧闭城门，派队彻夜巡查街道，使城内集合的会党完全隔离，消息不通。我与佘知道事泄，清吏已有准备，遂不敢举动。时谢奉琦同志在宜宾策划起事，我即去宜宾访谢，得知宜宾起义计划，由于作为起事主要力量的防军管带舒新之已率部调防屏山，仅有临时组织的学生军，力量单薄，无法实现。于是，宜宾起义活动，遂亦暂时停顿了下来。

我回到泸州，得川南师范学监易倩予告知，成都起义亦告失败，清廷督府正派侦骑到各州县按名索捕党人，我感到已难于在川南立脚，乃于腊月十三日动身去上海。不久，熊克武、谢持亦陆续到沪。1908年，我应陈宝镛之约，与湖南同志陈方度同往爪哇，在华侨中宣传革命，途经新加坡曾谒见孙中山先生，报告四川革命活动及失败的经过。

二　辛亥泸州起义，成立川南军政府

我在爪哇住了3年，庚戌（1910年）八月回到上海，与熊克武、但懋辛、喻云纪同住数月。云纪善制安全炸药，谓今后四川革命进行，亦当以炸弹为利器，并传我制造安全火柴法，以办火柴厂为名，可从日本输进炸药原料。我回泸商得席乾生、陈宝镛、金丽秋同意，集资办火柴厂。由席、陈二人赴日本买运原料。由于开设火柴厂须经劝业道定案，其时四川只准已办的7家专利，不许再设。我同金丽秋往贵阳活动，拟在邻近泸州的赤水办厂，贵州劝业道亦以赤水已设有一家火柴厂为词，拒绝立案。其后，得到曾在日本参加同盟会之同乡龚廷栋帮助力争，始准在赤水再设一厂。正购料建厂期间，四川保路运动已蓬勃开展，革命形势陡变，我们便立即回川，积极投入波澜壮阔的辛亥革命高潮。

我回泸后，与参加广州起义生还者、荣县同志谢叔铭（改名马集成），共同策反防军。适龚祝三（广州起义生还者）同志亦到泸州，我们又共同运动永宁道炮兵杨队长参加革命，杨表同情，并将两尊开花炮机柄卸下，交作信物。同志徐琢成在胡市乡运动团防枪支，亦有成议。我们派龚祝三持银二锭去胡市交作信金，不期途中为永宁道差队查获，押回州衙。永宁道刘朝望（刘传铭的孙子，贵胄学堂出身，年仅30余岁）慑于革命力量，不敢追究；并故示同情，即由徐琢成将龚保释，银子也经发还。

十月初，重庆起义成功，成立蜀军政府。泸州人心愈益激动，清吏愈益恐惧。我同本地同志席乾生、徐琢成、金丽秋、蒋星韶、李琴鹤等认为革命时机已到，一面运动新到的南路防军士兵起义，一面逼迫刘朝望反正。刘迫于形势，并为脱祸自保，乃于十月初六日在考棚试院宣布反正，剪去辫子，表示投向革命。当成立川南军政府，刘为都督，温翰桢（筱泉，清举人）副之，我与乾生等认为泸州局势已定，即同赴合江，协助当地同志韩丽生及江安同志张子钊所率民军，攻取合江县城。

重庆军政府见到川南军政府的都督及部长人选，没有同盟会同志，尽是清朝旧官僚，认为是假独立，欲派兵进攻，消息所及，人心惶惶不安，泸州城门，时常昼闭，刘朝望胆摇魄夺，急写信到合江，劝我以桑梓为重，回泸改组军政府。我同乾生回泸，温翰桢对我说，他因母病已辞副都督。刘朝望随通知川南 25 州县派代表来泸开会，选举继任副都督，各代表皆属意于我，我想我以本地人骤居高位，诸多掣肘，转介但懋辛继任。时成都亦反正，黄方、杨维等同志出狱。黄方回永宁省亲，路过泸城，又值川南军政府撤销都督名号，改称总司令，我们再三留黄，黄接任了总司令职务，王树槐为副。温翰桢改任枢密院院长，我与邓西林为副。温不常来，由我与邓负实际责任，至是川南军政府遂为同盟会同志所掌握，完全听命于蜀军政府了。

（政协四川省委员会文史资料组　整理）

（选自全国政协文史资料研究委员会编《辛亥革命回忆录》第 7 集，中国文史出版社 2012 年 6 月第 2 版）

西昌辛亥见闻

胡恭先*

辛亥农历七月中旬，当各县同志军围攻成都之际，赵尔丰急调川边、宁运、松潘等地驻军入援。南路清军约有一万数千人，由清代理川滇边务大臣傅华封统率，为同志军南路领袖罗曰增（号子舟）阻击于清溪县（现名汉源）属的大相岭。清军顿兵天险，不能飞渡，不特为川西平原各地同志军围攻成都造成有利形势；同时由于宁属的清军调走一空，使西昌民军亦得乘机起义。

先是西昌人王明经（西平）、刘以仁（次平）、朱用平（乡人称为三平先生）和贾维明等在成都读书时，即曾加入同盟会组织。在同志会成立后，奉同盟会密令回籍宣传鼓动，拟组织同盟分会，

---

* 胡恭先：曾任西康省参议会议长，立法委员。
新中国成立后，任四川省政协委员，四川省文史研究馆馆员。

谋举义。殊事为府县官吏侦知，彼等遂避祸乡居，暗中活动甚力。我住在西昌县城北50里的礼州镇，曾见三平先生和贾维明来镇宣传，揭发盛宣怀将铁路干线收归国有，以之作抵，大借外债，痛斥清廷丧权辱国，闻者动容，义愤填膺。

是时章庆任西昌县知县，他是赵尔巽督川时的干员，以敛财能手著称，希冀迁升，残民以逞，凶悍已极。他任冕宁县时，剥削人民，敲骨吸髓，有“章剐狗”之名。到西昌后，更变本加厉，借禁烟为名，择肥而噬，倾家荡产、身入牢狱者，大有其人。尤复大开捐税之门，市场上凡有交易的都要上税，即肩挑小贩和柴炭、鸡、鸭等交易都不能免；开茶铺的有茶碗捐（系估计营业，按月缴纳）。此事曾由本县在北京的京官提出控告，臭名更加远播。辛亥年六月初七日《帝国日报》载：章庆自“莅任以来，视民如仇，暴戾剥削，滥罚勒捐，三月累万”。《民立报》在同年闰六月十四日载：章庆在西昌的横征暴敛，且举其数事以见一斑：

（一）马草抽捐，贫民刈草一背，只售钱二三十文，亦按十抽五；

（二）茶肉加厘，每茶一碗，售钱3文，章令以茶桌一张，勒令月缴200文；

（三）禁烟搜查，借禁烟为名至德昌，闻某人有烟，即令差勇按户搜查，有烟之户，罚款10倍，而无烟之家，亦被骚扰不堪。

要皆阳借新政名目，其实金钱主义。

清政府的残酷压榨，激起了西昌人民的愤恨。三平先生暗中鼓动和组织群众，举行了西昌县城罢市，展开了抗捐抗税斗争。适邑属黄连坡团总张国正（字耀堂）为章庆以小故撤其职，并时派衙役侦伺，三平先生遂往说张国正，谓：“外面同志会闹得轰轰烈烈，赵屠户拘捕蒲、罗等 9 人，杀害请愿人民，已激起各地同志军纷纷起义，现在西昌驻军完全调出，如果起义，必能成功。”张国正为泄章庆加害之愤，遂于农历九月初六日大集团众，以捆送匪人为名，率众入城，直入县署，立杀章庆，取其首级。宁远府知府王典章闻变出署，遇张国正于途，故作惊喜状骗张曰：“章知县专横，你们杀他甚好，但你们须速出城，勿令军民误会，对你们不利。”张国正受其欺骗，立时出城，拥众退到城南 10 余里的泸山驻扎，而城门立闭。方张国正入城时，“三平先生”在乡待变，闻章庆已杀，张国正退至泸山，似无大志，急往见之。责其“出城太易，授人以柄，现在只有高举义旗，揭出革命宗旨，约束团众，火速攻城，北拒敌方援军于小相岭，内联各地义民以张声势，方能转祸为福，于事有济。”张国正始令众扎梯攻城；仍不揭起义旗号，而府镇已调集兵团，登陴固守，枪炮并发，以致死伤甚众。四乡群众以张国正未伸大义，响应无名，遂未有行动。

当时的西昌除清吏逞其专制权力外，尚有两种恶劣势力，与清吏狼狈为奸。一种是城厢有所谓“十大团”，均由地主阶级和清吏的走狗所把持，勾结官府，压迫人民，以防农民起来和他们斗争；另一种是外国教会势力，有天主堂又称永安公（法教会）和福音堂（英国教会）。永安公力量最大，包揽词讼，干预地方行政，尤其借传教为名，暗地做特务勾当，人民恨之刺骨，清吏则畏之如虎，仰承鼻息，任其所为。三种恶劣势力有其共同一致的目标，即剥削压迫农民大众。故在张国正围攻县城之际，府镇要人民守城，城厢“十大团”首事人等首先响应清吏号召，挨户勒派丁口登城固守；永安公亦恐城破对他们不利，捐出生银 1000 两以助清军。

张国正势孤，又慑于清军威势，有求和之意，府镇遂委城绅出面议和，实则拖延时日，以待援军。张国正竟与城绅商妥条件，其中有停办学校、开放烟禁等条，大违革命宗旨者。“三平先生”大愤，深悔依靠失人，乃谋收揽兵权，另行部署，使张国正坐拥虚名，以应付事机，挽救危局。事为张国正的心腹密报，张国正遂执王明经、刘以仁两人加以杀害。于是人心涣散，各萌退志，张国正虽欲苟且求生，已不可得。清军总镇董南斌乘机大集兵团士练数千人围攻，起事者死亡枕藉。张国正溃遁里闾，匿山洞中，仍为清军搜出，并其家属，凌迟处死。贾维明亦于是役殉难。最可痛恨者，事息后，清吏任意株连，滥捕无辜，认为稍涉嫌疑者，均处以极刑，并授权各县和地方团总均可便宜行事。我亲见我镇上也杀了几个农民。全县人民横被惨杀者不下数百人，甚至去看杀场的农民，亦有被误杀的。

不久，成都宣布独立，云南等省亦告反正，清吏惮恐，王典章、董南斌为大势所逼，在人民革命斗争日益高涨的震撼下，被迫宣布反正。

（选自全国政协文史资料研究委员会编《辛亥革命回忆录》第3集，中国文史出版社2012年6月第2版）

邻水县辛亥反正经过

任正格 *

一　起义的准备

邻水接近重庆，相距只130多公里，是偏僻山区，当时陆无公路，水无航线，邮政仅县城有一代办处，乡镇信件不能直投，交通闭塞，见闻固陋，事事落后。即如川汉铁路收归国有，酿出了巨大的洪潮，波及全川，我县仍寂然未动。本县留省学生自争路风潮发生，都热烈参加争路运动，四川保路同志会成立，均一律报名登记，并曾用邻水县留省同乡会名义，致函县中绅政学商各界促其与全省各县一样，迅速成立邻水县保路协会，遥为声援；还拣寄了各种有关文件

* 任正格：时任四川省邻水县团防局督练员，后任南京国民政府四川省安县县长。新中国成立后，任四川省人大代表，邻水县副县长。

和报刊。但县中仍无反响，仅来函推举我祖父任介三（当时在成都就馆）和四川省优级师范学堂学生王衡如（名襄）两先生为出席四川省铁路股东大会代表。我们留省的学生以保路同志会会员资格也随时参加会议。

我县有中国同盟会的成员 12 人。初有王衡如经肖宅三介绍入同盟会，我（原名翱）和袁圻卿（名钦）、熊荫萱（名吉）也随之加入。当时我们 4 人成为一个小组，王衡如上下联系。成都争路风潮发生，四川宪政派主张向清廷呼吁请愿争回路权；我们认为是从老虎口中夺肉，徒劳无益，只有打死老虎，推翻清王朝，才能保路保国。于是我们虽然参加了保路同志会的活动，暗中却从事革命宣传工作。我自农历七月初一日罢市、罢课以来，除到保路同志会参加会议以外，每日都在各街市相机进行宣传。当时全市秩序虽好，而人心异常激昂。

七月十五日，赵尔丰将蒲殿俊、罗纶、颜楷、张澜诸先生诱捕后，成都全市男女老少，各捧光绪牌位，赶到制台衙门去营救。我也厮入人群中，如海潮样被涌进去，即见到制台衙门开枪屠杀市民，群众纷纷倒退，又如退潮样把我卷退到走马街来了。我退到阶檐上，适有一位军官力劝群众解散，并说："我还是四川人，未必不爱四川省和四川人吗？"我当时怒火如焚，便说："像你们这样爱法，四川人会被你们军队打死完。"他回答说："我知道你们学生爱国热情高，不过凡事还须要查明事实真相。今天制台衙门开枪的是赵尔丰带来的外省巡防军，却不是四川新军。"我将信将疑地走开，见大街小巷一堆一堆的人聚集门前，议论纷纷，异常愤怒激动。晚间倒在床上，翻来覆去睡不着觉。第二天清早想了解一下制台衙门究竟打死了多少人，便冒称回家，骗过了老半边街口的巡防兵，亲眼看见督院西街和东街各有被打死的10多人，从制台衙门西辕门看过去，雨坝中睡着好些死尸，因不得进去，里面尚不知死了多少。看到这些尸体被雨淋着，我心里异常难过。

随后听到各州县的保路同志军和民团纷纷来省营救蒲、罗诸先生，东路牛市口的巡防军把大面铺、西河场、赖家店的同志军和民团打退了，中兴场、中和场的又来了；南路红牌楼的巡防军把簇桥的民团和同志军打退了，双流、新津、温江、郫县、灌县、崇庆州的又来了，甚至犀浦有几百学生军与巡防军接了火。这些消息，大大鼓舞了我的勇气和信心。人心这样激动，民气这样高涨，真是一个革命的好机会。我认为住在这军警森严的成都，当时没有活动的余地，遂决定与王衡如、袁圻卿、熊荫萱共同商决今后的活动计划。

七月十八日那天，我找着袁、熊同到优级师范学堂去会王衡如，在皇城内一个幽静地方作了一度密谈，作出了以下计划：

（一）我们即刻回县，一出省门，无论茶铺门店，无论人多人少，都作广泛宣传，借铁路风潮扩大革命影响，并相机联络袍哥，增加革命力量。

（二）回到县城，即与本城的绅政学商各界人士妥为接洽，如能成立保路同志分会更好，否则参加地方团队，掌握实力。

（三）准备革命基本力量，在全县训练民壮3000人，东南两路各训练1000人，西北两路各训练500人，机会一到即改为同志军。各路的联系负责人，东路为袁圻卿，南路为我，西路为熊荫萱，北路为王衡如。

（四）特别股东大会尚未明白宣布结束，王衡如暂留省观察形势，灵通消息，北路民团暂由贾绍尚（盟员）负责。

并决定我先行回县，办理一切准备工作，熊、袁二人速将应结束的事办好，即行回县。

我于七月二十日同肖升华、任后进等5人起程回县，因我们是从省城出来的，沿途茶铺门店都有人热情地探问蒲、罗诸先生的消息和省城近来的情况，遂借此展开革命宣传，并探得了一些地方实际情况。到广安大池场投宿后，即与当地绅粮袍哥周铭盘等接洽，准备未来的外援。

八月初二日正午，我们到县城，投宿中街九龙栈，即有县衙门周传事来找我们，说官绅今天在文昌宫开会，想听一听成都的情形，我认为这机会太好了，即同肖升华、荣华国、李云从随同周传事到文昌宫。知县崔同高向我们说："今天我们开会商量城防问题，恰好你们才从成都回来，请把成都的情况向大家讲一讲。"我遂从成都保路同志会成立和铁路股东代表大会开会，以及罢市、罢课，蒲、罗被捕，市民到制台衙门请愿，各县同志分会纷纷到省营救的情形逐一讲述一遍。并将同志会争路的重大意义，民众拥护的热情，制台衙门屠杀群众酿成巨变，各地人心激动，奸人乘机欲动，局势不稳的情形特别着重讲述一番。最后提出希望我县迅速成立保路同志协会和办团维持地方秩序。崔同高当起立说："任君所讲的成都各地情况，大家已听清楚了，保路同志协会目前不必成立，筹办城防是迫不可缓的事。我的意见，立刻成立城防局，设队丁100名，丁由招募或保送，请大家发表意见。"黄恩庶主张招募。肖升元先生接着说："现人心浮动，祸机四伏，队丁须选确实可靠的人，最好由各场保送土著农民。"我看好久没有人开腔，当说："我赞成肖先生的意见。”崔同高立即截住我的话说：“我看还是招募的好，多出钱，可以买他们的命。”并向我们说：“你们走了十几天，太劳累了，回栈房去好好休息一下好了。”我们回栈房不久，肖升元来了，我问今天文昌宫的官绅会议，为什么没有人发表意见。肖说：“每回会议都是如此，除我说几句话外，谁敢剥黄恩庶老太爷的壳。”我感到这样当权的土豪非打倒不可。我又问，“县城能否成立保路同志协会，我想再找城内各界人士谈一谈。”肖说：“崔官不是说不能成立吗？你再去找他们也是徒劳，他们不会关心这些事。”我看在县中无法活动，不免大为失望，睡到五更开城门就起身走了。

八月初三日正午，到了家，我吃了午饭，就到九龙场上乡议会去会王辅臣议长，同时会看了刘福祥副议长、冯慎修乡董、冯振和乡佐和县议会副议长任后楷，他们很热情地接待我，急想听一听成都争路的实际情况。我从四川保路情况，直至回县后参加文昌宫官绅会议的情况，原原本本讲了一遍。任后楷愤激地把城内官绅骂了一顿，主张我场立即办团自保。王辅臣说：“后天赶场，我把全场首人和绅民召集到关庙来，请你向大家讲演。”在座的人都赞成这两个意见。

第二天，我又向王辅臣提出办民团计划，主张迅速成立团防局，设局长一人，督练员、武术教练员和军事教练员各一人；局长由议长兼，督练、教练由局长选任，其他人员由团丁中抽调。我场是邻水首场，地广场大，宜办两大队，每队 100 人，丁由各团保送土著农民，武器、伙食各团自备，至开办日期和经费开支等问题，都分别作了商讨。王辅臣主张局长由乡董兼，我感到冯慎修狡猾不易对付，当说：“乡董行政事务纷繁，还是议长兼好了。议长是乡人民代表的领袖，又是袍哥仁号舵把子，威望甚高，人人信服。而且局长名位虽高，实际办事还是督练、教练，只要选任得人，你可坐着指挥，不会有很大困难。”王辅臣笑着说：“若我兼任局长，你愿不愿当督练员？”我当答复：“如议长和议员们相信我，当然愿为桑梓尽义务。”各项事情都谈得很顺利。

当天下午，去访本场袍哥义号舵把子邹栋廷、冯桂亭，他们都以热情对我，所谈一切都诚恳接受，并表示今后如有需要他们帮助的事，都尽力帮助。我当感到联系袍哥、筹办民团都有把握了。

八月初五日，去乡议会。正午王议长邀我到关庙大殿去，大殿两旁长凳坐着本乡首人绅粮，周围挤满了群众。王议长登上讲台，简单地说了几句开会的话，即介绍我去讲演。我上台去又将准备好的腹稿讲述一遍，最后愤慨地说：“清廷和盛宣怀、赵尔丰这样严酷地残害屠杀川人，各地人民忍无可忍，纷纷起而斗争，他们军队有限，我们人民的力量无穷，一定能够打败他们。但是地方坏人认为有隙可乘，乘机作乱，抢劫民财，扰乱地方，我们不从速筹办民团，准备自卫力量，地方秩序实堪忧虑，人民的生命、财产无法保全。为地方安全设想，应未雨绸缪，速筹保国保省保乡的良策。”我讲完了，王议长即宣布散会，叫各团的绅粮首人留下继续开会。

会上，王议长提出练民团以自卫的办法，全场一致通过。任后楷提出以王议长兼任团防局长，王又推荐冯慎修，冯以事繁为辞，全体赞成王兼任。王当提出我为都练员，军事武术人员赓即物色。团防局设川王庙，办两大队，每队 100 人，各团从明日起，在 10 日内每团送足 10 人，武器随身带来，伙食经费由局统筹，差额的 60 人，由团的大小另行分派，团防局从明日起开始办公。所提出的一切问题都通过了，会议结束。王议长要我明天就搬到乡议会去，筹划各项进行工作。

八月初八日，我搬到乡议会，积极搞团防局规划，各团首人回去召集绅民开会，大家热烈赞成办团，在当时绅粮的心里认为办团可以保身家；一般农民贫苦的多，常在压迫困苦中，认为在本场操练，既有饭吃，又有钱用，并希望改变现时生活，乐于当丁，甚至有争起报名的。所以不到一星期，全乡 14 团应送的壮丁都送齐了，遂就送来的这 140 多名青壮农民，分编为五个分队，交武术教练员刘占彪教练。

八月十五日，任后楷向我说，丰禾场甘子言（名均）来信约我俩去商量要事。次日我俩回到丰禾场，晚间甘子言、甘履亭、巫平清、任后楷和我等开了一次 8 人秘密会议，决定办法如下：

（一）首先联系县中有革命意志的青年作为革命骨干，同时联系袍哥和开明士绅作为革命基本力量。

（二）丰禾办团两大队与九龙场取联系，以两乡 400 团丁作为革命基本队伍。

（三）以丰禾为邻水革命运动中心聚会点，并推甘子言为接洽代表人。

（四）联系方面分头负责，任后楷、甘子春联系士绅，甘履亭、巫平清联系袍哥，甘子言和我联系青年学生与民团，同时发展邻县关系作为外援。

团防局军事教练员尚未找得专门人才，暂由曹文光（盟员）教练军事的基本动作和步枪射击，同时加强武术训练和课堂讲演。课堂教材是从《民报》和《四川保路同志会报告》中采取的，着重宣传《民报》的政治思想。武器方面甚感缺乏，除有 12 支抬枪、5 尊牛儿炮、

50多支云枪、鸟枪外，都是干、矛、刀、叉和梭镖。据任后仲说：长寿三台场有造前膛枪的，遂同任后仲到三台场与枪匠接洽，约定10日后先派几个人来筹备。次晨回场，将接洽经过向任后楷、王辅臣谈了，决定在团防局内设厂造枪。团防局成立一个月以后，内部各项工作已逐渐就绪，队丁的操练技术和思想都有了相当的进步。

九月十一日，我到丰禾场甘子言处，了解与各场同志接头情况。第二天我即由丰禾出发，往复盛、八耳、石泽、兴仁等乡一带邀约学生、袍哥、绅粮各方面同志到丰禾开秘密会议。

二　反正的经过

九月二十五日，在丰禾场举行的秘密会议，有袁岐钦、熊荫萱、贾绍尚、曹文光、寥遇殊、包亮照、刘登瀛、刘涵如、王绍烈（盟员）、巫平清、甘履亭、甘子春、甘子言、任后楷和我20多人参加，公推甘子言主持会议。他首先讲了目前形势和革命救国、办团自卫的大道理，当时有主张马上实行革命的，有主张办团自保的。经过大家讨论，最后认识到有国才有家，国危家亦危，思想统一了，一致赞成实行革命。同时讨论了革命组织，大家以甘子言是日本留学生，且人事也熟悉，公推他为同志军统领；甘履亭于袍哥中交游广，推他为副统领；其余同志分任参谋、财政、文书、交际、宣传5部职务。决定各人回去迅速编好团队，准于九月三十日齐集丰禾向县城前进。会后留少数同志详细研究起义准备工作和经费问题。忽有长寿派代表4人来九龙、丰禾联系，言长寿已于九月二十八日宣布独立，廖子亚（树勋）任长寿军政府司令，要求我们从速响应，扩大革命影响。

我们正和长寿代表商洽联络事项，九月三十日黎明忽见我们驻城坐探匆匆跑回，说大竹袍哥舵把子李绍伊在大寨坪聚众数千人，遣手下弟兄王巨伯（广安人）率队千余人，于九月二十九日来攻县城，与守城队丁未交锋接火，即诱骗入城，官吏逃亡，囚犯释放，并放火焚烧县署，抢劫局所。闻此消息，以王行同匪类，主张派队驱逐。经过讨论，认为王的行动虽不对，而推倒清朝政府的目的是相同的，“光复”县份越多，对革命越有利。他既占了邻水县城，我们可以从旁县发展，不如乘势率队取垫江，长、垫、邻、大 4 县连成一片，声势浩大，对付清朝政府和军队更为有利。长寿代表也同意这个意见。遂决定以甘子言为代表赴长寿与廖子亚诸同志商议攻守同盟问题；团队暂由我和甘履亭统率去取垫江，先派巫平清赴垫江联络李香舲袍哥舵把子，取一致行动。因县城发生变化，各地团队多未如期到达，立即专函征调。

所调的各乡团队限于十月初五日向兴仁场集中，我和甘履亭亦于是日率队进宿石泽滩，闻王巨伯队伍已到兴仁，即派人到兴仁侦察联络。第二天早晨回报，王已于当日黎明率队到垫江去了。我们队伍当天即开到兴仁场驻扎。第二天下午王巨伯在垫江攻城失利，退回兴仁，我和熊荫萱与他联系，约他一同反攻。殊半夜王巨伯全队退回邻水，而梅温如（名洁）已进据邻水县城，他遂退回大竹。壬子年春王巨伯竟为梅温如诱捉来邻大辟挖心。

我们队伍进驻兴仁那天，即接到城绅来信，专调我们团队到城。当时征调的团队尚未到齐，派往垫江去的代表也未转来，究应怎样办，特约集在此地的同志商讨。原来王巨伯入城焚劫后，第三天即召集城绅在文昌宫开会，强索军饷 14000 元，当天缴了 12000 元。十月初三日李绍伊又派来参谋伍云从促王带队攻取垫江，伍面允城绅请求，将未缴余款豁免。但城绅又怕王巨伯转城威逼，特专函调我们团队进城拒王。大家认为王巨伯攻垫江失败，由于垫江已有充分准备，我们的代表既未转来，彼方情况不明了，若无内应，未必能操胜算，不如暂时率队到县城。根据探报的消息，城绅明是利用我们，把我们的革命同志军当成他们的保卫队。王巨伯的实力我们已亲眼看到了，而且也与他取得了联系。我们终久是要进城的，不如把队伍整编好了再开进来。我们从丰禾出发时，将团队编组成的同志军不过 300 多人，因队伍整齐，所经过的地方，男女老少都在路边或田边或山坡观看，听说是去打贪官污吏，为人民除害，大家非常高兴，沿途群众热烈参加，到兴仁时已有 1000 多人了。但新加入的都是赤手空拳，决定把这些人遣散，经动员，群众仍想跟着我们不愿意回去。临时又与同志们商量，大家认为我们率队进城，要将队伍编得整整齐齐，这些临时加入的群众，人既复杂，又无训练，万一不听约束指挥发生类似王巨伯队伍的抢劫行为，我们那时怎么对得起县人。现在遣散容易，编队以后遣散就要发生困难。因此就坚决把他们遣散了，仅率 300 多团丁到县城去。

重庆独立后，成立了蜀军政府，我县常在外冒充官员的梅温如认为升官发财的机会到了，当带领他的袍哥弟兄，用红绫绸包了几块石灰矿子石，说是蜀军政府发给的炸弹，先在么滩盐店一面吓诈，一面联络，骗得快枪 6 支。从么滩、九峰、乐家和附城裹胁 200 多人，于十月初七日抵城，称奉蜀军政府命令，率队“光复”邻水，若不开城，立即炸毁。此时王巨伯已率队取垫江去了，我们的团队正在调整，城内空虚，人心惶恐，城绅因王威胁受惊，以梅温如为本城西街人，现奉命率队伍而来，一致欢迎入城，马上组织邻水县军政府，梅自称司令兼摄县事，城内情形遂发生了新的变化。城绅原主张调我们团队来城以驱王，现又改为怂恿梅驱王，并拒绝我们入城。所以我们团队刚到邻水城，就遭拒绝。我单身喊开城门到县议会包资咸议长处了解情况后，当与梅温如接洽，他指定我们团队驻东门外延福寺，不许带武器入城，其他问题开会解决。

我第二天接到父亲漏夜专函说母亲病危，要我火速回家。当与同志们商量，候开县人会议再解决一切问题，我暂回去看一看，耽搁两三天就转来。取得大家同意，我遂匆匆奔回。

我回家后第三天下午，曹文光来向我说，城内又发生了新变化。昨日（十月初十日）城内开会，梅温如在土豪黄恩庶等人支持下要编遣我们团队。王绍烈起来反对，他当将王绍烈绑了。贾绍尚愤而质问，又把贾绍尚绑了，要推出去枪毙。县议会议长包资咸哭泣哀求，始保出放走。当时听说还要捉曹，曹藏在衙门口义隆居后房，今晨开城才跑回来的。第二天下午袁斥卿、贾绍尚、王绍烈来了，所谈与曹文光所说相同。当邀任后楷、王辅臣、曹文光一同商量，有人主张调团攻城驱梅。我觉得这事须得好好考虑，梅入城时，是否奉有蜀军政府命令不得而知，但现已入城几天了，定然与蜀军政府接上了头。今我们率队去攻，他以反革命诬语加在我们头上，害我们更振振有词了。其次梅温如是本县人，对各方面有许多人情关系，各乡团队是否愿去打他。再其次梅已将么滩盐店的 20 多支快枪提去了，连城内原有枪支计有百多支，比我们武器强，是否能操胜算。根据这些问题研究的结果，决定派代表赴重庆了解情况，并要求蜀军政府去梅以息民愤。当推袁岐钦、贾绍尚和我为代表，先到长寿联络借助。任后楷、王辅臣主张代表中加入任光谦，因他是袍哥，长寿熟人多，联络更有利。

三　打土豪

十月十四日，我们起身赴重庆，过长寿时到军政府去与行政部长向白舒、外交部长廖十二（忘其名，人称廖十二爷）接了头。据云廖子亚司令率队进取梁山战死了，现城内空虚，正调团防卫。在此情况下，我们取得了互助互援的联系后，就包船赶赴重庆。

十月十七日，到了重庆，第二天同袁岐钦到蜀军政府去。在辕门上遇着前顺庆府中学教员王一仙，他与袁岐钦有师生关系，遂邀我们到会客室坐谈。袁岐钦将我们来意讲了。他说这事好办，现军政府决定派曹升实为川北安抚使，你们是川北人，正好与他一道作联络宣传，就便也把你们县的事也处理了。我们感到这个机会很好，并向他推荐了甘子言。甘子言与王一仙见面相谈甚洽，王约甘共事，并邀袁和我做川北安抚使署的联络宣传员。我以回县办团为辞，当推荐贾绍尹同志。我们转到甘子言寓所作一度商谈后，次日即起程赶回九龙，向任后楷、王辅臣把到长寿和重庆接洽的经过讲了，他们非常高兴，我仍到团局继续督办民团。

农历壬子年（即公元 1912 年）正月初六日，王衡如、袁岐钦、贾绍尹、朱佐虞、张炎熙、王绍烈诸同志，借拜年为名，到我家来了。当着人去把曹文光找来了，晚饭后进行会谈，决定派袁岐钦、曹文光（二人系张表方的学生）到顺庆会张表方面诉邻水近况，要求他来县处理。同时大家认为我们各在一方，消息难通，最好在城内找一机关或学校，作联络地点。于是决定以王衡如为邻水县高等小学堂校长。适我父进城参加会议，托他向包资咸、任后楷讲，要他们提出，并联络各乡代表赞助。袁、曹两同志同意去见张表方，但言缺乏旅费。我第二天去会王辅臣议长，将我们商定的计划详细向他讲了，他当取银两大锭，每锭重九两五钱几，合银圆 27 多元，当拿回交袁、曹作去顺庆的活动费。相聚 3 日，各自分散。

王衡如到城接办县立高等小学校后，即派张炎熙来接我，取得了王议长同意，我应聘去了。在校接得袁、曹密信，言张表方宣慰使已允派人来县处理一切，他们将随同回县。不久，副宣慰使李雨生率队来邻，新委邻水县知县武锟，先行单骑入城，梅温如闻听李副宣慰使来邻，他率领弟兄伙先行出城，并将城内武装完全撤走。李雨生来时全城绅士集合出城欢迎，除当面歌颂梅温如功德外，还联名具保，妄想维持他们的恶势力。

李宣慰使到城即召集地方机关、学校和城乡士绅开会，传达四川军政府政令和商讨今后地方事务。第二天会议由随员陈孟侠主持，陈对不当的发言加以指正。城绅大哄示威，迫陈马上离开会场，强要李副宣慰使亲临主持。李雨生觉得城绅蛮横示威于内，梅温如陈兵耀武于外，深感不安。一面密报张表方，一面要梅温如交回团队。梅抗不遵命，反率队盘踞城南关胜寨。李派屠队长前去开导弹压，梅立即开枪将屠队长打死。张表方接得急信，立派支队长鲜英（特生）率队兼程来邻平乱。梅见势不妙，先行潜逃。鲜英进城，一面派队搜捕梅温如，一面将具保梅温如的黄恩庶、邹鲁门、杨熙、范锡光、余子犹、黄树芬等要人收禁讯究，连日追比。至此，数十年横行县中、目无官民的黄恩庶的威风势焰，便火灭烟消了。

城内土豪势力被打倒后，县议会也抬了头，乡镇议员或士绅在会议上也敢于发言争论了。城内机关法团也重新改选，以张必果、石梓芳任教育会会长，黄岫呈（名振）任劝学所视学，袁岐钦任统计课长，贾绍尚、曹文光任团练局正、副局长，张晏清任征收课长，并推选甘子言、黄璋为四川临时省议会议员。同年甘子言被选为四川省第一届省议会议员，黄璋为国会众议院议员。还组织了县财政清算委员会，以胡尔彝、熊荫萱为正、副委员长，甘子春、姜相虞等为委员，彻底清算各机关局所历年收支账项，勒令赔偿侵蚀贪污；另一方面积极整理地方财政，核实收支，革除浮规漏弊，减轻人民负担；积极整顿教育，开办师范传习所，创办女学校，严禁读四书五经，实行采用小学教科书，县高小学生增加一倍以上，初小校增加了 50 多所；重新调查户口登记，积极加强团防力量，由私人集资成立城乡通讯社，协助邮政，雇人轮流送递各乡镇公私信件；提倡女子天然脚，男子剪发辫，并极力宣传禁种鸦片烟和赌博，地方风气为之一变，社会面貌焕然改观。经过辛亥革命的实践，深感各方面知识不够，决心继续求学，1913 年春我就随同张必果、黄岫呈、熊荫萱、袁岐钦赴日本留学去了。我们走后，在县人事削弱，城绅又暗暗活动。在袁世凯称帝时期，城绅又勾结梅温如回县，诬王衡如等为乱党，逼王出亡，病死上海；王绍烈逃日本；任后楷等跑成都，包资咸被梅杀死；曹文光被迫从戎，途中遇害，当时株连人数不少。嗣后任后楷遇刺，熊荫萱死于驻防军手，袁岐钦死于匪徒之手。

（选自全国政协文史资料研究委员会编《辛亥革命回忆录》第3集，中国文史出版社 2012 年 6 月第 2 版）

回忆辛亥革命达县的情景

梅吉庵*

达县地处四川下东，交通十分不便，一切商业行情、科学文化的输入，政治、军事上的变革，均是由重庆、万县而传到达县。

辛亥年成都“大汉四川军政府”成立不久，大竹县独立，首领李绍伊以该县大寨坪为根据地，成立川东军政府。达县早就与李绍伊取得联系的有尹鼎三（文生，本县大树乡人）、唐雅南（鞋工，本县双庙乡人）等人。农历十月底，尹、唐偕李康侯（李绍伊之子）率领民兵，浩浩荡荡开到达城，兵分五路驻白马寺、翠屏山、文家梁等处。

达县承平日久，骤然听说民兵已驻城外，于是，四城门紧闭，城楼上架设大炮，城墙周围武装巡哨，以示防御。当晚有地方局绅王尔

---

* 梅吉庵：曾任南京国民政府四川省达县商会理事长。新中国成立后，曾任达县副县长，四川省政协委员。

玉（拔贡）、绅粮段眉卿（文生）自杀。围城的五路民兵，一致大吼要广老汉（知县，满人）和宋大师（大绅粮，天主教，文生，掌握地方局所大权）的老壳悬出。守城的梁甫臣管带和守备武官王丹臣主张抵抗，打出城去。他们所恃者武器比民兵强，有前膛枪、洋台杆等武器，幸知府杜本崇（进士，湖南人）和城内部分明事的绅粮、县议会人员见大势已去，民兵力强，再三劝阻，不要抵抗，愿意投降。

闭城已经几天，始邀尹鼎三入城协商解决办法。尹鼎三是当时县议会和李绍伊委派领导达县的。经协商决定，先由城内外盐店库存的盐，分发一部分供给民兵和广大群众；并推尹鼎三代理达县知事；围城 5 路民兵按名发给路费遣散回乡。尹鼎三接了县印，首先作出斗方告示安民。内容是“清廷官吏已被打倒，所有士农工商各安生理，勿得自相惊扰，民兵解散迅速还乡”等语。署名为代理达县正堂尹示。随后尹鼎三乘着前县正堂的官轿（软三班），两手抄在扶手板上，带有房班，轿前打起大红日罩子，到民兵驻扎的各地点巡游，因而引起群众不满，一致反映说尹是换汤不换药，与清朝官吏一样；民兵说他是同我们一路来的，而今他当了官，只叫我们自己回家。在群情愤怒之下，尹鼎三的代理知县才半天就垮了台，因此，人呼之为“尹半天”。

接着，又成立警察局，吴以乃任局长，招 40 名警士专为城市治安和城内外街道口子设立警岗之用。当时警察另一主要任务是动员群众剪去“辫子”，每个岗哨挂一把大剪刀，不愿剪的就由警士强迫剪下，短期中，各个街道常闻哭声。每天进城沿道农民占多数，因怕剪辫而改令妇女来城买油盐。日久宣传深入城乡，群众觉悟提高，也就开始自动剪发了。

前知府杜本崇因群众对他印象好，在达县住了半年多才回乡；守备武官王丹臣也在达县住了年余才离开；许游击经逮捕后私自逃走。前知县广敦厚用银圆1000元收买了大袍哥王润堂、龙养泉等人，秘密地用大桐油篓子把他装起，经过西城门警戒，直抬至离城5里塔沱河上小船逃去。此后，县议会议长陈炳堃、袁子极等商定推钟仰之（开江人，文生，听说曾参加同盟会）接替了尹鼎三，钟也只任了3天县知事。此时，四城门大开，来往行人不如当初盘查之严了。这时有回族富有声望的人苏德轩袍哥大爷来达。他原来自动招募汉、回族青年百余人去进攻巴中，集队行至中途，因给养不够，武器不精，乌合之众的袍哥占多数，队伍又无纪律，在中途逃亡殆尽。因此达县有一首辛亥革命民谣说："尹半天，钟三天，早起晚散苏德轩。"

继钟仰之之后，地方政权又掌握在县议会手中，领导者为陈炳堃，议会扩大组织改称参议会，设参事会，有委员8人常驻会，负日常会务之责。此时，不设县知事，只设府知事，由参议会推选王郁南（达县柏树乡人，文生）担任，此人正直无私，群众呼为王八老爷，办公处设在府衙门（现专员公署）。民刑案件由新成立的司法部门负责，有李文模（文生）、夏客轩（法学）、向集三（中学生）等人，办公处设在县衙门（现县人委）内。原守备王丹臣主动把武器移交，经参议会决定推黄连城（原武官衙文稿）接收，改为城防营，黄为营长，主要任务是维持地方治安。

（选自全国政协文史资料研究委员会编《辛亥革命回忆录》第3集，中国文史出版社2012年6月第2版）

辛亥革命广安见闻录

白在中*

一　己酉起义

广安己酉（1909年）起义，是当地同盟会革命党人张观风（名雅南，在党里称方敬福）、秦炳（字遂生）、王晓澄、何忠恕（又名宗绪）、陈云九（又名云璋）、雷大和、蓝绍先、肖贤俊（又名贤哲，字泽三）、吴孟庚、王巨擘（名无）等，与曾在川南起义的熊克武（字锦帆）、曾省斋（在党里称吴从周）、佘英诸同志运动的结果。

广安的党人，有由日本归来的，有从成都军事学校还乡的，也

* 白在中：时为四川省广安县学生。

有地方上的知识分子。他们都遵行孙中山为领导的同盟会纲领“驱除鞑虏，恢复中华，建立民国，平均地权”（这个纲领，常在党人口里听到），用以启发民智，推动民主革命。

党人为了加强革命力量，就分工协力地活动。早在广安的个别党人，与哥老会仅有一般关系，而以孝义会为主要对象。孝义会起源于大竹，广安社会上称它为西流（广安在大竹之西），成员半为有产阶级的青年，因受苛捐杂税的榨取，不清廷朝政府，少数亦有自发的革命热情，但以兴起未久，流行不广，不如哥老会人数众多。党人以哥老会老少咸宜，转而以哥老会为活动的基点。

哥老会的分子称“袍哥”（关羽挑袍之义），自称汉流，以反满兴汉为号召，祖述郑成功。后来虽未数典忘祖，但偏重于桃园结义的说法，且表现于哥老会仪注礼节中，就如哥老会最尊严的贤事大会，设堂迎圣也是关羽，并用这个来维持传统，凡喘（讲究的意思）袍哥的，须先问在园不在园。佘英（字竟成）在从事革命活动时，也采用这一套来搭白。哥老会虽在社会上很有势力，腐败的清朝官僚，却以为袍哥是下层百姓而看不起它，没有注意它的动向，故哥老会在广安社会里的各行各业和农村人口间，都有它的成员。党人以为反对清王朝和专制政体，哥老会的意识也有些相合之处，佘英就运用川南哥老会的传统仪节（川南是四川哥老会发展的起点）和经验在广安活动。于是，跑渠河码头（码头为哥老会有公口之所。袍哥的河道包括陆路），曾到过三溪河、代市镇、石笋河、花桥镇，直到渠县的漩渡河，数十场镇都飞出全堂字样（本人名片有专诚拜谒德字行一的背书；有公口片子；有拜兄片子及本公口当事者的片子），拜会各公口（哥老会小集体的名称，为信义公）的大、五、么、三（据传说哥老会的弟兄八排、即大、二、三、五、六、八、九、么，改十为么以恶满、大乃长者。四、七为明亡忌日，故无）。亲候仁义几堂（有仁义礼智信或威德福志宣各字为一堂）的掌旗大爷（公口当事的）。佘英于哥老会酒食争逐的例行招待时，谈笑风生，启发注入，像摆故事一样，把慈禧太后乱政无道，保皇党康有为的政治阴谋，生动活泼地指点出来。并提起郑成功创立了哥老会，坚持抗击清朝、热爱祖国的伟大气魄。还说明，而今孙文的革命力量已经兴盛起来了，因为他要做的是救国福民的事。席上的人听高兴了，有人起座扎袖而说："杀皇帝我来扯脚"（广安附和人的诚恳表示），佘英当即翘起大拇指来赞扬。佘英经过许多宴会，都说的是这一些意思，热情地相互笼络。这样就日渐亲密了。有的袍哥对佘英不名其排行姓字，只呼梭梭（广安以蛇为梭梭或老梭），这即成为佘英秘密活动的哑谜。于是，佘英的影响就在哥老会中，有分寸地、有认识地对待一切。而在广安起到了鼓动作用，有与佘英挨手的袍哥，便代佘英拿上福，使未见佘英的人倾倒于他，铺平了接纳宣传的道路。于是，哥老会的内部里，有说蛇（即佘）的风气，无论进茶馆、打平伙的场合都能见到有资格的袍哥（曾经当事或正在当事的袍哥），悄声细气地说蛇。我是一个白朋（不是袍哥的朋友）小子，跟随着长者，也同袍哥们钻头竖耳地去听革命新闻，讲的是佘英所说的话，有如见了佘英。佘英知袍哥说蛇有致，更加努力进行，又参加了哥老会五月十三日的单刀会（关羽故事），虽是客边，也做了提排升位的恩拜兄（进部的袍哥有恩、承、保、举四个拜兄），超拔了新贵人（初进部的又称入流）。佘更欲利用哥老会的聚众开山（贤事大会必名会地为某某山），以罗致三山五岳（有袍哥的码头）的袍哥，但未能举行。我曾为准备赴会的袍哥，誊录过会里的传令“上山插柳”等100余支。至辛亥革命前夕，哥老会竟在广安州城东门对岸慈云岩寺庙里，开风鸣山贤事大会，同盟会员李仁恺、陈星如本着佘英当初的愿望来参加，联系会里主脑龙头大爷何清，传播革命。此会终因官府逼迫，各路哥老会众，未得终会，抱恨而散。

党人的活动，虽是以哥老会、孝义会为起点，其目的还在争取广大人民群众。与党人接近的群众计有四五百人，党人以发展同盟会组织来进一步抓紧优秀分子，径行加入同盟会的有200余人，自是形成了一股革命力量，在广安生根结蒂。佘英初来广安时曾说：“广安在川北据有山险水利，民情勇敢耐苦，正是今日活动革命之处。”吴孟庚见人地既宜，又有新的骨干力量，认为应尽快地行动起来，适熊克武、曾省斋、廖腾霄等又赶到了广安，在众志成城的气氛中，共同决定了武装起义。佘英主张尤力，以为人事成熟，情势许可，殆不能缓。当时广安地方的反动武装，人数最多的要算巡防军，以其保护渠岸盐运，人称它盐务巡防梁子，有枪400支，兵有200余，由管带夏秋风率领。夏为人孤僻，营中叫他夏和尚。又有把总张庚龄，是绿营旧军。用来保境卫衙，带兵50余人，有枪200支。这两部兵员均有缺空，枪支闲置于库，连营驻扎于州衙之左边。又有供知州壮威差使的堂勇，有枪30余支，都颓废抽大烟。知州吴䜣（字鹏千），不理民事，嗜好养鸽，人叫他吴鸽子，素无威望，在广安盐官任内，元宵节观灯。以其官架子妨碍了交通，与学生冲突，被学生扯破了袍套。党人切实估计了敌对力量，充满胜利信心，毅然决定于己酉年（1909年）二月初十日武装起义。

于是，广安的党人赶回故居，集合有成议的及临时赞襄义举的，依期践约。佘英传言哥老会，蔡体平动员孝义会，刘成忠接待各路义士。到了预定日期，秦炳率子弟和会党 30 余人，由花桥镇走百余里先到广安州城；王晓澄领着学生及会党亦 30 余人，由石笋河顺流而来；肖贤俊有 10 余人，由三溪河直趋城厢；其他会党由水陆两路，亦多如期而至，且有由渠县漩渡河而赶来的。原订在未举事之前，凡有来者，集结于东门外河坝。到达的义士以东门河坝临时工篷简陋，空敞人稀，则自由地转往新南门外，以其街道复杂，人烟稠密，茶社、旅店林立，容易混迹其间，且素为哥老会的乐园。革命知识分子李春帆等亦前往合流。大家都雄心勃勃地候着是夜 10 点城内火起，好依照指示，经白带入城，攻击前进，由十殿街和龙头街合兵州坡街。

殊不知在二月初十日夜里 9 点钟以前，风声微泄，知者略有惊慌，州官闻之彷徨，尚无所措手，党人揣测情况，颇有攻心之利，就决定及时起事，不得不把时间提前一点钟。当时秦、王、肖 3 部分在城内人数不过 100，通知城外义士，又未畅达，有党人建议改期，熊克武、秦炳等多数以为今日不动，后来难成，佘英谓箭在弦上，力持原定决议，即以熊克武统率革命队伍，以佘英为后队，做进攻的主力，秦炳任游击截围敌方援兵。熊克武率前队，怀刀藏枪，假扮凶殴喊冤的人群，奔向州坡街为先头阵势，知州吴鬯于张皇中，下令紧闭城门，派军警把守，阻断城内外交通，急切地带着爷们（习惯叫烟娃尔）私逃，在途遇党人袭击，爷们受伤毙命，吴鬯逸去，躲于跟衙门的人家。时州衙尚未入党人之手。广安州衙建筑在城西内翠屏山腰，有银顶高耸，并有城墙骑其上，与城中凤凰山、城北紫荆山相为犄角。翠屏山为三山之高者，控制全城，右傍银顶悬岩，至武庙接西门临街而止，左有半山围墙，总爷衙门亦包其中，延伸至州坡尽头。墙外山麓为街民砌石成居，高者亦接山腰。州衙后为常平仓，仓间鳞比，中有石堡火药库，皆在围墙之内，虽有一门而常关。左总衙、中州衙、右武庙在衙门街之北构成“凹”字形，街南有起自州坡梯形建筑的城隍庙和申明亭的高墙。有若屏风，也似乎州衙总衙前卫的工事，好像早有安排不让今日革命有预先潜伏之余地。然而熊队竟以讼事，突过唯一进路，差近千级石梯，曲折而上州坡，直抵衙门街，攻入州衙大堂，击伤师爷，血溅于地。守卫衙门的张把总抵抗无力，弃众而走，所指挥的营兵和堂勇均无斗志，有的负枪鼠窜，有的弃械而逃。熊队获枪得胜，转而接应佘队。佘队于进入州坡时，与巡防军先头遭遇，初见争峙，继而仰攻激战，巡防军有队伍增援，佘队相与拉锯而战，莫能前进。正鏖战中，熊队全力增援，侧击巡防军，佘队乃得展开势头，正面冲锋，与巡防军作殊死战。巡防军在英勇难当之下，缩小战线，熊、佘两队合力击退了巡防军。城外义士虽闻枪声，不得与战。参战者，不顾敌人械良地利，以敢死的精神摧折敌人，争得战果，要以何忠恕、蓝绍先、雷大和、朱纛、王松亭、□显廷、学生秦显中、陈旭九为中坚。党人在群众忘我奋斗之下，虽夺得主要阵地，然敌众我寡，就乘胜转为暂时守势。天届黎明，转回州衙，一部分战士收拾枪械，集合于衙门街（又名西门街）由已占领之西门出城而去，沿途窖藏所获武器。党人也随即散去，有走往成都、重庆的，有走往大竹、荣县的，秦炳与城外义士也各自分散。逃走兵役天明还衙，何忠恕犹在后堂搜索武器，见事急躲在芭蕉林下，伺隙而动，为窥破者所指，力斗被缚；雷大和、蓝绍先以冲锋突出为反动军队所获。清朝官府知党人已散，大逞淫威，声言彻查乱民，避称“革命”二字。以佘英为主犯，紧急地在广安辖区大搜余党，捕王晓澄、陈云九、肖贤俊于学校，并派衙役到石笋河搜查王晓澄家，王家早得消息，焚毁了同盟会名单，埋藏了由日本带回的革命文件，使之一无所得。同时，又遣兵差到花桥缉拿秦炳，不得其人而抄其家，抓住秦炳之弟万昌及其族弟一人，多番吊打，毫无口供，蛮横的反动兵差竟把秦炳的两个兄弟杀害。

10 年后，我过花桥，宿于谭诗家，谈到秦炳死于黄花岗之役（广州起义），而家中先遭不幸，在场的人莫不长叹而泣。反动官府又在州衙非刑拷讯党人，日夜不息，终无一人招供革命情况。知州吴巸捏词诳报，把何忠恕、雷大和、蓝绍先 3 人斩首于广安南门猪市。3 人在刑场从容地宣传孙文主义，大骂官府；行刑后，街人耳语，闻者兴悲，知者慨叹。王晓澄、肖贤俊、陈云九 3 人，经过拷讯，身体受伤，犹锤镣上铐，丢进大监。知州对于哥老会、孝义会，以众怒难犯，未予追究，专办同盟会革命党人，指名捉拿余党，党人之有名者则走上海、云南，声名不大，而又未指名的则退处乡间，秘密活动。反动官府又差使衙役（地方人称“捕班”）以查拿余党下乡，借此勒索财物，骚扰民间。州人同情革命，含恨官府，就更加赞成起义，任何地方都听到打总爷衙门的声音——党人与反动军队战于总爷衙门，人民把己酉起义称曰“打总爷衙门”。在广安称人有胆识，则曰你是“何铁脚板”（何忠恕为了革命工作在一日夜走过 500 余里），又曰你是“雷大麻子”（雷大和临刑时曾说：“二十年后再来革命”。）。他两个成了革命的先驱人物。

此时，党人得到人民的同情，不愿寂寞乡间，就机密地打入广安各级学校，有如胡孟辉（名光伯）之于代市镇志道两等学校，王克周之于广安州立高等小学校，其他如李春帆、陈英奇、王宫良、王贵雄（又名翼雄），还有自发革命的知识分子陈茂萱等，各校都有，亦多联系。而中级及两等学生多成年子弟，学校又特加军事操一课，以为将来之用。同盟会在此阶段的活动，一面抓住学生，一面影响教习，个别地在教习、学生中发展组织，简单地以信奉孙文为入会条件。我也在这时经胡孟辉的介绍入会，后来做了些联系工作。

1910年冬，受已酉起义的冲击，人民更看清楚了清朝官吏的腐朽，在农村里发生反对剥削的主（地主）佃（佃农）纠纷，市场上有反对高利贷的贫富之争，而官府爪牙——土豪劣绅的横霸权力，也逐渐动摇起来了。假立宪的招牌——乡镇地方自治公所，也是党人反对的对象。选举自治议员时，须纳粮一斗以上（广安粮册以石斗计算）者，才有被选举权，科第出身者也有被选举权。清末制度，中等及高等小学生，相当科举时代的拔贡、举人增生资格，应该有选举及被选权，而办选举事务者，却将学生排除在外。学生们起而斗争，党人将之作为运动，用以撕破立宪的假面具。无粮学生甚为激昂，我也在其行列中，但未得结果而选举已成过去。不过，这场斗争激起了民意的不平，这个运动的精神，也留在民间，铺平了党人反对上谕立宪的道路，加强了广大群众对粮户的仇恨。学生反粮户反政府的情绪，同广大民众一样，也发展起来了。

清朝反动官府，阴谋挽救民意的背离，扭转颓势，且要维持自己爪牙粮绅的乡望，就筹划培植地方团练，以为镇压平民的工具，设立广安州团练传习所于衙门右侧武庙内，知州李藩随时亲临监督。党人内定不放弃这个渗透机会。初荐王克周、胡孟辉为教练长，不成。适王巨擘出亡云南，新归故土，访亲戚于我家，谓王、胡不得教练长而焦心。党人以王巨擘更善用时机，屡请局绅推荐，新州官未悉底蕴，委王巨擘为广安州团练传习所教练长。王主持招收青年学员200人，内虽有粮户子弟，而渗入了同盟会员及受过军操学生、哥老会青年。招聘同志胡孟辉、王克周、丁大烈、唐治平、王官良与其他同盟会员，担任教官及队长，即以为秘密活动的护身符，企图再行举事。

至1911年夏初，知州以王巨擘、胡孟辉有革命嫌疑，嘱所长注意，而所长颇袒王、胡，知州督促日紧，王巨擘、胡孟辉乘间而去大竹。知州不敢出声，四出密拿，风声散播，州人咸知革命火焰已在积薪之下。同时四川争路（川汉铁路）事态，日渐扩大，已成怒潮，广安各级学校的党人和自发的革命分子受到外来风潮的鼓动，每逢乡镇赶场日期，当市集盛时，也就乘人多热闹，开动演说，宣传川汉铁路的本钱是人民的血汗，路权应该人民所有，绝不许卖给美、英、法、德4个吃人的洋人手里和供清朝贪官、亲贵们发财。说到激烈时候就捶胸顿足地历数清朝昏君的暴政，杀害革命家徐锡麟、秋瑾和何忠恕等的罪行，赢得听众的同情，并滋育了哥老会、孝义会革命的根苗。当时，在广大的州境里人们都轻视了课税纳粮，反动官吏为此催科督税，动辄拘押，我这个未成年的人也曾因家里欠临时酒税，被由农村押到州里去，竟旷课停学一周。社会不安，日甚一日。清朝政府用以装点门面的州议会和地方自治公所，虽有朱红写的慈禧皇太后假立宪的上谕，已经是被戳破了的纸老虎，而盘踞各级议会的地主劣绅，虽为反动官吏的耳目，然皆仰承四川谘议局立宪派人的鼻息，而立宪派与清朝政府，在川汉铁路的权力上发生了矛盾，而各级议会，对反动政府就减低了一些爪牙作用；尤其是广安、岳池、南充3县有人缘上的关系，更有些消极地对待政府，然而各级议会里的地主劣绅，无论在城在乡，都是积极抓地方权力，以阻止革命势力的伸张和发展，而人民就潜意识地与自治议会对立，根本不重视它这一制度，知州的权力也逐渐地不能行使于镇乡，而妄图以团练来保卫反动力量的基础，也不能建立起来，且人民由隐讳而公开地相问王巨擘、胡孟辉何时回来。这反映出在“打总爷衙门”的影响下，人民的心灵深处有了革命的观念。

二　蜀北军政府

辛亥年（1911 年）九月，王巨擘率领民军进取了邻水县城，肃清清朝官吏，“光复”全境，王巨擘为邻水司令。同时，胡孟辉带着少数人马到了代市镇，首先取出己酉起义移藏的枪支，有关人都出面联络群众，激劝赞襄义举，响应者甚为踊跃。乡村的贫雇农民、市场的小贩和手工业者，积极报名，哥老会的青壮年亦来参加，党人方季翘在代市镇所办的蚕业学校学生亦来报名，共约有 400 人。当时，代市之高滩寨有郑全生，蒙山有陈茂萱，正聚众起事，又有邹铭盘，受佘英影响，亦聚众于广安之大池，皆以时间促迫，未能赶上编制。胡孟辉于九月二十日成军，以团练学员、学校学生及会党青年为军队干部；学生不入伍者，随军办事，我未入伍亦随军。全军编为临时中队、小队，胡孟辉为连队长，王克周（名官度）副之，实行整队，剪发除辫。所有员兵自动地用各色布绸缠头，捞衣扎袖，有的荷着毛瑟枪、四辫火和营枪，有的身佩大刀，有的持着矛头竹竿，携古剑者亦有之，这些兵器大多是参加成军的员兵自己带来的，立在整齐的行列里。胡孟辉连队长面蓄大胡子，头缠青丝帕，严肃地向全军讲话，略谓今天来的弟兄们，是为了革命事业，要个个不怕敌人凶恶，更要不怕牺牲自己，就能够推翻清朝政府，消灭皇帝，享受人民应有的权利，建立民主国家。当时地方上颂以“赳赳武士，革命有光”的报条。放爆竹称庆，更激扬了军气。明日，直向广安州城进发，胡孟辉背起毛瑟枪，王克周穿着全武装，领军而行。中途分兵二路，一路沿渠河东岸而下，作为佯攻；一路渡河而西，作为主攻，以团练学员郑启和（字执安）中队为先头，攻击前进，大部跟上，直取护城的保安寨，威胁掩庇州城的大寨和猊峰，而州衙的地利全失。同时，吴从周、张观风率领民军取道长寿而来，进攻广安南路，军中多着短服，兵器多枪类，余则大刀，有员兵 500 余人，号称千人，其中多会党，富有战斗精神。吴、张着便服飘飘然一路进发，指挥若定。直至广安甘溪场，地方人民以火炮相迎，渡河而至官溪，距城 10 余里，而敌军未曾设防。吴、胡两军包围州城之形势已成，反动武力堂勇及残留绿营无斗志，警察百余不能正规作战，团练有默契，而官府唯一依靠巡防军作抵御民军的主力。巡防军管带夏秋风以护城之保安不守，大寨猊峰且危，顺庆之援兵不至，万不能守城而战。夏之情景由其幕中外泄，夏犹声言要先行打退南路吴张队伍，再以全力回击东路胡王。人民尽知其虚妄，知州则为之张目。夏引巡防军趋南路，表面做作战姿态，暗率全部向合川逃走，为部下所杀。巡防军走后，州城人民，逼着知州李藩释放王晓澄、肖贤俊、陈云九 3 人。肖贤俊出狱赴重庆。唐治平、丁大烈在城郊召集附城团练会党，黄瑞征以其缫丝厂的工人参加，合组民军。知州李藩以反动武力不足据，在人民的压力下，出城请降，人民欢迎民军入城。知州请缴守城枪械，全州乡镇闻风影从，表示服从民军。清朝反动官府爪牙乡绅垮台之后，各自隐蔽，哥老会自动地起而掌握地方事务。哥老会把各公口公开了，不像从前的半秘密形式，都将公口字样上嵌着一个汉字，如广安城区有“关汉公”，其字为张观风所书，其他公口，亦央请有名人士书写，并言哥老会为“社会”，这在广安风行一时。乡绅粮户亦有海袍哥（下袍哥之海，又曰海皮，人称之曰泡皮）的，则哥老会之进部规矩——身家要清，己事要明，则不如从前之严格。而哥老会已成形式，则与民军分不开，且具有革命意识。孝义会虽有参加民军的，然在地方的事务上消沉了。

辛亥年十月一日（1911 年 11 月 21 日）成立蜀北军政府，驻扎于广安州衙，各路民军推吴从周为正都督，张观风为副都督，总管军、民两政。军府下设四部：一、军事部，丁大烈（字洋五）为正部长，陈云九为副部长，管理军务；二、民政部，周策生为正部长，胡华翰为副部长，管理民政；三、经济部，黄瑞征为正部长，谢献琪为副部长，管理财政（时人称财政部）；四、交涉部，王晓澄为正部长，陈星如为副部长，管理对外军事政治的联系，对内人事及党会工作。军府又设秘书、训练两处，李仁恺（字才元）为秘书处长，卢玉书为副处长，王克周为训练处长，未得组成。军政府组成的重要职员皆为同盟会员。遂废除清朝统治政府的一切制度，改州为县，正、副都督吴从周、张观风布告以安定社会，奖励生产，以慰民望。民政部委李藩为广安县知事，督促办理新政。所有民军部队，陆续穿上军服，制定饷项。全部民军整编为 3 个大队，第一大队由都督吴从周自兼大队长，第二大队胡孟辉为大队长，第三大队唐治平为大队长，各大队人数不一，共有员兵 2000 余人。

当时，成都尚在民军包围中，军府决定讨伐为清朝效愚忠的反动头子四川总督赵尔丰。为此，须先行打通南充，军府移驻其地，以便联合川北民军，共同西进而攻成都。学生陈龙奉派潜入顺庆知府住地南充县城，通过同情革命的师友，关说驻军之一部反正。军府以何庆云（又名庆余）为司令，统率唐治平第三大队及第一大队之一部，由都督吴从周督师前进。过岳池，有前未赶上胡孟辉编制的广安民军陈茂萱、郑全生，后与余林川民军进取了岳池，余林川为司令，陈、郑两部民军欲随吴助攻南充，余则给予全部支援。何军进攻南充，逼近嘉陵江，反动军队背约，以陈龙为奸细，陈匿藏人家地板下，乃得生还。南充有备，猛攻不克，吴都督督队前扑，冲击剧烈，受伤前线。当时，胡孟辉进攻蓬州得胜，军府以为蓬州司令，王克周为第二大队长，李春帆为蓬州知事，蓬州居嘉陵江上游，可以顺流而下攻南充之背，反动知府派兵防堵蓬州胡军。何庆云司令以都督负伤，又再战不利，胡军受阻，岳池增援不到，势不能固守阵地，决定撤兵。反动知府及反动军队，以南充战役（时人称顺庆之役）之利，分兵反攻蓬州。胡军大力阻击，混战肉搏于城郊，冲杀不胜，大队长王克周战死，随军学生从难者数人。胡欲退据营山县以图再战，适营山已由会党邹铭盘等在广安天池所组民军进取，有主客之势，于是胡奉命回师，在吴都督之后到军府。胡劝学生返校复学，兵员均有回乡复业生产的。当时已有成都反正情报，但是孙中山所号召的北伐正在进行中，吴从周离职去渝养伤，主持联系北伐，由张观风升任正都督，第一大队交由杨绍文统率。军府对邻县（岳池、邻水、营山皆属蜀北顺庆府）司令的隶属关系没有明确，但于北伐，则商定一致行动。

1912 年春，南京临时政府与北京政府和议已成，北洋军头子袁世凯为大总统。是年夏，成都大汉政府与重庆蜀军政府也完成了协议，尹昌衡（字硕权）为正都督，张培爵（字列五）为副都督。广安同盟会会长王制（字宣彝）曾在广安中学向学生说：“北伐是暂时的停顿，尹昌衡与袁世凯虽不是一脉相承，总非革命人物；孙中山先生所领导的同盟会革命，现在只改变了国体，消灭了皇帝，民主还未实现。”听者欷歔。

中国完成形式上的统一。四川军政府派张澜（字表方）为川北宣慰使，设行署于南充。张宣慰使与蜀军师长熊克武，于七月到达广安，会同蜀北军政府都督张观风及其重要职员，商定了结束蜀北军政府。对于人事未作安排，遣散军队，仅留少数武力为地方使用，军务机构全撤，委张同兴为广安县知事。蜀北军政府驻址，划为广安中学建筑新校地，有革命陈迹为学生观感。

张观风在将卸军政府职务时，改组王制为会长的同盟会为国民党，张观风为党长。同盟会员有未向国民党登记的，学生皆然。同盟会之青年王贵雄等成立青年励德群，信奉孙文主义，推熊克武为领袖，与国民党紧密联系，也参加国民党的会议和承担义务，青年励德群即为党内小组了。蜀北军政府结束后，聂开基（字丕承）由省谘议局解散还乡，首起组织民主党，成员大半为附和立宪派者及地方士绅。又有周迪（字惠卿）为首的共和党，与成都有联系，成员多为小学教员。还有陈茂萱为首的社会党，阳既铭为首的统一党。这些党有的有渊源，有的无来历，全是为争当议员而各立名目。唯肖贤俊以国民党立场为国会议员，其他均为广安县议员。聂开基为县议会议长，民主党颇占优势，城乡议会议长杜以刚亦民主党员，杜遇刺身死，聂去成都，民主党渐衰。

1962 年国庆日

（选自全国政协文史资料研究委员会编《辛亥革命回忆录》第 7 集，中国文史出版社 2012 年 6 月第 2 版）

高亚衡、李鸿钧与涪陵“光复”

高兴亚 *

涪陵在清王朝统治时，定为州治，号涪州，辖两个分州：北岸为鹤游坪，南岸为沿乌江的武隆。州城据乌江与长江的汇口，是乌江流域的山货集散地，又是川盐运往酉阳、秀山、黔江、彭水各县和贵州的转运地。因此，清王朝在涪经常驻兵两营，其武器配备，尽是洋枪（大部分是九子枪，有部分是五子枪）。一营为巡防营，专门用以镇压人民；一营为盐务营，专为保护运往贵州和乌江上游各地的盐运。

1903 年，县人高亚衡、李鸿钧（蔚如）等相偕赴日本。李学军事，高学法律。1905 年，孙中山先生在东京成立同盟会时，高、李皆参加，与川籍学生吴玉章、熊克武、但懋辛、黄树中等，同为同盟会的原

* 高兴亚：曾任冯玉祥部秘书长、政治部主任。
新中国成立后，任西南军政委员会副秘书长、参事室副主任，四川省政协常委，四川省人大代表。

始会员。1906年，孙中山先生指示：革命必须争取长江流域，四川居长江上游，尤应早图。随即派熊克武等同志回川，联络各地准备起义。嗣熊克武、佘竟成等去函建议：涪州地处重庆和万县的中点，据乌江与长江的汇口，形势重要，应派能力较强且可靠的同志在此设立地下据点，同时并可指挥邻近长寿、彭水等地的活动。同盟会遂决定派高亚衡回涪担任此项工作。当时，四川的清吏为了防范革命党人和加强镇压人民，拟在各重要州、县创办警察，借口是所谓推广新政。涪州必然会被选为办警察的重点。于是高亚衡又在日本进了一个短期警监学校。1907年，同盟会相继派李鸿钧与高亚衡一同回涪，李作为高的助手并兼任川省各地的军事联络员。

一　创办巡警教练所掌握警察武装

高亚衡回涪后，以生员资格（高系秀才）往见知州（即州官）戴赓唐，向戴汇报在日本学习法律、警政情况。戴一见大喜，遂挽高在涪创办警察。因戴不仅奉令要在涪州创办警察，而且他也有这个切身的需要。当时涪州驻清兵两营，任务不同，统属不一。盐务营护运食盐，跋山涉水，轮转无休；巡防营则悠游城市，无所事事。可是盐务营待遇较高，又有盐税作保证，从不欠饷，除了保护运盐外，还可私下接受保护山货商运，获得额外收入数目不少；而巡防营则不然，不仅待遇较低，且还常常欠饷，更无其他额外收益。因此两营之间甚是不和，随时闹事互殴，扰乱社会秩序，使州官很伤脑筋，为此急于想把警察开办起来，以资臂助。但左右多是外行，无人可以胜任，今见高学成归来，便决意委之于高。高原不愿受职清廷，更不愿做清政府的官吏，可是为了革命工作的需要，必须抓住这一机会，于是表示接受创办警察的任务，但坚不受任官职。

接着就开办巡警教练所，由州署聘高亚衡主办，月送舆马费8000文（当时约合银圆10元）。高建议为了调处和制止两营士兵的冲突扰乱，必须办军事警察，即警察应拥有武器，并加以军事训练。州官马上承认，即行筹拨九子枪100支、五子枪20支，另配发子弹若干。高归国时曾秘密带回手枪数支，后又得熊克武送来短枪（当时称为十三太保）10余支，故掌握到的武器较其他州县为多。李鸿钧在制造炸弹时受伤，以致一手残废。

巡警教练所自开办至涪陵起义时，共办了4期：第一期120人，分甲、乙两班，甲班40人，将来作为警察干部，乙班80人，将来作为警士；第二、三、四期各为60人，除以一部分作州官警卫外（后称为警备队），余皆分配于鹤游坪、武隆两个分州。第一期毕业后，即正式成立警察局，以刘某任警务长（即后来的局长），职位同州佐级。此人完全不懂警政，一切训练、调遣、巡视、查勤等工作，完全托高代办，他垂拱而治，毫不费力地做官拿钱，享受吃喝玩乐。高借此掩护革命活动，常利用晚间查勤来开地下工作会议和吸收同盟会员及与同志们进行联系。如杨维范、方茂盛、会春山、石少卿、胡九成、王银山以及办共进社的各位同志，大都是由巡警教练所发展起来的。

二　组织共进社联络袍哥打入驻军

当时同盟会的同志们认为，涪陵是下川东的一个重要据点，非常重视，所以吴玉章、熊克武、朱之洪、佘英、廖子治（亚）、但懋辛、谢持、杨庶堪、黄肃方、卢师谛、李炳英、罗俊生等，都先后来涪与高亚衡晤商，共策工作进行。其中尤以熊、佘、朱、廖来的次数为多。因为在涪州方面，虽然高的工作进行较为得手，但阻力也很大，除驻有清兵两营镇慑防范外，还有立宪派的萧湘和保皇派的施愚父子（都是涪陵人），他们多方窥伺，蓄意中伤，说高是革命党人，阴谋造反。来涪的同盟会同志们见此情景，一致主张采用同盟会筹组“共进会”的方法来联络会党；佘英主张尤力。当时的会党主要为袍哥，袍哥虽还不能完全公开活动，可是清军营中的下级军官和士兵多已当了袍哥，已成了公开的秘密。

高亚衡接受了佘英等同志的意见，决心着手组织一个共进社，以袍哥公口的形式，联络涪州原有最大的公口汉平公及其他袍哥组织，借以打入两营驻军之中。为了避免引起清政府官吏的疑忌，还故意商承州官，说明两营驻军中多有袍哥，关系复杂，公口不一，常互相敌视，扰乱治安，警察调解、制止有时而穷，甚至还遭致官兵的敌视；为补警察之不足，何不利用袍哥关系来促进和解，这是釜底抽薪的办法，可以减少、防止冲突于未然。州官甚以为是，允许在警察的监督下成立一个类似袍哥的团体来承担这项工作，于是共进社就成了一个半合法的袍哥组织，联络各原有公口打入驻军，不仅冲突减少，且还在军队中发展了同盟会组织。州官见到常伤脑筋的事（两营骚扰）得以消除，感到满意。而立宪派的萧琴瞻（萧湘之弟）、杨友三（萧的亲戚）和施鹤笙（施愚之父，曾任道台）却唆使冉介藩（与施同为珍溪镇人，有经济往来关系）向州官告密。冉系大商人、大地主，本人也是一个秀才，与高同案（同一榜），曾游历京、沪等地，虽不是同盟会员，但思想比较开明。他把萧、施等所拟告密的内容告诉了高，即指高系革命党人，组织共进社是图谋造反。州官据报，虽因共进社的组织是他事前同意的，却也半信半疑，随时派人暗中侦察共进社的活动和高的行动。高因得到冉的通知，一切言行更加缜密警惕。

1909年后，川中各地同盟会起义相继失败。1910年，李鸿钧返涪与高密商，决定准备在涪相机起义，加紧与各方面取得联系，并赶急制备起义时应用的一切事物。当时决定的是：武隆、彭水即乌江流域方面，由杨维范等联络；北岸鹤游坪方面，由方茂盛、会春山等联络；巡防营、盐务营和本城各方面，由石少卿、王银山、胡九成等联络。另外由高的侄儿龙章雕刻起义的印信，高的妻子廖帼英深夜密制数以千计的起义用的臂章、符号，并绣制一面“汉”字带18圈的大旗，负责密存。廖帼英日夜辛劳，连续数月，乃绝密大事，家中不便雇请保姆，事无巨细皆须自己操作，劳累过度，竟致咯血；辛亥革命成功后不久，即不幸病死，殊可痛惜。

三　先助长寿“光复”回师成立涪陵军政府

1911年秋，重庆同盟会因遭叛徒徐某（自流井人，辛亥革命后投入胡文澜、周骏怀抱，当了几任县长）出卖，设于体心堂街的地下机关被查抄。幸临时预得消息，急把重要文件、名册等由周伯炯（重庆联中教员，为同盟会中的档案管理人员）转移到金沙岗，未受到彻底破坏，得免一网打尽之灾。但重庆知府钮传善与兵备道某会商，除戒严外，还拟调各县巡防营到渝镇慑。重庆同盟会一切革命活动几陷于停止，如各县巡防营齐集，则重庆起义当更加困难，故急望邻近州、县先行起义，借以牵制各地巡防军向重庆调集。其时川东方面的情况，以涪州据点力量较强，乃由朱之洪、李鸿钧到涪晤高，商定涪州先行发动起义；并邀廖子冶（亚）前来会商进行。大家认为，为了保证取得胜利计，可先自涪州北岸鹤游坪秘密派出武装到长寿帮助廖子冶。廖此时在长寿高小任教，该校有枪缺弹，且无训练组织，但长寿没有驻军，只要有了外力，“光复”不成问题。长寿“光复”后，即以涪州援长之师，改称长寿援涪义军，顺流而下，以张声势，这就更足以影响涪陵驻军的反正。朱、李、高、廖四人磋商既定，便约定举义日期和具体办法分别进行。

在涪州方面的两营驻军，经同盟会领导的共进社和汉平公等袍哥组织联系，他们过去的彼此仇视已逐渐消除，而且还发展了同盟会的外围组织。在北岸，经方茂盛、会春山等活动，不仅发展了共进会和同盟会的外围组织，而且联络上了潘崇福。潘系武进士，曾任清廷的侍卫，以小故革职归来，甚为愤慨不平，时诋清廷。他有一个类似孝义会的组织，并拥有部分武装，称霸于鹤游坪。他接受了同盟会的“驱除鞑虏”这一条，愿意参加起义。

辛亥年农历九月二十六日（1911 年 10 月 16 日）晨，方茂盛、会春山自涪城率数十人出发抵鹤游坪，在鹤游坪又集合 100 余人，潘崇福亦派出数十人（并资助长寿一部分弹药），合并编制为两连，方、会各率一连。二十七日深夜抵长寿。二十八日晨由廖子冶率领包围长寿县署，该县知县无力抗拒，当即交出印信，长寿遂宣告“光复”。二十九日仍由方、会率领援长部众（留了一小部分人和枪弹给廖子冶），插着“汉”字旗乘船东下，声称是长寿起义军前来援涪，直抵涪陵上游 5 华里处的荔枝园码头。州官戴赓唐闻警，一面要求警察对他加强保护，一面令两营驻军速往迎击。两营的士兵和哨目等都拒绝作战。高亚衡此时即派出警察，名为保护戴赓唐，实将戴软禁起来；并亲率以警察的起义军进至两营驻地，以备不虞。

方、会回涪之师随即进城，两营清兵的管带眼见大势已去，当即逃跑。于是将方、会两部和清军混合编组为两营，清兵愿意退伍的，则登记起来，给资遣散。同时即派会春山到鹤游坪分州、杨维范到武隆分州主持两地的起义。

农历九月三十日，涪陵军政府正式成立（涪州自此改名为涪陵县），以高亚衡为司令，李鸿钧为副司令兼军政部长，潘江（后堕落为曹锟的贿选议员）为秘书长，冉介藩为财务部长，刘漱南（在日本明治大学与高同学法律）为法制部长，张倬斋（袍哥）为交际部长。军政府成立后，又命杨维范等自武隆进援彭水，也是兵不血刃，即告“光复”。不久，廖子冶率军至梁山，被清知县和巡防营官（均忘其名）以假反正为名，骗廖入城，于夜间将廖杀害于松柏栈内，同时死难者数十人，中有若干涪陵人。高亚衡当即率部经长寿前往梁山声讨。继又同熊克武会攻万县的刘罗汉（此乃诨号，是万县官吏，假独立后自称都督，在万搜括，无恶不作）；涪陵军政府司令一职，即由李鸿钧继任。

涪陵军政府成立时，对原任州官戴赓唐，有主张杀之者：高亚衡力主贷其一死，令他正式办理移交，以免国家财物遭受损失。戴遵命交出的盐课（税）银约达 48 万两。此款由高亚衡、李鸿钧建议，经军政府会议通过，以 8 万两补助熊克武的蜀军偿还一部分购械借款（熊曾帮助过涪陵起义的械弹），余数历任知事（县长）依次移交，因有正式交代案卷，故皆未敢吞没。在四川军阀统治时期，各县迭被勒派种种苛捐，独涪陵有5年之久未向人民摊派分文，就是用这笔款项支应的，群众对高、李二人称颂不已。

军政府成立初期，高亚衡拟请潘崇福参加主持鹤游坪分县事务，潘不接受。李鸿钧继任司令时，潘在他的寨内大兴土木，制黄袍，拟称帝。其子自命为太子，在乡肆虐，奸淫掳掠，无所不为，人民纷向军政府控告，李即派兵将其捕杀。立宪派于是大肆造谣诬谤，说革命党残忍，连功臣也要杀，以此来诋毁李鸿钧。李愤而辞职，后来担任了熊克武的参谋长。其实辛亥涪陵“光复”，仅仅杀于此一罪人而已。

反对袁世凯时，高亚衡被叛徒胡文澜（时任四川都督）捕囚并抄家。后又遭袁的走狗军阀周骏命涪陵知事逮捕立即枪决，幸得县中各方面人士掩护，方始脱险。李鸿钧则在大革命时期被其门生郭汝栋出卖，骗执送交刘湘，就义于重庆南岸黄桷垭。涪陵“光复”因高、李二人的筹谋主持，城乡均未受到任何损失和惊扰，这是涪陵人民一直难以忘怀的。

（选自四川省政协文史资料委员会编《四川文史资料集粹》第1卷，四川人民出版社1996年12月第1版）

东乡“光复”记

石体元*

东乡即今之宣汉县，在清代属于四川省川东道绥定府。乾隆嘉庆之际，白莲教起义，王三槐曾在东乡峰城驻扎甚久。光绪元年，袁廷蛟曾经率领贫苦农民进城请愿免捐，清末官书列为四大案之一。辛亥革命时，东乡冉崇根一呼，而附城民团自动响应，也是为打倒吴县令的贪虐而集体起义，与王、袁前事仿佛相似。那时我曾编写了一部《东乡光复史》，寄交曾宝森。但因频年内战，此稿谅成劫灰。现在只把记得的一鳞一爪，据实写出。对于真实、具体两个条件，或可勉强相符，只是太简，不能不引为歉仄。

---

* 石体元：时为四川高等巡警学堂毕业生，参与东乡起义，后任南京国民政府四川省政府委员兼财政厅厅长。
新中国成立后，任重庆市政协委员，四川省文史研究馆馆员。

起义的准备

清宣统二年庚戌（1910年），我在成都高等巡警学堂肄业，与徐堪、肖参同学，他两个都参加了同盟会，曾借给我《民报》《浙江潮》等刊物。又认识了卢师谛、方化南诸同志，但是我并没有加入同盟会。辛亥年五月，我参加保路运动以后，经常和他们商谈，也知道他们常在珠市巷第二小学内和同志们密会，研究借争路机会来推展革命工作的计划。到七月十五日赵尔丰屠杀请愿民众，激起了同志军起义，肖参赴资井一带，徐堪赴重庆，同学们也相率离开了成都。我也想回本县去相机而行，但因在外日久，对县中群众素缺联系，难收协作之效。默计本县冉姓系县城世家，冉崇根少年时即加入袍哥帮会，负有声名，又被选为谘议局议员并兼川路公司董事，在省内外的交游亦广。若他肯任领导，一定顺而易举。这时恰遇冉崇根自宜昌兼程到省，我即劝其回县发动独立。崇根极表赞成。武昌首义消息传来，决心更坚，顾虑全失。遂于九月中旬与冉淮瑞等六七人由北道联袂回乡。

由成都出发，经过顺庆、渠县、绥定府城，沿途探问驻军及袍哥帮会的情况。知道下东各县，只万县有巡防军一标，分驻忠州、夔府两属，其统带刘汉卿系一旧式军人。至附近各县的帮会则很发达，旧为两派，一为江湖会，俗称袍哥，各处都有组织，唯没有全面领导的人。一为孝义会，其首领为李绍伊，以大竹大寨坪为根据地，其势力旁及新宁、梁山等县，旧与江湖会夙怨甚深，现在略好一些。自省门战争潮流传播以来，各地帮会活动加强，首领人的来往和开会颇为频繁，大有一触即发的迹象。

我们回抵县城，同行的几个朋友多分道还家，只我和冉淮瑞留住，与冉崇根筹商对策。又由崇根加邀景昌运、王维舟、卢玉章、高杰诸人共同密商。东乡县令吴巽贪赃枉法，民众恨之入骨。大家都主张立刻发动。崇根主张慎重，认为有种种问题须从长计议。

甲、人事的安排。崇根向来不择交游，此次知道他有异图，投效者甚多。如概予接纳，则嫌太滥，将来影响他的名誉。若予选择，又虑引起反感，有妨大计。经大家商定，暂分两层办法，初期概予欢迎，不明定职务；俟大体就绪，再定组织，重新给状。

乙、武力的准备。起义以附近团练为基本队伍，但应加以制约。倘自由的开来太多，尽量收编，则额子加重，装备困难。如人少，又不足以维持治安秩序和防御外力侵犯。大家决定暂以500人为最高额，先行估计分配调编。

丙、财政的预算。军府成立以后，薪工和饷弹需款甚巨，以征收局存款多少来作开支，不增加人民负担。

这几点大纲议定后，甲项由我负责拟办，乙、丙两项由王维舟负责分别拟办。起义日期，初定十月十二日。调集团队，拟以距城80里的乡镇为限。初预定清溪场、普光寺、天生桥、七里峡、柏树场、东林河、洋烈子等场，每场至多调五六十人，少者二三十人。假定总额为300人，如指定的场枪支不够，亦可以刀矛代之。决定后，分别派人前往联络，务须推选领队人带同入城。严守纪律，驻地食宿，听候安排，绝对禁止自由行动。倘有劫取公私财物者，定照军法严办，并要领队人负完全责任。这些办法经崇根剀切说明，并拿出帮会的条规来约束各公口的弟兄。

起义日期和调集团队办法决定后，正分别派人出去传述的时候，消息泄露了，几至通城皆知。有一天清晨，吴巽来拜会崇根，入客堂时，即见走廊边几个缝工在裁制白市布旗帜和标记等物。吴令回署，即把堂勇全数调入大堂，守卫戒备极严，并把警察的枪支提走了。崇根立即召集紧急会议，议决提前两日起义。立刻飞派人员分头前往传达改期的决定，并规定各场进城时间要做到接续源源开来，声势才壮大整齐。一面同警佐李树滋面商，把四门锁钥交出，以防吴令关门拒抗。树滋本同我们一致的，只是胆子太小，他回去把锁钥送来就偷跑回家了。更决定十月十二日召开全县代表大会，除通知议事会议员和参事外，并令各场选派代表一二人兼程赶到，连夜赶办通知，早于前一日送去。宣布前一夜，同人齐集崇根家中派定当天的各个任务，深夜才散。已把秘密计划变成公开形式，盖明知吴令不敢抵抗，故毫未戒备。事后探知那时吴巽亦想学赵尔丰诱捕蒲、罗等的故技，因带堂勇的人不敢出手乃止。

宣布起义时的情况

辛亥年十月初十日清晨已把决定宣布地点文昌宫旧同善局打扫干净，布置整齐。崇根已先派人接收警察，全部开到文昌宫。到10时，崇根和同人等次第到齐，一面宣布开会，一面把警察派出各街站岗巡逻，张贴起义韵文告示，通知全城居民悬挂白旗，并派人轮流查看吴令情态。据报吴令已把堂勇撤到二堂去了。崇根原抱和平革命主旨，不愿追究其贪污劣迹，当请大邑县教谕冉人瑞、前视学景昌运为代表，往会吴巽，劝令交出印信、公物档卷及全部堂勇枪械，允保护他一家人的生命、财产。吴巽愿接受崇根意见，唯要求代为雇船护送家眷、行李到绥定。崇根允其请求，立派人雇定中板木船4艘。当与吴巽交涉时间，各场团队陆续开到。至午后2时以前，约调团队到齐。各团队皆为拿办贪官而来，不知道崇根的宽大处理。忽见吴巽家人押送大批箱箧上船，登时大哗。并未向崇根提出意见，即有一、二团队的领队人自动率领一小部分驰赴对岸河边散开，持枪对着装载行李船舱作射击准备。其他团队都取一致行动，于是南岸上下游团队登时云集。吴巽把印信交出，留人办理移交，即拉冉、景两君陪他上船。才走到河边，见对岸排队等候，又听见捉拿贪官的呼声，遂瑟缩却步，哀请冉、景两君设法保护。这时崇根闻知，不敢过拂民意，再对吴巽抱宽大政策，马上派队驰往将吴巽押赴文昌宫审办。他既允诺于前，不便自己反悔审问，乃授意普光寺耆绅罗棣材代为审讯，并通知各团队领队齐来观审，以释疑团。棣材历数吴巽的贪污劣迹。军政分府初主宽大待遇，乃民愤甚大，应予采纳民众意见，当即宣布收监。至此团队乃欢呼归队，恪守纪律。隔了几天，团队编制就绪，全县代表开会时，崇根提出处理吴巽办法，一致赞成宽大，乃将其释放出境。

初十那天，我和维舟真忙到万分，从上午10点钟起就有团队进城，刚才跑去慰劳了一番，又把革命简单理由说了一番。才把话说完了，二队又到了，又要去照样来一次。记得有的住在西门外预备学堂，有的住在南门外水府宫，有的住在北门上罗公祠。我和维舟往来照料，真是疲于奔命。来的团队以普光寺、清溪场两处的团丁精神最好，服装、武器也都整齐，仿佛军队一样，其余的团队那就五花八门、各色各样的了。有一个共通的优点为县城人歌颂不辍的，就是进城时精力饱满，步伐雄壮，到达驻地，登时把门卫排好，就在院坝内整列操演，轮班休息，随时准备出发模样。其领队人更能表现出领队的姿态，除非请去开会或谈话，没有离开过驻地。只发生了一件事，就是普光寺团队从北门整列开入，经过符家祠前，即征收局租用的地方，有一小队的领队人想驻在祠内，正从阶梯往上走，征收局吴局长的一个儿子20岁上下，误以为要去危害他们，遂拿着手枪向着上去的人射击，当时有人受轻伤。因之激动了公愤，一拥而上，幸好没有开枪乱扫，立把吴某之子捉住，更一齐拥进检查，所有吴局长一家人的衣物和公用东西被团队拿了一大半。崇根闻耗，立即派人前去查明制止，当由领队人清查出了一部分东西，其余的零星用品无法追缴了。崇根登时把吴局长移到文昌宫住，又把他一子一媳一女安排到景昌运家去住，并把清查出来的东西交给他们，随后还给予路费，礼送出境。

起义那天，城内居民没有一个人搬家或关门；大小商店没有停业，饮食茶酒店营业更好；县衙十房文册无损，监所人犯毫无异状，仓廒无恙，粮册完好；只有学堂停了两天课，警察停了一天岗；市面现象丝毫未变，就连距城较远的场市和农村也都秩序如常。风鹤不惊，不特没有聚众抢劫情事，即小小的偷盗事件亦罕有闻见。只有柏树场出了一件仇杀案件，经从严讯办，以后再没有发生问题。城乡这种治安程度，实为我们初料所不及的。起义后，即呈报重庆军政府，并封缴县印，由王维舟赴渝面交。

军政分府及全县代表大会

这回起义，我们六七个中心人物中间没有一个同盟会员，对于

“光复”意义，只在刊物上看到过一些；关于施政纲领和组织机构，脑筋中纯是一片白纸。景昌运订有上海《申报》，记载鄂军政府的组织极详，并载有军政府机构的分级，如第一级省和重要都市称军政府，领导人都称都督，第二级通府驻地称军政分府，领导人称副都督，第三级重要县份亦称军政分府，领导人称参督。我们比照这个规定，定名为东乡军政分府，崇根的名义定为参督兼民军司令。内部设置，《申报》所载也无明白成例可循，乃比照军政府的规定而缩小组织，权且称为某某部，不分执掌，不分阶级，凡来参加的一律称为某部部员，明白表出系暂时组织，将来再看环境情况重新厘定办法。至内部负责的核心人物，则由崇根约定数人随时座谈处理事务，以我和维舟两人负担任务较多。我与崇根是世交，平日过从甚密。我除经常主持批答案件外，凡一切重要问题崇根皆和我商办，采纳我的主张。维舟因旧充崇根所办兴盛元盐号的店员，在经济上和事务上崇根信赖甚深，故维舟不辞劳苦，既带卫队，又总财政。景昌运、冉淮瑞则分任交际参谋事务；卢玉章、高杰则分任批答起草事务。这几个人都可算为东乡筹划起义的核心人物。其余人数尚多，且时来时去，不再仔细记述。

起义前调团人数，原定至多为300人，但有自动增加者，有闻风自动参加者，因之进城的总人数超过了原定计划。还有东路场市，因其距城较远，费时较多，故当时没有派及，“光复”后有向隅的怨言。有这种不同情形，对于编制成军的计划，颇感困难。几次会商才决定暂编成5个连，每连编100人。接收县署堂勇和警察共约100人，单编一个连。其余4连，即就这次进城参加起义、武器服装整齐的团队尽先全编，剩余兵额再就这次进城参加团队全数比例摊额减编。

如果尚有余额，或有自愿还乡退编者，再摊定人数。通知东路场市自愿参入编制。崇根委龚有鉴为营长遵照执行，于是民军才编制就绪。

东乡地形狭长，共有大小场市48处，如东路的双河口、三墩坡、樊会店都隔城200余里。爰定于“光复”的次日召开一次全县代表大会，凡各场前次选出的县议员和参事与各场现任团职人员均为当然代表，如无参议会人员或现任团职缺员的场市，可另推代表至少以一人为限。这个通知派人连夜送出，限于十月十二日午前兼程赶到。发出通知后，深恐有些过远的场市代表不能赶来参加。及至十月十二日上午，在文昌宫大殿开会，届时我们去参加，检阅画到簿，知道已全数到齐，闻有日夜兼程来的，其真诚拥护，深堪钦佩。前议事会议长余良瑀、副议长向世元都赶来参加，济济一堂，两边楼厢和戏台上都坐满了代表，是历来未有的盛会。开会时，因崇根讷于言辞，委托我代为报告这次起义的宗旨及召开全县代表大会的意见和处理吴巽的经过情形。报告毕，将军政分府的组织和人事的安排提请大会审核，当经全体起立拥戴崇根为军政分府参督兼民军司令，并照崇根所拟的军政分府内部职任和负责人选一一提名通过。最后，崇根简单向各代表致谢词，请大家帮助推行政务和维持治安。大会在欢呼声中宣告闭会。

绥属联合会的发起

当东乡宣布“光复”的时候，重庆蜀军政府成立的消息已经传到了，因之下东各县次第响应，各处独立情报如雪片飞来。万县巡防管带刘汉卿称副都督，派兵四出，在新宁和民团发生过战争，又进驻绥定府城，把达县民团赶走了。大竹的李绍伊也派人率领孝义会徒进攻新宁、渠县等处，发生战争。陕军又进了城口厅，渠河下游的广安成立了蜀北军政府，也在争城略地。东乡四邻都是炮火连天，幸东乡争先倡义，全县人民没有受到生命、财产的丝毫损失。对于邻近友军，崇根因夙与帮会首领接近，亦很注意交际联系。当新宁发生刘、李两军冲突时，曾派吴鸿猷前往调解。及闻万县刘部曾晓初进驻达县，我曾同维舟去访问过。崇根又派冉淮瑞赴广安蜀北军政府去联络过。这都是崇根当时的对外活动，因之对外树立起了良好的名誉，即疆域毗连地方，从未发生过纠纷问题。适成都兵变，而川东、南、西、北都有都督称号，统一时机尚在渺茫之际，蜀北军府来函约称都督，联合进取，崇根婉辞谢之。

崇根恐统一愆期，演成割据形势，爰与我同维舟商定发起绥属联合会，把同府各县团结一致，以便共同应付他部的窥伺。先行通函现在驻扎6县的军政主持者，说明发起绥属联合会的重要意义，预定十二月上旬为开会日期，要求他们协赞斯举，届时派出代表到达绥定府城，共同提议团结互助的实施办法。才隔数日，即得5县答复赞同。崇根立即派人驰赴府城商办开会事务。届期崇根约我和冉淮瑞担任出席代表，淮瑞分任对外接洽工作，我分任起草会章及开会演词，并趁这个机会把武装力量尽量表现出来，以壮本县的声势，而免他部的觊觎。一面令龚有鉴营长选调服装、武器较好的组成一个连，除一律毛瑟步枪外，并配给洋抬枪20支（系向冉恒升永盐号借来的），一面由维舟带领卫队40人，带手枪者20人，带十三太保马枪者20人（也系借盐商的），乘船到罗江口上岸，整队鱼贯前进。首由龚营长的一连步枪民兵作先导，次由民兵抬洋抬枪的继之，手枪卫队又继之，最后是马枪卫队，府城人士称为反正后第一次见到的整肃军容，驻府城外旧府中学堂内。适值蜀军政府委的下川东安抚使肖德明行抵府城，是夜当与接洽，请其主持会议事务，德明慨然允诺。次日即在府中学堂礼堂举行开会仪式。计到达县代表陈炳堃等4人，渠县、新宣、大竹、城口各属代表1人或2人。先由我代表崇根报告开会意义，并谢各代表远道来赞助的热烈情绪。继公推肖安抚使为主席。肖即出席，先说他奉令安抚下东一带的任务，次赞成绥属联合会的召集，甚希望积极发展，做到互相援助，建立人民福利，保护府属治安等语。次由主席报告会章，提交各代表逐条讨论通过，最后选举正、副会长，当经各代表投票选出大竹江三乘为会长，崇根为副会长。江三乘时在成都，由副会长代行会长职权。复由代表们自由发言，主席宣布散会。以后成、渝两军府合并，联合会无继续发展的必要，即任其流产了。

“光复”初的俭朴风气和机构的迭次改组

清末以来，东乡以产烟土著名，因经营土栈而致富者甚多，乃渐染豪奢习惯，嫖赌风气尤极普遍。崇根和我也不能例外。自起义后，相约以身作则，先从廉洁着手。故所编支出预算，薪资占额最少。崇根本人自定为每月50元。那时，每1元折合制钱700余文，50元只折合制钱30余千。其余职员最多者月支18千，少者仅月支10千。并提倡不请客、不送礼，节省一切应酬消耗，借以养成俭朴作风。至烟赌恶习，更相约彻底革除干净。崇根提出互相纠查规戒的办法，同人一致拥护。

军政分府后奉到蜀军政府颁布的地方组织条例，内部分为军事和政治两部分，军事部又分军谋、军政、军需、军书4处，政治部又分行政、财政、司法、学务4科，遵照改组。崇根改称地方司令官，认为本县从未发生过战事，且现在邻县亦渐安定，军事部分不必设置各处，以省开支，只把从前所委派的各部部员名称取消，比照政治部分改设4科。蜀军政府又规定司法科长不用本籍人员，以避嫌疑，并径委王某为本县司法科长，薪资亦附带规定，比较“光复”初预算数字超出数倍，他科不便悬殊太远，因之薪资增高，而俭朴美德开始减低。只崇根一人仍坚守自定标准未变。成、渝合并之后，比照成都军政府的规定，改称某县知事公署，崇根又改称为县知事；内部组织更趋于简单，只有承审、案牍、庶务、收发几个人就够了。至薪饷则更提高，知事薪金公费每月共支若干，形成包办。薪资既多，开支自然随之加重，而“光复”初相约的优良作风遂日趋堕落。

次年七月，成都政府调任崇根为城口县知事。“光复”初军政分府的同事至此只维舟同卢玉章二人伴崇根同赴城口，余皆风流云散。我亦于正月杪响应蜀军政府召集的地方议会联合会，充任本县代表赴渝出席去了。记得从本县宣布“光复”日起，至崇根赴城口止，才相隔10个月，机构组织已经三度改变，人事的变动尤大，从前树立的优良风气更是昙花一现，仍归腐化。今日又隔了50年，回溯当时的一鳞一爪，尽变为历史陈迹，好似白发宫人重话开元、天宝故事，不胜感喟交集。

（选自全国政协文史资料研究委员会编《辛亥革命回忆录》第3集，中国文史出版社2012年6月第2版）

忠县辛亥革命的回忆

陈德甫*

辛亥年，本人年龄幼稚，不懂时事，唯当时身历其境，亲眼看到和亲耳听到的一些片断事实，尚能回忆一部分，兹录如下，以供参考。

革命党人的秘密活动

忠州（今名忠县）响应辛亥革命的领导人吴恩洪，字锡三，忠州城东门外富家子，年20余岁，留学日本东京法政大学。公元1905年，经熊克武、赵铁桥等介绍，参加中国同盟会，经常奔走于川、鄂、京、

* 陈德甫：时为四川省忠县儿童，后任南京民国政府丹棱县、开县县长。新中国成立后，任四川省文史研究馆馆员，忠县政协委员。

沪之间，宣传革命纲领，散发刊物。

吴和党人如熊克武、赵铁桥、余际唐、喻华伟等秘密往还。曾记 1906 年，熊克武在吴家避难，变姓名为陈国梁，因有敌探到城内一品居栈房来侦查熊的踪迹（因熊曾在此栈住过），吴得信后当即同熊避居东区某佃农家中。州人江海山在神滩溪创办了一所小学校（此校在忠州创办得最早），校址隔佃农家很近，吴、熊常到该校起坐。海山侄儿最多，如晓楼、晓岑、晓南、晓城等初由自流井树人学校毕业归来，俱在此校任课。熊氏当同吴商量，介绍他们入党。

公元 1909 年，有一天吴在家宴请州官陶家瑶，突来一人声称有重要信件须面交。吴出来收信，来人竟掏出手枪对吴打了 3 响，幸未打中要害。事后拆信一看，内叙吴家藏有机枪 20 支，子弹 10 箱，火药 10 桶，意图乘机暴动等语。但信末未署姓名，暴客不知谁人所派，至今还是一个疑案。好在当时州官未曾发觉，否则定遭灭门之祸。吴遂具戒心，为了今后的安全，请州学辜、黄两位老师介绍拜在陶家瑶门下，学习吏治。次日吴遂移住州署，此后随陶常住成都（1913 年川东宣慰使朱之洪凭吴的信，到吴家领去枪弹火药如上数，足见暴客信内所叙不虚）。

吴每次回家，必定邀集哥老会首领刘永桢、柳仁炳、杨国琛等秘密会谈（当时先父陈乾安在吴家作教读，本人亦随班学习，因闻见所及，略知一二如上）。

公元 1911 年，吴由成都返州，任团防局庶务员；暗地和各地党人信息相通，又派江氏弟兄和刘永桢、柳仁炳、杨国琛等在乡间鼓动青年，并宣传非革命不能挽救危亡的道理。又由团防局（局绅便是吴之父叔屏）保荐刘永桢带领城区中关团练；杨国琛带领城区东关团练；柳仁炳带领西关团练，暗地搜集地方武器，以备必要时之用。

此时州官所恃以自卫的警备队，有快枪百余支，而团练的武器，不过是土炮戈矛而已。警备队长是把总梁用廷，永川人，住忠州10余年，与州人士往返最密，也曾参加过哥老会。吴乃密派刘、柳、杨3人向用廷关说，晓以革命大义，劝他早日参加，并嘱以必要时反戈相向。用廷满口应承。

起义经过概况

公元1911年，革命风潮日益高涨，党人等遍传革命大军行将到达（其实并无大军来忠），又派人黑夜到上游杨家溪一带一面吹号一面呼喊，以致城乡空气益形紧张。农历十月十六日，州属党人谢铸今（成都优级师范生）、周武伟、马子尊（均留学日本）3人由成都回州，到高小校借宿一夜，谈及革命事业，并打算明日邀集州属党人及有关人士到东门外奎星阁开一度座谈会。当时先父在小学校任课，本人随侍在侧，是亲眼看到的，但座谈内容如何，却不得而知。

十八日，谢铸今、周武伟、马子尊3人就州议事会议场召开一度州民大会，介绍重庆、成都响应武昌起义的经过详情，说明大家如不迅速革命，实不足以救亡图存。谢铸今谈到中国将被瓜分，不禁放声大哭，到会全体州民亦莫不相向流泪。接着又谈到我们忠州要想避免兵祸，非马上响应革命不可；响应革命，非欢迎我州老党人吴恩洪同志出来领导不可。大家如果同意，请即举手为号。登时全场举手，欢声如雷。当即正队随同谢、周、马3同志到吴氏家里，面请吴出来主持一切，吴始不同意，继以谢等再三劝驾，始得应允。但伊父叔屏生怕遭受倾家灭门之累，出而坚决阻挠。吴乃将历年和各处党人往返的信件一大皮箱，拿给他父亲看，并说明现已势成骑虎，已是欲罢不能了，今天风声已张，与其坐以待缚，亡家破产，不如挺身而出，还有保全的希望。伊父闻之，也就不敢再说什么了。

吴到会场，马上对州民演讲："我们汉族受了清廷政府300年的压迫，今天我们要翻身，就非推倒清廷不可。我州州官金翅鹏，是清廷的走狗，又是我们的敌人，今天我们的先决问题，就是要迫他交印。"当即派刘、柳、杨3人前往威逼翅鹏。翅鹏早已丧失自卫，只好将铜质州印交出，丝毫不敢抗拒。吴将此印举以示诸州民，大声疾呼："如此物不销毁，万不能断绝群众不必有的一些念虑。"当以斧头将印捶成粉碎，并将金翅鹏管押在典狱署办理交代。翅鹏是一个满人，性本庸懦，到任才四五个月，尚无贪赃枉法情事，决定俟其交代完毕，即予释放。唯经征局长胡作虎贪污较多，当时追出的赃款已不在少数。

吴再将革命的意义重讲一遍，并向州民宣誓："今后绝对做到平等自由，倘敢中变和别有意图，自愿受新政府和群众最严厉的处分。"誓毕散会。

此时留日宏文师范生陈光绩，因没有抓着政权，遂勾结吴的秘书长秦肃三为内应，在拔山寺招兵买马，与吴对抗。肃三原为州议事会议长，吴起义之后，即下令解散议会，以肃三为秘书长。肃三心有不甘，老羞成怒，便与光绩勾结捣乱。当经州人陈鸿胪、黄国栋等双方调解，欢迎光绩回城，做高等顾问，并恢复议会，仍以肃三为议长。从此州境才得相安无事。

组织和安排

在未奉上级明令以前，凡一切设施，均由州民大会开会决定。当时忠州最高机构是临时军政府，住考棚，推吴为总理，又称司令，统辖全州军政事宜。下设秘书处，以秦肃三为秘书长，苏德俊、刘勃安为秘书，一切文告多出于二人手笔；设参谋部，以谢铸今为参谋长；设陆军部，以周武伟为部长；设财政部，以秦汉三为部长；设司法处（驻原州署内），以吴的业师江西人陶家瑶为审判长。又成立 3 个营部：第一营驻府内，以梁玉廷、柳礼堂为正、副营长；第二营驻北门内禹王庙，以江晓南、刘永桢为正、副营长；第三营驻东门外文昌宫，以柳仁炳、杨国琛为正、副营长，此外，又恢复参议两会。一城十三乡，设城议事会和董事会，又乡议事会和董事会，以议长秦肃三总其成。

1912 年即中华民国元年，奉南京总统府通令，改农历为阳历；废除府厅，改州为县，知县改称知事。县署的组织大纲，亦同时颁发下来，于是忠县各级机构一律照组织大纲设置，临时的组织名称到此全部废除。

临时规划

吴到任时，即先与州民约法三章：一、造谣生事者斩；二、煽惑民心者斩；三、寻报私仇者斩。又破除迷信，禁止烧香拜佛，这几条是突出的。其余根据清朝制度，略加修改，暂时应用，俟中央明令颁来，即按照遵行。

当时撤销了经征局，将各项粮税和地方公款全部交由财政部统收统支；凡一切庙产、会产掌握在少数人手里的，皆得提交财政部，补助行政经费；又就忠州条粮项下，每两附加纹银一两，以作军事开支。军政部长和正、副营长，每人月饷铜钱20串文；官佐士兵最低的饷是约7串文；中学教师每人每月的饷是20串文；小学教师减半。至于行政方面，上至总理，下至公役，每人月薪6串文。

吴登台后，即通令全州，无论官绅和人民，男子一律剪去发辫，女子恢复大足。凡军政人员，每人必须以白巾缠头或缠左臂，旗帜亦仍用白色，上书一个很大的“汉”字。一切文告皆以“忠县临时军政府”7字冠首，末书“大汉元年”等字样。这些改变标识的命令公布下去，没有一人不敬叹遵行的。唯中间有少数农民狃于习惯，不肯剪辫放足。嗣经党人们多方开导，也就一致遵行，毫无阻障了。

三次出兵

第一次：大竹县党人李绍伊盘踞该县大寨坪，招兵买马，与重庆镇守使兼第五师师长熊克武对抗。克武遂命令大竹县附近各州县出兵会剿。我州亦奉有此令，吴乃派周武伟部长率领第一营前往参加，大获胜利，绍伊亦被乱枪射死。惜乎自己不慎，火药爆发，烧死副营长柳礼堂、军需关寿祥二人。

第二次：石砫厅僻处边陲，厅署有多年充当捕役头目的李志，并非党人，他得到忠州起义消息，就聚集群众，将厅官驱走，自立政府。厅人有联名向镇守府控诉者，说他作威作福，并不拥护革命，甚至奸淫掳抢，无恶不作。镇守使熊克武又令忠州出兵查办。吴奉令后，即派周武伟部长率领第三营前往石硅，与李志交战一昼夜，始攻入城内，将李俘获杀死。

第三次：万县驻军刘罗汉叛变，吴奉镇守使命令，亲率所部赴万，将刘匪平定后，即将部队编成一个游击营，以江晓城为营长。补充第五师，驻防万县。吴回忠州，即奉委为重庆府府知事。当将忠州事交代清楚，随即履新。

（选自全国政协文史资料研究委员会编《辛亥革命回忆录》第3集，中国文史出版社2012年6月第2版）

内江独立前后

吴树韩*

首先谈谈我参加同盟会后的最初两件事情。

1907 年，我在日本时，经资中县人廖碌民介绍，参加了同盟会。以后我与廖介绍内江喻华伟（名培棣）加入，我与华伟介绍喻云纪（名培伦，华伟之兄）加入，我们都在实行部工作。1908 年，黄克强在河内发动起义，实行部召集部内同志宣布此事，到会的人热情很高，一致要求参加。主持部务的负责人，认为参加者须具备一定的军事常识，后来仅从横滨的东京私立军事学校内遴选了几人前往河内协助，喻华伟是其中之一。他们尚未达到河内，起义已告失败，遂折返日本。

* 吴树韩：时为同盟会会员。

河内起义失败后，四川同志即积极进行四川的起义准备。大家凑集了一笔经费，购买手枪约 20 支，子弹若干发，打算运交内地同志应用。当时清驻日公使对留学生监督甚严，为了保管待运，我们又买了一部电影放映机，利用瓦斯桶（当时放映电影照明还不是用电力，用的是瓦斯，瓦斯药品盛在铁制桶内，桶有半截是空的）来藏枪弹。这时恰巧成都资属中学校长吴全奇护送学生来日本留学，公毕即将返国，有相识者主张托他代运，吴亦满口答应。谈妥之后，我和其他一些同志将电影机运至宫崎家中，用锡焊好铁桶的盖缝，然后送交吴全奇。吴运回四川，并未转交国内同志，却被他私人吞没了。

我于 1909 年回国，临行时，四川同志交我带回德制驳壳手枪一支，子弹 300 发，转交四川熊克武。我与熊尚不相识，到了荣昌县丰高铺会见原在隆昌知耻中学的同学杨亚东，知他亦同盟会会员，与熊克武有往还，于是把枪弹托他转交。1910 年，我到资州中学教书，某日有人来找我，说某旅栈内有一客人约我谈话，来客不愿道姓名，也不愿亲来学校，我揣想必是同盟会中人，果然，见面之后，才知道来客即熊克武。他告诉我杨亚东转交的枪弹已经收到，因路过资州，特相约一见。因系初识，彼此仅谈了些互相仰慕的话，而未及其他。通过这些关系，我和国内同志即取得了联系。

1911 年，我回到内江。内江虽有同盟会同志李益文、谢绍连两人，但无一定组织。他们对革命并不那么热情关心；清政府防范极严，平时我又不便同他们往还过密，加以当时内江交通不便，与外地联系极少；因此我忧愤终日，百无聊赖。过从较密者，唯张笃周而已，张是富有爱国心的党外人士。农历七月初，听说成都保路同志会兴起，声势极为浩大，我即约张笃周同到成都，准备先看看情况，如有机会，就从各方面纠集同志配合发难。我们到成都的第二天，即七月十五日，发生了赵尔丰逮捕罗纶、蒲殿俊等人以及总督衙门屠杀请愿民众的事件。我眼看在成都不会有什么结果，即返回内江。这时喻华伟因其祖父病故奔丧回内江，我才有了一位互相了解的朋友朝夕相聚，稍解忧寂之苦。

九月，重庆派来一位姓陈的同志到内江给我和华伟送信，说端方入川已到重庆，不日西上，所带领的一支湖北新军中同盟会同志甚多，重庆同志已经和他们联系好，如果经过的地方发动起义，他们就动手杀端方，要我们准备行事。这是一件十分令人振奋的消息，但我们人枪俱无，又忧虑起义的困难甚大。到此，不能不找李益文、谢绍连等商量了，因为他们在内江的社会关系多些，或者可以凑集些人枪。我与华伟约他们在南门外梅家山开了一次紧急会议，商量如何举事，张笃周也参加了。起初他们主张策动在圣水寺警官训练班的学生。我们认为当时警察受的教育都是反动的，恐谋事不成反被出卖，主张另寻其他办法。后来谢绍连建议，他自愿回到白马庙乡下发动群众，大家在城里根据自己的条件进行工作。这一切活动还没有结果，端方已过了内江。当时川西各路同志军风起云涌，展开了武装斗争，清军节节失利，端方逗留资中，不敢再前进一步。我们就利用这个时间准备发动起义。

十月初五，华伟约我谈话。到了他的家里，看见坐着两位客人，其中一人是在日本早就熟识的吴玉章，另一人是荣县吴景熙（名庶咸，与我的姓名完全相同），李益文也来了，大家相见甚欢。正在聚谈，忽得华伟家人来报：隆昌县已经起义独立，革命党人派人沿途砍倒电杆，现在已经砍到离内江城 25 里的万里坡附近。我们得此消息非常惊喜，为了加以证实，我们 5 人决定亲身到万里坡去查看。出城以后，凡遇见由隆昌来的人，就向他们探听隆昌详情，但又不能正面问，对方也不敢随便说，所以问了好几个人，皆不得要领。到了万里坡，并没有发现砍电杆的事。这时已是下午，我们又转身回城；经过三元井，李益文约我们到他盐灶上去吃饭，饭后又一同进城。尚未到城，就听说城门已经关了。原来隆昌发生革命，内江官府已得信息，为了防止革命党人活动，把八道城门提前紧紧关闭。我当时住家在城外的卷子坳，就留他们同到我家住宿。这一晚上，给了我们一个放心大胆交换意见研究办法的很好机会。这时，李益文才说出隆昌起义是事实，他已得到陈伯珩的来信，信送到小东街他家所经营的聚发源酱园店内，他的三哥李炳文接信到手就拆开来看。聚发源隔壁是一家客栈，有些人在酱园门口闲谈，看见李炳文读信时面色惊惶，好事者争着也把信看了。李益文认为自己已暴露了，情况又这样紧急，不能在内江城里久住，准备暂时躲避一下。玉章与景熙在荣县同志会成立之后，原打算参加进去利用同志会力量发动荣县起义，但遭到地方反动势力的反对。反动分子并把他们的目的有意张扬，进行攻击。他们不能在荣县立足，才到内江来联络同志，准备在内江发难。现在隆昌已经起义，内江基础薄弱，准备不够，李益文关系暴露，所以他们打算离开内江。华伟早就不愿住在家里，他与二吴看法相同，想到重庆去另行设法。至于我，则打算留下不动，我的考虑是：第一，自己过去活动比较谨慎，没有什么值得别人生疑的地方，如果一走，反而显得心虚，授人以口实。第二，内江是成渝道上重点，他们都走了，需要有人留下来作联络。

第三，现在一走，将来要回来活动就更麻烦。此外，我家里老的老，小的小，留下来照应，也放心些。大家最后决定：根据各自的情况，明天看看事态的发展，再定行止。

初六日晨，他们回到华伟家中，我听说杨知县已弃城逃走，驻内江巡防军纷纷逃散，城内空气紧张，人心惶惶，便独自到街上探听消息。我由小南门沿城墙到小东门，那里可以望见东岸情形，果见巡防军三三两两，或有枪，或无枪，正纷纷渡河东逃。到小东街聚发源，听说端方已在资州被杀。这消息是渝帮商号驻资中的分号着人漏夜送来的，信上并说鄂军初六日将开来内江，要他们早做准备。我听到这些消息非常兴奋，便立刻转身往华伟家里走。刚走到三倒拐，碰着马世芳。他面部表情似有急事，告诉我说，谢联辉（内江团练局长）特请他来找我和华伟、李益文等到团防局去，有要事相商。我猜想必然和资州事件有关，于是约他同到华伟家里商量。我先把探听到的消息告诉了他们，然后大家研究谢为什么找我们。大家认定：川西同志军节节胜利，打击了赵尔丰，清王朝岌岌可危，这些情况谢可能有所感觉；隆昌起义成功，资州杀了端方，内江县令和巡防军又弃城逃散，他虽然掌握某些地方武力，但已形单势孤，进退两难；他知道我们皆是日本回国的留学生，可能和同盟会有关，所以特地来联络我们，借以保全他的身家性命，或者保全他的个人势力。总之，不管怎样，前去见他看来不会对我们有什么不利，而对革命的发展，正是提供了一个很好的有利条件。我们都认为内江起义的时机已经成熟，玉章主张大家一道去，对谢晓以大义，如果他能够退让，那么，内江起义独立就可以事半而功倍。

内江团防局设在南街总爷衙门内，谢把我们接到小客厅里。客厅外面就是一个大坝子，我们进去不久，就看见陆续来了不少人站在坝子里，听我们谈判，他们都是地方人士。谢首先发言，他谈话非常有技巧，他说："如果土匪来了，我可以派兵去打，如果是同志会来了，可以派人去交涉。今天的事，我不说，大家也晓得，端方在资州被杀了，鄂军很快要开到内江来，我怕的是内江地方遭到糜烂，百姓吃亏，所以约你们几位来商量商量，看有什么办法。"我们看出他不过找借口来向我们讨价还价，玉章即理直气壮、义正词严地答复说："你怕地方糜烂吗？我们保证不会。至于条件，那只有一个，就是把你的团防队伍全部交出来，其余的事你可以不用管。"这几句话完全出乎他的意料以外，他开始显得有些惊惶、狼狈，他拒绝把武力交出，双方就争执起来了。我们丝毫也不让步。这时聚集在外面坝子里的群众就大吼："叫他交出来！""把团防交出来！""非交不可！"他在群众压力之下，为了顾全自己，最后不得不答应交出武力。玉章当即指定李益文接收，一面派人到街上鸣锣，通知居民到天后宫开群众大会，宣布独立。我与景熙即赶出西门去接应鄂军前哨。城里开会的事由玉章与华伟主持，到会的人很多。这天从早上起，端方被杀的消息已在群众当中传开了；谢联辉找我们谈话，不少人跟着我们到团防局，给我们助了威，逼着谢联辉交出了武力，这说明群众的革命热情如何高涨，群众的力量是多么伟大，他们有力地推动了革命的发展。内江的独立，完全是在群众的支持下才得到成功的。在会场上，升起了一面我们早就准备好的旗子，这面旗子是用白色被盖包单做成的，上面写了一个大的"汉"字。玉章在会上讲了话，因我未参加，所以内容已不记忆。到会群众还喊了口号，表示拥护革命，保卫桑梓。

我和景熙出城走到白衣阁，就接着了鄂军前哨，他们一共七八人，其中只记得一人是姓任，我们向他们说明内江已经起义，并欢迎他们进城，大家谈得非常高兴。城里也派人为他们安排好了住宿地方，准备了饭食。下午四五点钟大部队到了，因为一切已在事前安置好了，所以官兵都非常满意，军民也相安无事。后来部队领导人告诉我们，武昌起义已经成功，他们才杀了端方，完成了任务，现在急于要赶回去。这次事情，一切都很顺利，只是端方所带的款项已经被他分散，时间紧迫，一时归不拢来，尚差4000元路费，希望我们设法帮助解决。我们同意代为筹措，于是付予现款2000元，另开立渝票一张，到重庆支用2000元，指定由他们有联系的同志转交。他们知道重庆已经独立，在重庆用钱并无问题。这件事很顺利就解决了。他们表示对我们答谢，第二天开拔时，送了我们40支九子步枪和一批子弹。

宣布独立后，一方面要接收县里各个机构，一方面又要成立政府，布置工作，事务非常繁忙。大家对新政府该如何组织，工作该如何筹划都不熟悉，一切全由玉章主持，我与景熙、华伟协助。玉章在这短短几天内，常常工作到深夜，非常辛苦，我也迁入内江县衙内去陪他们一起住。内江军政府正式成立，由谢绍连任司令，李益文任副司令。军政府下设财政部和交涉部，李益文兼财政部部长。因哥老会中人曾协助这次起义，有一些事务须与当地各方面联系交涉，于是由各社团公推几人担任交涉部工作，但未用哥老会的名义，而用的地方人士名义。玉章、景熙、华伟与我皆未担负名义。玉章、景熙主要是协助内江的革命运动，而我与华伟对于一个县城的工作都没有兴趣。军政府初成立时，谢、李两人尚尊重玉章，听他的安排。

一切事务布置稍稍就绪，玉章要回荣县，内江事务由景熙主持，我仍与他们住县衙内。有一晚上，团防队一队长钟玉书来报，城外不远发现了大股土匪，他并在群众中大嚷大叫。我们一边安抚群众，做好防守准备工作，一面即派人到所说地点进行调查，殊知并无匪情。景熙大怒，认为钟玉书谎报情况，扰乱民心，坚决主张杀钟；后来经过各方面讲情，才将他关闭了两天释放。我看到内江虽然独立，但形势极不安稳，团防力量薄弱，反正后还没经过训练，时有谣传，民心浮动，于是来不及和他们商量，就写了一封信给在隆昌军政府负责的郭仁珊先生（我在隆昌知耻中学读书时，他任监学），向他借兵来内江维持治安。他派了一位姓刘的和一位姓黄的（同盟会员）率领 100 多人带枪来内江，驻了 20 天左右，才使内江革命后的社会秩序暂时稳定下来。

不久，玉章由荣县回来，发现谢绍连、李益文对外来同志有不欢迎的表示，李益文尤为突出。原来内江随粮附加的铁路股款，由他与邹德成、博礼南等保管，账目不清，在玉章返荣县期间，景熙曾把邹德成和傅礼南叫到县衙追查，没有结果，李益文对这件事甚有戒心，所以对二吴逐渐采取冷淡态度，对我与华伟也甚为忌刻。因此，玉章就前往重庆，接着景熙与华伟跟着走了，一个月以后，我也到了重庆。这样，辛亥革命以后的内江实权，就由谢、李二人掌握。

（选自全国政协文史资料研究委员会编《辛亥革命回忆录》第 3 集，中国文史出版社 2012 年 6 月第 2 版）

一个县城学生看到的辛亥革命

肖华清*

一　从不太平的年头儿说起

我的故乡彭县是川西的一个大县，距成都90华里；北面从关口起直抵什邡和绵竹，都是山地，有以产牡丹著名丹景山，有“玉垒浮云变古今”的玉垒山，有山顶终年积雪的九峰山和荣华山；关口以南，尽是平原，但旱地多于水田，所以有“干彭县”之称。县城相当大，比邻近的新繁和崇宁就大得多了。城内除东、西、南、北四条大街外，也有一些幽静的小巷，这些小巷并不是“陋巷”，而是地主喜爱居住的幽静地方；小南街就是一条南北向的小巷，巷内

* 肖华清：时为四川省彭县学生，后任成都协进中学校长。
新中国成立后，任第三届全国人大代表，四川省重庆市政协副主席，民盟重庆市委员会主委。

没有一间商店，或一般住户，尽是一个地主府接连一个地主府，所以老百姓称小南街叫作“肥猪巷”；其他小巷中也有地主公馆，但它是稀疏地夹杂在一般住户之间。4 条大街上，除住户与地主公馆外，所有的商店，亦如其他县城一样，应有尽有；但北街上特别多的是绸缎铺，南街上卖黄糖和挂面的特别多，东街上一连几家坛罐铺挤住一块儿，而西街上，靠衙门口附近，又是一连几家卖红豆稀饭的，专供穷人和乞丐吃。有人把四条大街的特点归纳起来，这样地来描绘这个县城：“北街头绸绸缎缎，南街头黄糖挂面，东街头坛坛罐罐，西街头红豆稀饭。”其实这还不够，因为他们忘了“肥猪巷”和南街头的“恶狗村”。南街上有一家茶馆叫作“桂香阁”，每天总有一些地主少爷们在那儿喝茶闲玩；如有女人经过那儿，这批恶少总是要评头论足一番；他们总是嫌穷人穿着不好，但如一个穷人偶然穿一件新衣经过那儿，他们又说“这家伙今天装舅子吧！”总之，他们对经过那儿的人都要妄自批评一下，也就是彭县人说的要“称洋称”；大家都憎恨这批恶少，因此把“桂香阁”叫作“恶狗村”。如果要说这个县城那时的特点，还要加上两句：“小南街肥猪满圈，恶狗村狂吠乱讪”，这才是必要的，因为这是一个地主势力占主要优势的城市。县中很少有绅士不是地主的，亦很少有庙会的首事不是地主的。县中有一支歌谣，“文拜相、武封侯，粮户（地主）当了首事尽了头”；粮户当然不只能当首事，但首事多半是粮户，这是确实的。

在清朝末尾二三十年间，彭县一如其他内地的县城一样，仍是一个闭塞的、封建气氛十分浓厚的地方；那时还没有报纸，没有邮政和电报。假如有人因有要事要写一封信给住在成都的亲友，只有委托由县城到成都去的鸡贩子或猪贩子，顺便带去，信上还要批明收信人“交来人酒资壹百文”；那时街道上还没有门牌号数，信面上只好批明成都某某街、某个庙宇或某家商店附近问交，这样地费劲才能够带到一封信。1894 年中日战争，中国战败，割去了台湾，这样惊天动地的事情，当时县中人多不知道。据说两年多后，中日战争和割台湾的事情才传到彭县，一时茶房酒肆当作一件新闻，作为茶余酒后的谈资。有一个读书人曾为中国战败和割去台湾在家里痛哭一场，而一般人一致地认为从此年头儿不太平了。我就在这一年出生于彭县。

二 维新与革命

在清朝末叶，康有为、梁启超的维新主义与孙中山的革命主义成了当时意识形态的两大主流；维新主义即改良主义，尽管清政府反对康、梁，但多多少少采用了一些维新主义的主张，而对于孙中山的革命主义便视如洪水猛兽，严加禁止。清政府迫于形势，宣布停止科举，施行一部分“新政”，如兴办新式学校，派学生出洋留学，举办一些实业，等等。在我县最引起人们注意的还是停止科举一事；多少读过一点康、梁文字的读书人亦深知科举之弊，赞成这个政策，而大多数人是属于反对派，认为读书人没有前程了。我的伯父就向着我们弟兄说：“你们这些娃娃没有戴顶子的命了！”我们学校里几个大“小学生”作的国文既把“之”“乎”“也”“者”稍稍安顿的稳当，字体又写得相当秀丽，我们的国文老师也就慨叹地说：“如果还没停止科举，你们几个学生的文章都入得了！”就是说可以入学当秀才了。

初停科举之后，大概是反对的人很多，上新式学校的人亦少；清政府规定高小毕业生成绩甲等的奖给“增生”名义、乙等的奖给“附生”、丙等的奖给“佾生”，我们叫作“半边秀才”。依次往上推去，京师大学堂毕业生可以得着“翰林院编修”或“翰林院庶吉士”的名义。停止了科举，而秀才、举人可以直接从学校里出来，于是父兄们踊跃地送子弟上新式学校了。我入的福建会馆办的“闽省学校”；头一年我们学校里出了几个“增生”和“附生”，下一年招收的新生就更多了。当了秀才的同学们还要头戴顶子，身穿蓝绸镶金边的衫子，跟在知县官、县教谕和本校校长之后，在文庙内绕泮池一周，真真地做到了“游泮”。

县里除各处设立新式小学而外，还把南门外的一个大庙宇——普照寺，改建为一所中学；又把小北街的“三忠祠”改建为一所女子小学，名叫“延秀女学”。这里值得特别提说一下，中国历来重男轻女，而“女子无才便是德”的旧习惯由来已久；男子中的文盲都很多，何况女子呢？极少极少的女子能读一点书；或多少认识些字，那都是在有文化的家庭内读的；上学校读书从来就少有这类的事。因为我们的“礼教之邦”对男女防嫌极严，所以“延秀女学”的一切设施也就特别不同。首先学校严分内外，学生的寝室、自习室及食堂均设在内堂，教室和厨房等设在外堂，非女的不能入内；学生从内堂出来听课，课毕退回内堂，过道的门就紧紧地关闭了；厨房预备好的饭食亦只能从窗口上由女仆传递进去。第一次招收的女学生并不是六七岁的小女娃娃，而是十六七岁的“闺秀”，所谓“开通人家”的小姐。普通人家的女子上这个学校的很少。当然这些“闺秀”上学或回家，不是抛头露面走来走去，而是轿上来轿上去。譬如由家赴校是乘轿子去，而且轿帘下垂，轿夫把轿子抬进学校，一直抬到大厅，然后学生启帘下轿，进入内堂。校长是一位花甲以外的杨老进士，他对学校很热心，虽然他很少到校；但因他是一个男的，就这样，顽固派亦还放出一些流言，气得老进士要向县官辞职。

这时，城内已有一个邮政代办，并开始设有巡警局，街上有巡警拿着木棒梭巡了。总之，彭县算是一个“开通”的县城了。但由于“开通”的缘故，孙中山的革命主义传播到县中来了。一部分读书人不满意维新主义，私下在谈论革命了。他们不只看见国内的政治是一团糟，也感觉到外患的袭击。那时帝国主义者公开主张瓜分中国，所以读书人写的时文中常有“嗟乎，欧风东渐。豆剖瓜分之祸形于眉睫”的语句。我县有几个留学日本的学生从日本回来，他们都是有功名的人，表面上并未见有什么革命的行动，但他们当中有两个是剪了辫子的，这在县里引起极大的注意。有的讥笑他们是和尚头。他们没办法，又做了假辫子，出街戴上，回家又拿来挂起。可是人们却谈论起关于辫子的种种，一直推论到清初的“剃发令”，引起了革命思想；所以这几个留日学生与革命主义的传播多少是有关系的。社会上一般人也把“革命党”作为谈论的话题，但“革命党”究竟要做些什么事，他们还是茫然的。我听着有人说：“革命党很厉害，他们有小的金壳子炸弹，把它吞在肚内，去会他们要刺杀的大官，只要把肚子一拍，马上炸弹炸响，刺客和那个大官便同归于尽！”有一次，西街上的一群六七岁的娃娃组织一个“棒棒会”，模仿巡警手拿木棒，在街上闹来闹去。巡警局大惊，马上把这一群娃娃逮捕，押到局里去，由彭县右堂兼巡警局局长审讯。局长一再讯问是谁指使他们这样胡闹，但娃娃们都说他们是学习巡警，闹着玩的。巡警局只好要各家的家长把娃娃们领回去，不许再这样胡闹了事。据说因为巡警局恐怕有“革命党”从中指使，这使他们吃了一场虚惊！“革命党”是谁组织的，他们要干些什么，还是官方的告示起了一些宣传作用。有一次，我看见县衙门的照墙上张贴有一张四川总督部堂严禁“革命党”的告示，大意是说有孙文其人倡为无君之说，组织“革命党”图谋不轨，着一体严禁。又一次，城门上贴着四川总督部堂的一张告示，简简单单的“严拿革党，格杀勿论！”8 个大字，人们猜想，革命的风暴或者更紧急了。

我们的同学中不知是谁拿来一本刘伯温的《烧饼歌》，相互传阅。文中许多语句都不易了解，只有“手执钢刀九十九，杀尽胡儿方罢手！”这两句话说得很明白，我们都认为这是反对异族统治的意思。接着前前后后，我亦从同学中借过《扬州十日记》和《嘉定屠城记》来看；我们少数同学中亦就有了反清的思想了。我们小学生都有这种思想，其他也就可以想见了。总督部堂的告示只是尽义务，广为宣传革命而已。

光绪三十四年（1908 年）某月，忽然传说光绪和西太后前后两天内一齐死了。县官下令要全城举行“国哀”：家家门上要贴挽联，一个月内停止屠宰、停止演剧及婚嫁祝贺，自然也停止一切宴会。南街万寿宫大殿内设有光绪和西太后的灵位，官员和县中的绅士们每天早晚都要去那里跪拜上香。这时一切都尚蓝——官帽上去了红缨，红印色改用蓝色，朱批亦变成蓝批。有一天，校长率领我们几个学生去参加“国哀”典礼，我看见典礼是这样进行的：县官站在最前头，右堂和左营站在县官之后，绅士们依次站在第三、第四行列，学生们又站在绅士们之后。司仪高声喊着：“肃静！”接着就喊：“上香！”县官前行一步上香，司仪于是喊着：“跪！”一齐都跪下了，按照仪式行了三跪九叩的大礼。这之后，司仪喊着：“举哀！”我抬头四下一望，看见县官、右堂、左营及绅士们都伏在地上，把头放在交叉的两手背上，作哭泣状，但毫无半点哭声。学生们你看我，我看你，有的作“鬼脸”，有的拉拉扯扯。忽然大殿外左廊下，有人放声大哭“我的……皇帝……老……子……呀！”听来是女人声音，当下县官命人前去问明是谁在那里哭泣，当即查明是县衙门坝子里平日卖戒烟丸的吴老婆子，县官说：“这老婆子有忠君之心，赏她一块银圆！”革命的洪流已经在全国范围内掀起了汹涌澎湃的浪潮，再多花些钱亦买不着忠君思想了！好糊涂的县官啊！

三　保路问题

辛亥年（1911年），农历五月一个赶集的日子，县里十字口一带人很拥挤。每逢赶集，这里从乡里来的农民就多，今天特别多。人们挤着，都抬起头在看南街口栅栏上张贴的一张图画——一张长桌上边坐着几个高鼻子洋人，胸前各写着英、法或比，下面跪着几个头戴翎顶，项垂朝珠，身着袍褂，穿靴的官员。他们共同捧着一个文件，上写“奉献川汉铁路”6个字；这几个官员中一个背上写的“盛宣怀”，一个写的“甘大章”，一个写的“宋育仁”，其余几个官员的名字我记不得了，但我特别记得甘大章与宋育仁两个。因为甘大章的脸上画有一些小圆圈，宋育仁画得矮小，众人亦都在谈说“甘麻子”和“宋矮子”。这是我生平看的第一张有关政治的宣传画。这张宣传画很有鼓动力，首先看看洋人那样骄傲地坐在上面，而官员们匍匐在地，那样地卑鄙，谁看了也都大为气愤。我当下认为这张画所显示的内容很为严重，因为“奉献川汉铁路”，不明明是卖国行为吗？但我对这件事的详细情形还不大明白，只听见众人议论纷纷，有的说：“把铁路让给洋人来修，那么修好后，洋兵就要开进四川了！”有的说：“铁路定直线，经过你的堂屋，就要撤去你的堂屋；经过你家的祖坟，就要挖去你的祖坟！洋鬼子是不讲一点人情的！”一连几天内各方面的人都把川汉铁路问题谈过来，又说过去，有些地主说：“把铁路让给洋人，我们投的股本就算石沉大海，还说得上红利吗？”有些读书人说：“太危险了！看看洋人的势力就要大大地闯进四川了！”尤其是“铁路经过你家的祖坟，就要挖去你家的祖坟”，这句话引起了一般人无限的愤慨；人们平日说话，对于别人说的挖苦话，常常这样说：“你挖苦我，等于挖了我的祖坟！”修铁路而要挖去祖坟已经大大地激动了老百姓，况且还是由洋人来修，随着就有洋兵开进来吗？后来学校里的教师才告诉我们：“川汉铁路是民办官督，股本是按粮分配，凡是有田有地的人都或多或少缴有股本的。这是光绪皇帝在的时候批准在案的。上个月邮传部尚书盛宣怀奏请借外国款子来修铁路，把川汉铁路收归国有，已经得到批准，不消说这是利权外溢了。盛宣怀是专办洋务的江苏人，当然他是和洋鬼子串通一气的，但几个川籍京官如甘大章、宋育仁等亦表示赞成，他们连祖宗坟墓亦不管了！听说全川的铁路股东代表们正在成都开会，要求政府收回成命。现在已经成立了‘保路同志会’，会所就设在成都三倒拐‘川汉铁路公司’里面……”这一下我才明白了一个大概情况，以及宣传画上的盛宣怀、甘大章和宋育仁是些什么人了。

彭县距成都只90华里，每天来来去去的人很多，而从成都回来的人总要带一些有关保路问题的新闻回来。据说参加“保路同志会”的人很多，开会情形异常热烈，并且一致决议誓死保卫川汉铁路；又听说“保路同志会”中的主要人物有谘议局议长蒲殿俊及张澜、罗纶等人。蒲殿俊是个解元，我从“乡试闱墨”中读过他的文章。据说，罗纶这个人很会讲演，他在总府街街边当众演说；他一说就哭得像泪人一样，群众听了他演说到亡国之祸就在目前时，也都哭起来了。当时前任总督赵尔巽已经调回北京，由藩台王人文做护理总督；听说王人文亦同情保路一事，已具奏请收回成命，“以平民愤”。“保路同志会”派有代表到各县宣传，亦派有人到我县来，在城隍庙内当众演说；并散发印有光绪皇帝牌位的黄纸条，请家家户户贴在门上；这牌位中间写着“德宗景皇帝之神位”，右上方写着“大权统自朝廷”，左下方写着“庶政公诸舆论”。据说左右两边的两句话是引自光绪皇帝当时批准川汉铁路民办官督的文中的话，这中间暗暗有抱着光绪的灵牌子来反对宣统；但那时人民不敢明白地反对皇帝，演说的人只有把盛宣怀等骂得个狗血淋头。

“保路同志会”在我县当时没有公开设分会，但随时都有人在宣传保路的重要性；各乡镇上据说亦有人在开“同志会”，参加的农民很多，特别是在山区里；有时夜间听着城外有稀疏的枪声，第二天才知道昨晚有人在西郊黄鹤寺和山王庙开“同志会”。

不久从成都传来的消息，说清政府以铁路国有已成定案，不能收回成命，并严责王人文软弱无能，着即撤职查办。这样，保路问题就更严重起来了。我们学校有几个主要的教师是新津人，他们说新津的情形更为严重，乡里各处都有“同志会”，城外的地主陆续在往城内搬迁。他们因为关心各人的家庭，特别请假回家去了。这年是农历闰六月，应该在七月初放暑假，但因学校主要的教师走了，县中人心惶惶，所以学校也就宣布提前放假了。

保路就保路，为什么说“人心惶惶”呢？一般的人说“世道要乱了！”或者说“又要造反了！”有一件事足以证明：凡是有闺女尚未出嫁的人家这时惊慌起来了，赶快托媒把女儿嫁出去；有的早订婚的，那就和对方商量一下，随即提前完配；有的早上才托媒去说定，晚上便用花轿送过门去了。一时轿房生意兴隆，吹吹打打，这里抬过去，那里又抬过来，大花轿不够应用，连小轿子亦应用上了；这时的情形几乎有点像川剧“拉郎配”了。我们的同学中有几个都是在这种情形下结婚的，我们和他们开玩笑，这样说：“你们的婆娘是同志会打来的！”

四　罢市与动乱

光绪末年，我县已经办起警察了，警察局大门上有一道匾，大书“除暴安良”4字。但有了警察之后，人们只看见警察欺软怕硬，敲诈善良，所以县里一时流传着这样一句话：“光绪皇银钱多，买些黑狗遍街梭！”警察的制服是黑色的，故被叫作“黑狗”。

清末一个县里的税收机关很多，除县衙门的户粮房专收田粮而外，其他各种税、各种捐，都另有专管机构，后来说要施行什么“新政”，专设一个经征局，把田粮税捐统归由这一个局经理，叫作统一收支。经征局就设在我家隔壁原来的静原店内，因为沈老典被气死之后，静原店早已歇业，改设为育恤局了。这时经征局便与育恤局共同分住这一个大院。有了经征局，田粮增添附加，这种税、那种捐名目繁多，亦有加无已，我听见有人这样说：“这样要税，那样要捐，将来担粪水出城，亦请他们来尝一点，叫作上税吧！”

我县吃的盐是由自流井运来的黑盐，当时售盐系分区专卖性质，彭县、新繁、崇宁和灌县一带统由县里的一个姓方的大商人包下来专卖，一般人都称他叫作“方盐商”。川北的白盐不得在这个区域内出售，黑盐叫作“官盐”，从外区运来的白盐叫作“私盐”，“官盐”味道好，但价格稍贵，“私盐”味带碱性，但价格较低，乡里的人素来省简，多吃“私盐”。县官和方盐商互相勾结，常常派出堂勇和差人在外面缉拿“私盐”贩子，卖“私盐”的人亦不示弱，常常身藏小刀，遇着缉私的人少，估计能斗得过，便要起刀来了，缉私的人和盐贩子之间仇恨很深，有一次私盐贩子和缉私的人在北门外牛市坝居然明火执仗，堂勇和差人打败了，退入城内，但缉私问题并没有得到解决。

自从护理总督王人文被撤职查办之后，清政府把驻在打箭炉的川藏边务大臣赵尔丰调回成都，任四川总督，赵尔丰系汉军旗旗人，素有“赵屠夫”之名，对于“保路同志会”施行压制，要他们放弃保路主张，于是群情激昂，七月初一，成都全城商人罢市，学生罢课。我县从成都回来的人把成都罢市、罢课的情形逢人便说，更有人说：“新繁已经罢市了，我路遇新繁，那里的人骂我们彭县人不爱国，为什么不罢市？”我在旁边听着，亦感觉我县的人太不争气，为什么不响应成都，如新繁人一样呢？我便约两个同学到学校里去商谈，我们主张用一张白纸把请求全县罢市的理由写在上面，作一个宣传，于是我们3个人就悄悄地把这张纸条拿去贴在米市坝湖广馆的墙上，不久就有人前来围观了。

第二天早晨，我一开门就看见本街上的商店都没有打开，街两旁站立的人都在议论纷纷，听说其他几条大街的商店亦是同样的，全城罢市了！我开始怀疑未必我们3个人写的那张小纸条有这样的效力，我正在猜想的时候，一些人慌慌张张地从东边跑来，他们一面跑一面说：“北门外龙兴寺隔壁的巡警派出所被人打烂了！”街面上便现出一些混乱现象，接着从东边跑来的人愈多了，有些人说：“哈哈！东街方盐商的盐店挨打了！”说这话人的语调是一种高兴，而不是一种惊异。不多时候，一股黑压压的人流从东街冲向西街，冲向我家隔壁的经征局来了！人群中有几个人拿着刚从盐店里取得捣盐的大铁锤，“打呀，打经征局，打呀，打呀！”一片喊打之声震动了全城。前几天有一排巡防兵驻在经征局内，门口并设有岗位，这时巡防兵不见了，而大门闭得紧紧的，人群只站在外面喊打，并敲打着大门，不肯走开。县官带着几名跟班和衙役忽然出现在街的一边，他由左右扶住站在一家商店的柜台上，急急巴巴地向群众哀求，“打不得呀！打不得呀！”县官的脸色变得像一张白纸，豆子大的汗珠从头额上不住地往下滴。县官急得快要昏倒了，由跟随来的人把他扶回衙门去了。人群仍继续地敲打大门，最后由几个力气大的人用捣盐的大铁锤猛击几下，大门便被打开了，人群喊着：“冲进去！”只见许多人一拥而进。“砰……砰……啪！”枪声响了，有几个人随即应声倒卧在血泊里。原来的一排巡防兵看见人群来势凶猛，便关上大门，退在大厅上持枪卧下，作预备放姿势。这时虽然已经有几个人被打死了，但群众并未被吓倒，大家仍喊着：“打呀，冲上去！”

巡防兵见势不佳，立即爬起来便夺路出后门逃跑，他们经过后门外一条小巷，沿着西门马道，出南门一气逃回成都去了。群众打进经征局后，遍找经征局局长，找不着，只得把经征局打得个落花流水，才慢慢散去。

事后才知道经征局局长早已带着家小逃到南街一个姓谢的大地主公馆内藏匿起来了，风浪稍稍平静一点的时候，这个局长才出来向县官抗议，说这次公私财产损失很大，要他负责查办。县官于是立即下令查办，并捉拿打经征局的人，把局后门外那条小巷内住户中的十几个男子，有年老的，亦有年轻的，一齐锁拿到衙门里去，说他们是趁火打劫的人，威逼他们交出从局里拿去的财物，不管这些老百姓怎样喊冤叫屈，总之先行关在监狱里再说，这样县官也就应付过了经征局局长的抗议。至于打巡警局派出所和打盐店一事，县官装模作样地说一定要从严查办，但须查明再做处理。

五　旧官与新官

在这大动乱之后，县官找着商会出来劝说各家商店开门营业，有的商店全开，有的半开，有的只开了两扇门接受顾客，大家都还有一些观望态度。这时城里的谣言是很多的，但各处都有人在说，关口以北山里面不只有人在开“同志会”，他们还在组织队伍，这却引起了县官的莫大恐惧。彭县和灌县素称富庶之区，有“金彭银灌”之说，这时县官预料前途险恶，似乎亦不眷念这金窝窝了。他立即呈请上司引咎辞职，据说他的呈文中一面说他能力绵薄，不能制止这场乱子，应该引咎辞职，听候处分；一面又说他旧疾复发，难以撑持，请即派干员前来接替。事情亦很奇怪，这时上司竟物色不出一个“干员”马上来接替他。成都有不少的候补人员，他们平日百般钻营，谋求实授，这时连这样的一个“肥缺”，亦无人问津，他们恐怕多是“旧疾复发”了。就在这一段期间，从成都传来的消息一天比一天严重。七月十六日，从成都回来的人传说昨天上午赵尔丰已经把“保路同志会”的主要负责人蒲殿俊、罗纶、张澜、邓孝可等一齐逮捕了，拘押在总督衙门内面，这个消息引起了全县的愤怒。第二天从成都回来的人又传说，就在十五日的下午，总督衙门当面已经出了大的惨案，在逮捕蒲、罗等人之后，成都全城人民大为激动，各街各巷派出代表，抱着光绪皇帝的灵牌子一齐到总督衙门去请愿，要求释放蒲、罗等人，辕门上的卫兵见来的人很多，阻挡不住，便退入头门的阶沿上，举枪喝令群众退出，群众一齐拥进辕门，把整个坝子都站满了，正当群众的一些代表门上前说明来意的时候，“砰……砰……啪”的枪声响了，当下即有数十人中弹倒地，群众一时大乱，有些分别从东西两道辕门奔出，有些才拔足奔逃，又中弹倒地，打死了的人有老的，亦有年轻的，他们死了手中都还抱着光绪皇帝的灵牌子，成都全市形成一片混乱！从成都传来的消息一个比一个紧张，有人说：“看这个样子，一定要逼出乱子来了！”

我县自从前回大动乱之后，成乡人心惶惶，早已成了风声鹤唳的状况，有时街上忽然有人扯一个“地皮风”，说：“同志会来攻城了！”一时街面上的人乱跑一阵，县官马上下令关闭城门，事后查明并没有人前来攻城，于是又把城门开了。

隔几天，又从成都传来成都人民向外州县人民求援求救的紧急消息，据说从成都城外的河里面漂浮着许多面木牌，上有紧急求救的字样，顺流东下，已流传各处，外州县的人，特别是省城附近各县的人正设法援救。我每天向各处打听究竟各县的人是怎样去援救的，有人告诉我，温江方面，有以吴庆熙（绰号“吴二大王”）为首的“同志会”，崇庆州方面有以孙泽沛为首的“同志会”，灌县、广汉方面，有以侯国治为首的“同志会”，他们都是“哥老会”的领袖，正在率领队伍前往包围成都。我还听说川南方面有个领袖叫作王三大娘，这些外县的情形我不大明了，但我知道我县的“同志会”领袖是刘烈生和荣丰盛，两人亦都是“哥老会”的舵把子，他们正在山里面组织队伍，亦说要去包围成都，救出蒲、罗等人。

县里的情况越来越严重，“地皮风”一天扯几次，夜间城外的枪炮声比以前多了，有枪炮声的地方亦不限于一两处了。县官急得像热锅上的蚂蚁一样，再一次呈请辞职，亦没见有人前来接替，他为了防避有“同志会”突然前来攻城，加紧团练组织，并命令把城门关闭，有时上半天打开，下半天关闭，有时开半边城门，有时完全关闭。遇着城门完全关闭的时候，人们买米、买菜都是用绳索缒下城去购买，再请人用绳索吊上来，这给老百姓带来莫大的不便，当然是怨声载道了，有人说：“遇着这龟儿子胆小鬼了，有什么办法呢？”

这时成都虽然派不出一个“干员”来县，而北京却不只派了一个“干员”，而且是一个“大臣”来四川了。就在这城门半掩半开的时候，我看见城门洞子的墙壁上贴着一张端方来川查办川汉铁路风潮的告示。告示上照例要先写出他的一长串的官衔，什么“头品顶戴”呀、“赏穿黄马褂”呀、“一等巴图鲁”呀，使人一看就知道他是一个“大臣”，他的告示内容首先说，他曾经打过回疆，打过捻军，做过两江总督，把他的功勋说得了不起，然后说他奉命来川查办川汉铁路风潮，要“尔等川民不得轻举妄动”，告示中凡说到“我”字之处，都用“本大臣”代替，一张告示中，“本大臣”过去，“本大臣”过来，真是威风八面了。围着看告示的许多人都说：“凶……凶……凶”！但亦有人说：“端大臣又有什么办法呢？吹火筒做眼镜——长起看吧！”

听说各路的“同志会”队伍逐渐逼近成都近郊，赵尔丰已派出巡防粮子出去反击，作战的情形我没有听着，但我县的“同志会”要去成都必须经过彭县和新繁的县城才行，所以县城的防务更形紧张，因为县官认为只有这一个办法关闭城门。

在一个傍晚，天下着毛毛雨的时候，街面上忽传新官到了。照平常的例子，新官上任应在前两三天贴出红报，通告到任日期，县中的绅士们都要到距南门五里的接官亭去迎接，看热闹的人亦在南门城门内外夹道观看。但这次红报和新官同时到来，是一个特别的例外，本来亦难怪，听说路上不平静，所以新官仅带跟班一个，一身便服，夹一把雨伞，坐着鸡公车就来了，新官到后住在西街东来店内，这一下才叫人把红报送进县衙去张贴出来。许多人都说：“看新官去！”我亦随着众人前去。

东来店外面早已拥挤了许多的人，有的撑着雨伞，有的戴着草帽都不约而同地问：“新官在哪里？”不多时，一个50多岁的瘦个子来了，他长着八字胡，头戴一顶瓜皮帽，身穿一件旧蓝布长袍，外套一件青洋缎背心，手持雨伞，足着钉鞋，后面一个跟随的人，亦打着雨伞，他们刚到外面去过，这时一齐向店内走进。有几个人指着那个瘦个子急急地说：“他就是新官！”因为他们看见有衙门里的几个差人在前面开道叫嚷着："闲人站开些！"真的那就是新官，不管有人说他像个私塾里的老师，或说他像个算命先生，但他确是省城派来的一个新县官。旧官这时如释重负，如得救星似的，立即交印，请新官迁进衙门，第二天一早他就像足底下擦了清油似的，一溜烟跑回成都去了。

老百姓的消息非常灵通，不几天他们把这个新官的来历都摸得一清二白，他们说，新官是将军衙门里的一名老文案，当然是一个旗人，他看见各县的县官都纷纷在辞职，或请求另调，而省城一时又派不出人去，他想与其长在衙门里啃桌子，不如趁此时机，出去碰运气捞一把得好，所以他通过将军的关系，通过与赵尔丰同是旗人的关系，亦就自告奋勇，以"干员"的身份来接管这座危城了。

桓侯庙门口到了夜晚便是西街团练的临时办公处，两张方桌面前挂上红的桌围，桌上两盏琉璃座灯，上面写着"西街团练"四个红字。保正和乡约每晚都坐在那里，一面喝茶，一面指示团丁出去巡逻，并视察人们守城状况。

一个夜晚的二更时候，我看见十几个衙役侍候着新官出来巡查城防，前面两个衙役打着"彭县正堂"的大纱灯，其余的衙役拥护着新官一直朝着桓侯庙走来，保正和乡约请新官上坐，听候他的吩咐。他操着一口京腔，一面说，一面用手理着他的八字胡，说了一阵，他就走开，又到另一条街去了。我问乡约，新官说些什么，他说还不是要把城门关紧些，好好守城，我想旧官和新官大约读的是一样的兵书，所以他们的战术只有一个——关城门。半个多月来我对于守城已经感觉讨厌透了，新官来了，还是要关城门和夜晚守城，这使我极为苦恼。那时守城的办法是要每家每夜出一名男丁，自带武器，不管什么武器，上城守夜。大户人家可以出钱雇人代为守夜，我家雇不起人，便由我们三弟兄轮流守夜。我记得有一次该我守夜，我拿一根长竹竿，上面加上一个似矛头非矛头的铁器就上城去了，团练的团丁要每个人站在两个城墙垛子之间，武器直指外面，眼睛注视着城外，不许交谈，不许乱走。我看见众人并未完全遵守指示，谈话的还是谈话，走动的还是走动，可是也听说有人因为不遵守规定，挨了打手心的处罚。二更时候，有些人靠着城墙就睡着了，有些人还在闲着"摆龙门阵"，忽然有人大叫一声，"同志会已经从北门那方面打来了！"当下睡着的也惊醒了，闲谈的也停止了，人们一齐乱跑，都跑下城去了。多亏巡逻的团丁大声地喊叫"扯地风的"！守城的人又才东一个西一个地回到原有的岗位，一直守到天明，才各自回去。

六　围城与城破

赵尔丰把蒲、罗等人逮捕之后，既不敢杀，又不敢放，而外县各地的"同志会"队伍纷纷组织起来，向着成都采取大包围形势。赵尔丰虽然派出一些巡防粮子和一部分新军出去攻打，但"同志会"人多，地面又广，这里被打退了，那里又拥来了，真真有"十根指姆按跳蚤，这头按倒那头跑"之势，于是赵尔丰坐困愁城！

彭县的县官亦同样是坐困愁城。大约在八月初，我县的"同志会"队伍从山里面集结后，已经越过关口，朝着城郊附近逼来了，北门和西门外的一些大院子内已经出现"同志会"的旗帜。县官唯一的战术还是关闭城门，加紧城防。大家都感觉得到"同志会"进城是短时间的问题了。消息传进了监狱，监内囚犯有主张配合城外“同志会”的攻势，打破监狱，从城内接应的。一个上午，城内又扯“地皮风”说“同志会”来攻城了，监内囚犯便暴动起来，几乎要把监门打开了，但“同志会”并没有来，而从监门口冲进来的是手持刀枪的堂勇和差人，他们当即把为首主张打监的，或有嫌疑的都捆绑起来，县官立即坐堂，把二十几个主张打监的或有打监嫌疑的犯人一律装上吊笼，立即毙命，这二十几个人中有两三个是打经征局一案的嫌疑犯，这一回又是打监的嫌疑犯，他们死在吊笼里面鼓眼吐舌，有谁去伸雪他们的冤屈呢？

一连几天情形非常紧张，夜晚不去守城的人家遭到了处罚。一个夜晚该我的一个哥哥去守城，我便早去睡了。大约半夜的时候，北门和西门外的枪炮声响了，稀疏的枪炮声逐渐地打密了、打大了，母亲和我便起来坐在床上静听。忽然西门城边几下轰隆炮声之后，喊杀之声一下子就到了我家铺门外面了。我问母亲：“怎么才打几炮，城门就被打开了呢？”母亲说：“有内应呀！”喊杀之声与枪炮之声慢慢朝着县衙门去了，在衙门口又听着打了几炮，便沉寂下去了。这时只听着街上有急促的足步声音，大约是过队伍，随着有铁链拖在地上哗啦哗啦的声音，也有人在说：“慢慢走，找个铁匠给你把镣捶开！”母亲听了一下，向我说：“打开监了，犯人出来了！你听！”我静听一下，母亲的话是对的。

慢慢天微明了，我从门缝里向外看去，看见街的两旁有邻居的人在站着谈论，街上正在过队伍。我大胆地把门打开，站在阶沿上看过队伍，“同志会”队伍是这样的：有的 100 多人一小队，有的 200 多人，他们行进间是成的单行，前面一人打着白底黑字的“保路同志会”的旗帜，后面跟着的人有头缠白布的，有头缠青布的，亦有光头的，衣服多破破烂烂，足下有着草鞋的，亦有赤足的。他们的武器更是多种多样，有拿鸟枪的，背上背有盛火药的竹篓，手里持着火绳，有拿梭镖的，有两个人抬一个土炮，亦背有火药篓，持有火绳，此外就是有拿大关刀的，有拿羊角叉的，有佩带短刀的，有拿木棍、上面安上一把杀猪刀的，还有就是单拿一根木棍的，领队的人走在后面，我看见只有他才有一支土制的五瓣火手枪，腰间围有一条火药袋。因为走的是单行，不管一个小队是100多人或200多人，这个小队也就显得长长的了，假如队长说一声：“站住！”于是“站住！站住！”从后面一个一个地传到前头，才能够站住，同样地，队长说一声：“走！”又得把“走！”的口令一个一个地传到前头，才又走起来。

我看到这些情形，不禁想起了历史上说的“揭竿而起”，情形大约亦是这样的了。街上的店铺都未开门，因为他们对“同志会”还有一些疑惧。大家的谈话中都在问县官可曾捉住没有。正在这时，街东头更夫打着锣，当当地响过来了，更夫后面跟随的就是那位新官，穿着初上任时的那一套旧衣服，更夫把锣连打几下之后，新官向两旁站着的人说：“你们开门照常营业吧！他们‘同志会’公买公卖！”说罢他随着更夫的锣声，一遍一遍地照样地说下去，直到走遍全城，说遍全城。于是各街店铺都开门照常营业了。

后来我才知道“同志会”攻城的时候，城内确实有人响应，外面炮声一响，西门和北门的城门便大大地打开了，县官吓得魂不附体地跑到武庙内的灌木丛中躲避起来。天明后，县官被找出来了，他战战兢兢地向“同志会”的两个统领——刘烈生和荣丰盛哀求不要杀他，“同志会”的统领不唯不杀他，还要他回到衙内照常做他的县官，只是要他立即上街晓谕全城：“同志会”的人是公买公卖，各家店铺速即开门照常营业。所以这位新官，这位城防专家，正在随着更夫走遍全城，尽他晓谕全城的任务。

七 反 正

彭县的“保路同志会”队伍攻下县城之后，随即开赴新繁，朝着成都方面前进，赵尔丰派一营新军到新繁反击，新军是有新式的武器，完全是学日本军队训练出来的，那时四川只有新军一镇，镇统是朱庆澜。“同志会”队伍纯是由农民组成的，未经训练，武器更是比不上得多，所以他们在新繁一经和新军接触，便被打败了，他们赶忙退过清白江，把一座桥楼子烧了，暂时阻住了新军的前进。我向一个败退回来的人问讯作战情况，他说：“凶得很，我连新军一个人都没看见，但子弹已经呼呼地打过来了。”新军采取的散兵线，卧下放枪，所以“同志会”队伍中有些人，持着自己的原始武器，直立地站着只是问：“新军在哪里？”但没有得着回答已经中弹倒地。农民参军，“初出茅庐”也难怪他们这样地大意啊。“同志会”队伍退回彭县后，即分布在城郊各处，隔了一天，新军便无阻碍地开进城了，新军进城是走的4路纵队，步伐整齐，他们都穿的是青呢制服，足着皮鞋，新式步枪上面安有长长的刺刀。那时大家都还留有辫子，但新军每个人的辫子已经剪去了4/5，只头顶上留一小撮，盘在头上，用军帽盖着，从后面看去，简直是没有辫子似的。我县的人从来没看见过这样的兵，所以他们称新军叫作“和尚兵”，因为没有辫子的缘故。新军进城后只在城门上设有哨兵，既不关闭城门，也不要人守夜。新军没有出击，“同志会”队伍也未来攻，双方在相持的状态之中。大约十月上旬的一天，有人从成都回来说赵尔丰已经交出政权，成都已经反正了！新军亦得着这个消息，立即撤走，回成都去了，“同志会”一部分队伍再度进入县城，他们还是要开赴成都，那是去接受改编，参加正式军队的事了。

“四川军政府”成立时，由蒲殿俊任正都督，朱庆澜任副都督。当时贴出的布告是用“黄帝纪元”四千几百几十几年，而不是“民国纪元”，打出的旗帜是白底 18 个圆圈，围着一个“汉”字，总之“反正”了，又称“光复”了，据说要恢复汉代衣冠了。许多人围着一个刚从成都回来的人，问他：“你看见蒲都督吗？他是怎样穿着的？”这人信口开河地说：“看见了！他头戴紫金冠，插野鸡翎子，身穿大红袍，腰围玉带，足穿粉底朝靴！好威风呀！”他简直把蒲殿俊描绘成“赤壁之战”的周瑜了。众人亦并不多大怀疑，因为要恢复汉代衣冠了。过两天街上便出现有头戴方巾，身穿白色圆领、宽袍大袖衣服的人，我看见一个“哥老会”的人头扎英雄结子，套上一个草帽圆圈，身上亦穿的是白色圆领、宽袍大袖的衣服，足下穿的是满耳子草鞋，他一只手还不住地摇着一把白扇，简直像舞台上的武二郎了。以后陆续从成都回来的人多了，才知道人们的穿着还是和“反正”前差不多，穿汉代衣冠的人才没有了，但许多人开始剪去了辫子。

“反正”后，四川的政治、经济和其他一切与“反正”前差不多的事还多得多，岂只衣冠一事吗？“四川军政府”成立后十几天就发生了“十八之变”，即成都人所说的“十月十八，大打启发”

（“十八之变”是一部分新旧军哗变，抢劫全城，“启发”二字是变兵的口令）。蒲殿俊这书呆子，朱庆澜这胆小鬼，他们一齐丢了正、副都督不做，便偷偷地跑了。乱平之后，尹昌衡出任正都督，罗纶任副都督，各地的“同志会”队伍纷纷开到成都，改编为正式军队。我县的刘烈生统领改编后做了个团长，荣丰盛统领因年老就留在县里，任警备队队长（带领从前的堂勇）。有一个姓蔡的次于统领的人没有得到军职，但他已经买田置地，并在小南街附近买有一座公馆，我看见他穿着一身绸缎衣服，间或在东街火神庙茶铺里同小南街的一些地主们喝茶聊天，他已经侧身于“肥猪”之列了。小北街的赵厨子参加“同志会”队伍，冒过一些危险，因为他有点背驼，没有参加上正式军队，仍然回县做他原来的职业，他一身破烂，但足上穿有一双旧的军用皮鞋，引人羡慕，据他说这是驻扎在成都凤凰山原来的新军的营房内拾得的，这是他仅有的收获。

“反正”后，成都委派来了新的县知事，因为清朝的“知彭县事”改为“彭县知事”了。县知事是穿蓝呢白金边的制服和戴同色的制帽，但平常穿起便服还是和清朝的“大老爷”一个姿态、一个样子，而贪污、专横和暴虐还是和“大老爷”差不多。我就看见过我县一个县知事常常杀人，尸身血淋淋地摆在县公署的坝子里。

“反正”后当然没有人公开的卖官鬻爵了，但官职还是可以用金钱去买得到的，这时买官叫作“运动”，我常常听见有些地主说，“到成都去‘运动’一个县知事来做做吧”。果然一个姓陈的地主就“运动”到了蒲江县的知事。据说“运动”来的官只保险 3 个月，所以这类官在上任的 3 个月内就大“刮地皮”，他们即使不赚钱，至少亦不赔本了。

“反正”后盗案比以前还多，一些已经迁回乡下去的地主又迁回县城内来了，“肥猪巷”自然更挤满了，其他的街巷内亦新添了不少的“肥猪”。

鸦片烟是曾经禁止过，但半公开的烟馆随处都有，烟价更提高了。

我家门口有两个摆小摊子的，一个是卖甘蔗的老王，一个是补鞋的戴皮匠，戴皮匠说话时，句句都离不了“问你哟”3字，这是他的习惯。有一次我听见戴皮匠和老王闲谈，戴说：“问你哟，改朝换国？你我穷人还不是穷人？问你哟。”老王没精打采地回答：“是呀，是呀！”

我又听见小南街一个姓王的大地主说：“改朝换国？总离不了我们粮户上粮纳税！”

真的，许多事情和“反正”前是差不多的，在我当时看来，彭县还是：“北街头绸绸缎缎，南街头黄糖挂面，东街头坛坛罐罐，西街头红豆稀饭”的旧彭县，粮户还是粮户，穷人还是穷人，而恶狗村的老一辈恶少已经做了县里的绅士，新一代的恶少又在那里狂吠了。

不管怎样，在两个时代的差不多之间，究竟有一个极大的差别，那就是“反正”后没有了两千多年的君主专制制度了。中国古书上有“天下岂有无君之国哉？”一句话，简直成了迷信，“君”这一座大山在中国人民的思想上压制了两千多年，推翻君主专制制度，就显示了辛亥革命的伟大意义。我在那时当然还没有这样深刻的认识，不管“反正”后有一些不好现象，我们几个大“小学生”既有了粗浅的反清思想，亦多少有一些反君主专制的思想，对于“反正”是非常高兴的，尤其是不再举行什么三跪九叩的大礼了。从前在我们学校里，每逢朔望，校长和教师要率领我们在礼堂上向着一张石印的西太后和光绪皇帝的像举行三跪九叩的大礼，后来又要向着摄政王抱着宣统皇帝的像举行同样的大礼。在有一次举行这个大礼之后，一个同学说："假如宣统皇帝坐在金銮殿上哭起来了，怎么办？"另一个同学说："叫宦官在午门外去买一根麻花糖，不是就把他哄住了吗？"

我当时对于共和国制度自然是很拥护的，但共和国制度究竟有哪些好处，我还是很茫然的。譬如戴皮匠向老王提出的问题，及王姓大地主所说的话在我的脑海中就没引起过些微的动荡。我当时全然没有想过，究竟一个国家的人民是不是永远有贫富之分，是不是一个国家离了粮户上粮纳税就不能存在。一直到"十月革命"一声炮响，俄国给我们送来了马列主义，这些问题才提到我的面前了。

（选自全国政协文史资料研究委员会编《辛亥革命回忆录》第7集，中国文史出版社2012年6月第2版）

大足同志军

陈日刚 *

辛亥前张桂山和余栋臣的两次起义

从我们家里（大足）赴成都，途程 700 多里，去要整 7 天，回来由石桥赶夜船到内江，就只要三天或四天。大哥住的四川通省优级师范学堂，放假比小学早一点，因此，往年的假期中，我们到家的时间总是相差不远，至多也不过 3 天左右。1911 年的情况变了，暑假我回家已经半个月，大哥才回来。据他说："这次是和王蕃宣先生一道，先到县城，在县城因事耽搁了十几个日子。"王蕃宣丁酉拔贡，己卯科举人，未中举前掌过凤池书院；废科举兴学校后，

* 陈日刚：时为学生。

任过本县第一高等小学监督和劝学所视学；宣统初各省设谘议局，本县又选派他充当四川省谘议局议员。他和省谘议局长蒲殿俊为举人同年，在局里属于蒲氏领导的立宪派。蒲殿俊、罗纶发起的保路同志会，他又是会里的骨干分子。省保路同志会派他、学生会派大哥会同回县组织县保路同志会。他在县里学生很多，威望很高，大哥又是他的学生之一，所以不到几天就顺利地成立起县组织，同时又派人到各镇乡发展镇乡组织。我们由县保路同志会谈到省保路同志会，再谈到开会时万慎、程伯高诸人的慷慨激昂情况，又谈到盛宣怀、甘大章等的卖国罪行，更谈到本县过去征收租股时的踊跃输将情况。谈话的目标，完全集中于这一方面，在我听来，都是一些新鲜事情。

约莫过了四五天，忽然来了一个送信的人，信封上写的“专送陈炳光（大哥的号）先生开拆”，大哥拆开来看，才知道是县里王蕃宣先生写的，大意说：近来有一辈不逞之徒，假借保路同志会名义扰乱地方，并且阴谋把他和大哥都一同拉进滥泥坑去，作为一个必要时期的挡箭牌。叫大哥从速离开家里，免得吃亏。看完后，大哥问来人王先生在什么地方？他答：“已经上成都去了，这信就是他起身时交给我送的。”又问匪徒的情况怎样？他说：“听闻张桂山在龙水镇地方聚集了几百人，要请王举人去当他们的头子。王举人吓倒了，才上成都去的。”送信的人走后，当天大哥收拾铺陈搬到离家不远的一个岩洞去住，令我替他望哨和送饭。等到逢场，父亲上街去筹措好下学期的用费和往来的路费，大哥立即动身回校，一个假期，就算这样匆匆地度过去了。

张桂山，本县宝兴乡人，青年时代家贫，到龙水镇一个食店当大老么，名义上为食店的徒弟，只有饭吃，没有工资，活路倒是全套。空闲的时间，格外还要听凭师父、师娘的使唤。清光绪十六年（1890年），余栋臣和蒋赞臣在龙水第一次起义，桂山离开食店，到余部当一名列兵。重庆府知府王遵文闻变，率兵一营前来大足，一面进行武装镇压，一面宣传不咎既往，劝告余、蒋及附从人等解散归农。蒋赞臣胁于兵威，当即自动解除武装回家；余栋臣不从，仍然保据西山一带。马跑场之战，知县桂天培以优势兵力击毙栋臣弟翠坪，栋臣军溃逃。是时桂山系一不为人所注意的无名小卒，依然回到龙水，重寻旧业。

光绪二十四年（1898年），桂天培升忠州，余栋臣潜返龙水乡间。时有天主教豢养的鹰犬罗国藩，通过龙水劣绅蒋如兰，勾结栋臣姑父著名滥秀才秦道生，邀栋臣至双路铺余裁缝家，用酒灌醉栋臣，捆送荣昌县监禁。桂山闻耗，立刻飞驰蒋赞臣家报告，并说："余大爷上次举义，为的是蒋大爷受了冤屈；今天余大爷遇到困难，看蒋大爷怎么办！"赞臣答应营救栋臣。桂山又飞驰返镇，约集解散回乡的余、蒋旧部到灵祖庙听候命令。赞臣到灵祖庙，当众表示了不顾一切、尽力营救栋臣的决心，同时指定桂山作营救栋臣的领队者。桂山接受了这一任务，立刻率领队伍向荣昌飞驰前进。这支队伍，仓促集合，初仅100余人，沿途陆续参加，到荣昌城边已有2000余人。由龙水出发时，约在午后三四点钟，急行60里，抵荣昌城门口刚才打过二更。旧例二更城门关闭下锁，桂山便往附近农民家内借来楼梯一架，爬上城墙，扭断铁锁，打开城门，带领2000余人一拥而至监狱门口。监狱又是关闭下锁了的，桂山顺手抓得板凳一个，三两下打破狱门，抢进狱里将栋臣救护出来，连夜赶回三溪镇休息。

次日，栋臣在三溪镇宣布第二次起义，以桂山为先锋，命令桂山往荣昌河包场教堂逮捕司铎法人华芳济。桂山当夜西往，神不知鬼不觉地将华司铎挟至龙水镇禁闭。清廷因事关外交，大为震恐，严饬重庆镇派兵来剿。桂山以先锋队百余人，击败重庆镇先头部队一营于铜梁的三校场途中，使之片甲不返。从此张桂山的英雄事迹传遍全县，几于妇孩皆知。

组织同志军的经过

栋臣第二次起义失败被擒，所有参加的人大多数穷蹙投降，一小部分悄然远行。唯桂山不降不走，潜伏于县境以内。在潜伏期间，哥老会的舵把子告诫他："地方团绅和衙门差役，都是同袍的弟兄伙，要顾全他们的面子，不和他们觌面，他们自会照顾你。如果一觌面，他们有公事在身，不拿你不好，拿你必然打起来，不是你伤，就是他亡，也带累了我们公口，不便要求他们再替你掩护。"桂山接受了这个诚恳的告诫，有时单独一个人在这个乡间出现；有时伙同三五个人在那个场的僻静街道出现。出现时间不久，突然又隐没无踪。全县很多人都看见过张桂山，但没有听见张桂山在哪个地方出过事。实际上并不是完全没有出事，借粮借饷的事倒是常有的。人数不多，需要不大，只须向一两个财主借得几十元，就可支持十天半月。走一处，借一处，土财主到处都有，又最怕事，出了钱不敢对人说，更不敢惊官报案。如此经过了 10 年多，张桂山实在过得有些厌烦了。适逢王蕃宣先生和大哥回县组织保路同志会，桂山从他接近的哥老会兄弟中打听到这个消息，马上聚集起 100 人，扬言要拥戴王举人出去收回川汉铁路。他再不像以前那样藏藏躲躲的，随时带领二三十人到龙水镇街上或者龙水附近场市的街上坐茶馆、进酒店。有时路见不平，还要站出来拔刀相助。

人既加多，用度也随着增多，需要的不是几十元，一借就论百论千。借的对象不限于土财主，只要不是哥老会中重要人物，总有一天不免找上门来。这时大足知县系朱光谦，光谦的前任为陕西老举人朱冠；县人因呼朱冠为老朱，光谦为小朱。小朱是棍子官出身，颇懂得一些做官的诀窍，认为地方能够相安无事固好，即使有事，应当化大事为小事，切忌小事激成大事。所以张桂山在龙水镇大张旗鼓地闹了几个月，他装作视而不见。有人来报案，照例签发一张拘票就算了事。

直到十月转初，张桂山闹事的风声越来越大，县衙门的报案越来越多，小朱又心生一计，想收买张桂山。示意一面结交官府，一面通袍的某局绅，密嘱通知桂山来城，将以靖远营管带相待。桂山得信之后，当然要作一番考虑，所考虑的不是受收买或不受收买的问题，而是小朱会不会装桶子的问题。最后决定，不管小朱装不装桶子，都得进城去。先挑 10 名能手，作为自己护卫，是装桶子就打起走；不是装桶子可补成额兵。张桂山这方在考虑，小朱那方也重作考虑，他考虑到张桂山当了靖远营管带，能不能事事都听指挥？靖远营为本县唯一的武力，不听指挥又怎么办？张桂山还没有决定，他又早有决定，预决养虎难免不遭反噬，只有养鹰犬才可嗾使噬人。因而不待桂山表示，速即扎委本营哨官陈玉廷升任管带。

临到十月十六日，桂山屏当就绪，进城来践约，陈玉廷业于前一日宣布就职。某局绅与桂山一见面即问：“信想来接到很久了，为什么不回信？”并告诉他：“老父台等不得，才委牛老壳（陈玉廷的绰号）的。牛老壳昨天就职，只好以后有机会再保举你。你住宿在哪里，牛老壳也是自家人，决不会对你过不去。”桂山来时兴冲冲，听了这一席话，变成满肚皮闷气。某局绅系哥老会的老前辈，当面不便发作，跟即退出东关，找一家小客栈权住一宵。次日一早，仍偕同来 10 人行返龙水镇。

龙水镇的大多数都知道桂山进城去接靖远营，没到一整天又回来，怕城内又出了什么乱子。桂山方到，就围拢一大堆人来夹七夹八地问长问短。是日龙水警察分所开始举办户口登记，有一家有个大闺女，年已 16 岁，登记人员问闺女名字，家长不肯说，登记人员坚决要问明登记后才走，双方发生争吵。旁观者肯定闺女的名字是不能告人的，多同情于家长而不直登记人员。瞥见桂山回镇，又围拢一大堆人来，一五一十地向桂山控诉。桂山本已憋着昨天的闷气还没有消，今天又碰着这些人和这些事，更加使他不愉快。登时怒不可遏，立时呼“打”。他的“打”字刚才脱口，那些围拢来的人即一窝蜂似的涌向登记处。登记人员见事不妙，抽身便跑。他跑，那些涌向登记处的人又跟着他追。追至警察分所门前，登记人员一进门内，随手关闭所门。那些跟追的人还是围在门外尽闹，这样闹了一阵，桂山才到。看见那些人没胆量，光闹不打，自己提起隔壁食店的板凳便打。打破所门一看，发现警察人员业已逃跑一空，平时所用的毛瑟枪和子弹一件也没有带走。使桂山转怒为喜，立刻命令同来诸人将全部械弹收集起来搬运出去。再召集头一日同归的旧部，迅速来场领枪。

这方面张桂山正在发布命令，那方面龙水局的团总目睹当日事变情况，预料后祸将不可测，急忙走访哥老会的负责人，协商应付办法。哥老会负责人说：“最近接有成都牛市口同袍通知，号召全川各地组织同志军赴省救援，不如顺水推舟，挽桂山任我镇同志军首领。他如肯去，既响应了外方的号召，又可使地方上的祸患不至发展下去。”如此一举两得的建议，团总当然很同意。再征求桂山的意见，桂山也很同意。于是团局和哥老会人全体出发，为同志军筹措粮秣、服装，代觅驻营地点。另一边，警察人员逃回县城，报告小朱，小朱意识到事态演变得太快太严重，绝不能再图掩盖。张桂山捣毁了龙水警察所，一定要来攻城，慌忙得发紧急文书，请川东兵备道派兵来县平乱。又召集在城局绅，会商应变办法，推举四城门负责首人，组织民丁，昼夜梭巡。从当天起，关闭城门，断绝交通，我们的小学也同时宣布提前放假。

牛市口哥老会的通知，第二年我赴成都途中在山顶的一个食店门柱上看见过两张。一张号召全川各地哥老会组织同志军，支援力争川汉铁路路权的同志会，一张号召各地组织起来的同志军迅速开赴成都救援。两张时间相差不过四五天，都是发给山顶哥老会的。末尾要求接得通知的公口，务必照录若干份转发邻近联系的公口，再要求以下接得通知的公口层层照录转发，并层层向转发的公口提出同样的要求。此种通知联络的方式，在我当时是第一次接触，觉得很稀奇，所以至今还记得。

大足距成都较远，四面八方发来的通知很多，转发出去的通知也多，只是真正响应号召组织同志军的则仅 3 个地区四面公口。除龙水的张桂山外，其他一个地区玉龙两面公口，一面推杨玉成负责，一面推李华成负责。又一地区马跑一面公口，由舵把子陈文峰自任。

四处同时组织同志军，但又相互联属关系。

杨玉成曾任本县靖远营哨官，3 年前退职家居。当张桂山捣毁龙水镇警察所的时候，他探闻湖北新军护送端方来川，在资州杀了端方，准备东下重庆，退回武汉。立刻聚集起 100 多人，埋伏在东大路边又是西山山麓的查口石，专等新军经过。新军行到那里，猝不及防，伏兵齐起，刀剑并施，一人卡住一兵，缴获了汉阳枪 100 多支和子弹若干发，才纵任他们各自逃生。

陈文峰绰号老大王，早年参加过余栋臣起义，因与栋臣不和，拂衣而去。栋臣被擒，故尔未被牵累。在杨玉成缴获湖北新军械弹的后两天，川东兵备道应小朱的请求派廖高翔管带率新军一营到大足平乱，经向壁山进驻县城。文峰亲率所部，散布于扎营坝和小坝对山的高山密林间，让平乱军通过扎营坝进入小坝的夹沟里，然后凭高临下，用罐子炮和四瓣火猛力轰击，顷刻烟焰弥天，杀声震地。平乱军惊惶失措，抱头乱窜，一半逃散，一半缴枪。管带廖高翔藏匿于岩腔内，为陈部系缧而出，嗒然如一丧家之狗。胜利后清点战果，共缴获九子枪 90 余支，铅头弹无算。

攻下县城

东路的陈军正在搜山，南路张桂山又约杨玉成、李华成于十月二十九日到龙水镇会师。冬月初一进攻县城。同志军毫无军事秘密，会师和攻城的时间一经决定，城内的小朱和四城民丁无人不知。小朱最初还盼望平乱军一到，自己便有了保障。随后得着扎营坝战事的情报，才知大事已去。龙水会师当然人数不少，黄昏时候，近城

20 里的双碑桥和鄢支碑都发现有同志军先头部队。小朱借查城防为名，步出西门，急向成都狂奔。守城民丁明知小朱逃亡，亦未阻止。转觉他逃亡后地方上倒百事大吉了，加以 10 多天的疲劳，乐得睡一晚大觉。

冬月初一早晨，四城门洞开，由南门涌进无数队伍，武器是大刀、长矛，服装是长袍、短裤的都有。或二三十人一队，或四五十人一队，一进城门就跑步向十字口直冲。十字口的申明亭茶社早晨吃茶的人特别多，平时一根板凳坐两个人，今早晨坐四五人不等，密密实实地挤满了一屋。大家望着那些队伍冲来，没有一个人惊惶。冲来的队伍，也像没有看见那些吃茶的人，冲到申明亭茶社门前又向左转朝着衙门大街冲去。如此一队、二队、三队，接接连连地冲来冲去，后来逐渐地跑得慢些了。忽然茶社里临街的桌上有人大声说："衙门起火了！"才有一小部分挨近县衙居住的人，怕被延烧，从人丛中挤出去。

最后进城来的一大队，约百余人，一色青套头，箭袖短衣，背的毛瑟枪和汉阳枪，走得更慢。队伍后跟着 4 匹马，头一匹马上是一个身体结壮的大汉，末一个为青年和尚。马头才在城门一晃，申明亭的茶客立刻骚动起来，一齐走出街沿，站成一个横的长列。4 匹马还隔 10 多丈远，站列的人又抢到前面，有的高声招呼"张大爷，早！"有的招呼"杨大爷，早！"有的招呼"李大爷，早！"也有的一齐招呼："张大爷，杨大爷，李大爷，都早！"招呼张大爷的，桂山笑眯眯地朝着他点一点头。招呼杨大爷、李大爷的，玉成和华成同样笑眯眯地点一点头。3 人一齐招呼的，3 个人一齐点头。只有那个青年和尚，没有任何人招呼他，他也不理睬任何人，昂头望天，神气十足地一同行进。刚刚一倒拐，站的长列无形解散，申明亭茶社完全一空。

早饭后，全城商店一律开门营业，顾客拥挤不通，茶房酒店，家家满座。同志军很多都是距城不远的人，过去来城赶集，大家寻常见面，不过这一天显得更亲热一些。大家急于要问的有 3 点：第一点问："那个青年和尚是什么人？"回答一致地说："姓尹，夏之时派来的革命党。"第二点问："打扎营坝的是不是你们？"回答又一致说："是陈大王，不是我们。"再问："陈老大王来了没有？"回答又一致地说："没有来，张大爷已经派人去欢迎他来。"第三点问："衙门里烧了哪些地方？"回答也一致地说："一处都没有烧，我们要烧的是张大爷的通缉令，难得一件一件的找，所以把所有的文书全烧毁了。"当然还有问这样，问那样的，问的既不一致，回答也不一致。

到傍晚的时间，陈文峰来了，高个子，乘马，走在队伍的最前面。其次是被牵着的一个全副武装的俘虏廖高翔。再其次才是他的队伍，约 100 人。张、杨、李诸人都住在旧县衙里，文峰从东门入城一直到衙门内才下马。

第二天，由哥老会人传出消息，4 位首脑会议，解决了 3 个重要问题。一个问题是开办大昌会，老大王任舵把子，各地的袍哥都要来参与这一盛会。又一个问题是张桂山进城，城里的靖远营、警察所全部投降，连他在龙水镇提警察分所的毛瑟枪共为 120 支；杨玉成在查口石提湖北新军的枪除郭文芳带去 60 支参加荣昌独立，这次带来汉阳枪约 50 支；陈文峰在扎营坝缴获廖高翔军 90 余支；以上 3 部分枪配搭 4 股，同志彼此一家，4 股均分。另一问题，决定陈文峰、杨玉成两人留少数部队守大足后方，张桂山、李华成两人统多数部队向外发展，一出川南富顺，一出川北遂宁。果然从次日起，各镇乡的袍哥都陆续来城,又有一部分人并非袍哥也一同来看热闹。

大足原来是一个农村城市，不逢集期，僻静的街巷有犬吠人。从同志军入城的一天起，逐渐繁荣起来，大街小巷，人山人海，吠人的犬逃遁无迹。城内居家的人，为着招待四处来的亲戚朋友，准备铺陈，购买食物，忙得不可开交。这几天，那尹和尚特别活跃，光脑壳，新的上下装，手执一柄折杆汽枪，时而在这条街出现，时而又在那条街出现，一出现当面就让开一条大巷子；刚过去，背后又有人指着他的背影告诫别人：“那是革命党的尹和尚，他执的枪，就是革命党常用的无烟炮，只要二指头挨到机器一扳，对面的人立刻一排一排的倒地而死。以后看见他来，务必赶快让开，恐一挤滑了枪机，冤枉死背不着。”说话都是大声朗气的，过路的人听得到，尹和尚当然也听得到，因此他愈加高兴，每天不知要出来若干次。每天全城的人都无一处不在谈尹和尚。

分兵富顺、遂宁

一转瞬间便是冬月十一日，张桂山统领他的部队红旗飘扬地由南门出发，李华成统领他的部队从西门出发，四方宋城赴大昌公盛会的同时背包挎伞的分道出四门。看热闹的人觉得已无热闹可看，各自回家。店铺门面大开，货物一空，有人一进门，店员立地站起来说：“对不起，老板进货去了，回来请早。”暂时的繁荣很快成为过去，城内又回复了平日的冷清景象。

南发的张军，第一日宿营荣昌，一天走100多里，3天即抵富顺城沱江的对岸。据说行军这样迅速，和那个尹和尚有很大关系。尹和尚是富顺城内某庙的沙弥，并不是革命党。本庙住持因事派他到重庆去，回来恰值杨玉成在查口石埋伏狙击湖北新军，怕过路人走漏风声，事先把由下而上的人押来关起。尹和尚青年喜色，早已不惯僧侣的枯燥生活，趁在押时要求玉成入伙。玉成嘉许他有志气，又见他有口才，不但允许他，并待以上宾之礼。龙水会师，带他去会张桂山，桂山亦器重他。4首脑会议，他又是列席人之一，在会议上，他说："金犍为，银富顺，四川无人不知。富顺有个邓井关，一天进的银子就要几百人担。"所以向南进发的目标，决定越荣昌、隆昌而至富顺。在荣昌、隆昌并不停留，怕多停留一天便少进几百担银子。

这时富顺已经宣布独立，地方司令姓范，由川南军政府委任。自己的部队不多，另外改编了盐务缉私的水师营。冬月十三日，水师营哗变，挨家挨户抢劫，范司令无力制止。张军抵富顺城对岸，时已傍晚，城内的市民纷纷渡过河来请求救命。桂山乘此时机，长驱入城。水师营望见张军渡河，立即捆载所劫财物，各自逃散。入城后的张军，头一件事当然是派员到邓井关设卡子，抽盐船过道厘金。次一件事，由于沿途州县的同志军皆改称独立军，同来的军师都主张换旗帜。军师的人数颇多，一部分为哥老会的新进青年，阅读过余栋臣起义的檄文，余栋臣檄文自称"大清义民"，因主张桂山既是余军的健将，不能自弃这个光荣传统。一部分为青年学生，在学校中懂得一点世界知识和中国形势，主张要合潮流，称都督。综合两部分的意见，决定旗帜全衔为"东亚义字金军水陆大统领兼富顺县军政府都督张”。这个旗帜一挂出来，范司令已知桂山为一全无革命党援的草泽英雄；兼之，一入城即夺去了他的邓井关盐利，恨入骨髓，又见桂山部队虽多，新式武器不多；因此表面上虚与委蛇，暗地里派人到自流井联系驻自流井的滇军，克期赴城共同解决张军。

桂山是时方趾高气扬，做梦也没有想到有人敢暗算他。同来的军师都是一批青年，连进门看脸色的经验都没得，更说不上警惕。到冬月二十六日，范司令柬约桂山宴会，分设两席，一席为桂山和地方绅耆，一席为桂山亲兵8人。宴会正进行，滇军开来城边。范司令借故暂时退席，指挥伏兵两处齐起。出其不意将桂山和所带来的兵全部反绑，分别禁闭。然后率所部会合滇军消灭张军。张军除陈玉廷一营略知使用毛瑟枪，其余乌合之众，有枪亦不会用。战争一开始，陈玉廷即被滇军击毙，全军如鸟兽散。桂山毕竟膂力过人，从反绑中用两手背擦断绳子，三拳两脚打烂屋壁，一跃而出。看守人不敢出阻，飞报范司令。范司令时已会同滇军解除了张军武装，驱散了张军官兵，闻耗即言请滇军分途搜索。桂山逃出时已经昏黑，又路径不熟，窜身于西湖、邵湖的荆棘丛间，经过很长时间始达城墙。瞥见城上城下追兵，灯笼火把四路如蚁而至，当即爬上墙垛，抱住垛磴，两足用力一伸，两手随而外旋，自悬于墙壁外半空中。此时城上追兵望见城下有追兵，没有俯查墙壁。城下追兵亦望见城上有追兵，没有仰观墙壁。追兵过后，桂山纵身跳下，摸至一小船内，与船内艄公协议，渡过对河，引路回大足，酬银600两，到大足时照付。艄公同意。桂山脱险归来，向南发展的张军，从此瓦解无余。

北发的李军，与张军相反。遂宁为川北的产棉区，这个目标，也是从经济观点确定下来的。李华成绰号李黑心大爷，他不是不爱钱，只是胆子小，不敢从血盆中去抓饭吃。所以第一天出西门行 25 里即在县属中敖场宿营。第二天到青油铺传闻遂宁已经独立，又退回中敖场，召集所部军师商量进军大计。军师也是一些青年人，没有一个拿得出一条计策，最后还是自己出主意，派两个人到遂宁去联系哥老会，顺便侦察一下遂宁的独立情况。派出的代表，一个名王小沧，王举人的儿子；一个名梁竹芬，三局局绅梁燮斋的儿子，两人都是大昌公新进的袍哥，又是北进军的军师。他们到遂宁去，遂宁的哥老会问明来意，竭诚招待，并说明："本县独立，任地方司令的某是本县的正绅，同时又是哥老会中的贤达，和蒲都督、张宣慰使他们都是好朋友。我们大家很相安，请挡李大爷的驾，不劳玉趾。"归来时又派两个挡驾的人同他们一道到中敖场，随带公口片子，进见华成，重复申述遂宁哥老会的意见。李军从此长驻中敖场，华成时而入城，一去十天半月不等。

旧军队是不能在一个地方久驻的，久驻就会和地方上发生冲突，烟、赌、奸淫都是发生冲突的因素。何况同志军无正规粮饷可领，除以上 3 个因素外，还有借和抢，对象都是地主。我县的地主武装，从咸丰年间兰、李围城，打败了兰、李的彭绍福部，又经过余栋臣起义，各乡镇筑寨自保。每寨都聚集一部分人，平时认真操练，有事互相援救。第二年三月，中敖地主武装联合进攻李军。李军一败涂地。一营田宪阵亡；二营逃往古龙村，为当地团总陈渊阁枪决。北进的李军，亦归于消灭。

留后的陈、杨两军，情况不同于向外发展的两路。当辛亥冬月初一会师入城举行 4 首脑会议期间，本县的留渝学生多数都从家信中得悉县中情况。那时重庆已经宣布独立，都督为张培爵，副都督为夏之时。培爵原任重庆府中学堂监学。府中学堂我县的应届毕业生，考虑到毕业后的出路问题，为自己回本县寻求进身之阶，得到信即往谒张都督，自动为陈、杨居间荐说。渝军政府方图容纳百川，汇成巨浸，当然同意，立委陈文峰为大足县地方司令官，杨玉成为副司令官。玉成和文峰从两路向外发展出发后，正感势孤无援，接到这些学生兼程送来的委任状，便欣然受命而不辞。以后成渝合并，奉令整编所部两营为县警备队。再后南北议和，各省成立省政府，各县成立县政府，四川省政府委任李立民为大足县知事，又遵令交代，县警备队同时移交后任接管。时局一变再变，这一小部分同志军，也终于接踵其他两路之后同归于尽。

辛亥革命中，四川的保路同志军是发动在先、声势浩大的一股洪流。在这股洪流中，大足同志军发动最早，它是曾经3次击溃过统治阶级武装的一股支流，这一段历史是不可埋没的。

（选自全国政协文史资料研究委员会编《辛亥革命回忆录》第3集，中国文史出版社2012年6月第2版）

记崇庆一支同志军的始末

陈师雄 *

从孙泽沛其人说起

1908 年的秋天，我从成都回家，遇着连绵不断的秋雨。过廖场后，为了避免大路的泥泞，就从孔家坎沿小路插何家碾行走。到家后，闻说何家碾门口最近才出过凶杀案，被杀的人叫王廷娃，年纪不大，却是本地著名的痞子，仗着“和而流”（那时对袍哥的称呼）的势力，为非作歹，欺压善良。因为做了一件“乱伦”的丑事，地方上人言啧啧。他的拜见（袍哥大爷）只好派孙泽沛下手把他杀死，以平众愤。孙泽沛杀人后就逃到别县去了。从此我的脑子里印上了孙泽沛这个

* 陈师雄：时为成都府中学堂学生。

人的名字。

第二年，偶然听我们书铺里的挑脚刘三司（刘石安的父亲。刘石安在书铺里当门市部的先生，经理是我的父亲）谈道："孙泽沛被灌县逮捕关在班房里了。"孙泽沛的老家在石观音场外的袁家巷子，隔王寺镇只有几里路。王寺镇有一家大地主王显章，和孙家有瓜葛亲。王家的独子被孙泽沛伙同一群棒客（土匪）拉了"肥猪"（当时叫抱童子），在勒索赎金的谈判中，小孩被闷死在柜了里。王家在崇、郫、灌各县告孙，并出重赏缉捕，孙泽沛被伙内人出卖了。刘三司说："孙泽沛人很和气，对人分得清青红皂白，很孝敬他的母亲；要不是他家太穷，是不会当棒客的。"

制造了一批武器

1910年下半年，家里忽然来信，要我向学校（成都府中）请一个月的假回乡帮助看守祖坟。原来不知道从哪儿传来的谣言，说有人"倡坟"（"倡"的对象多半是地主家的坟）。"倡坟"的人身穿鸡毛衣裳和头发打的草鞋,用一个碗盖在死人的头部撒点什么药粉，就把死人的天灵盖取出来，去做焖药。有人发现坟上有小孔，就指认为被"倡"的证据。地主家惶惶然如临大祸。我家祠堂里召集族里人看祖坟，而且议决"不到的人要开除出祠堂"（封建宗法制度下最严重的公开惩罚）。我一回家就被派了轮值的日期。轮值时，带上武器，刀、剑、羊角叉、鸟枪、洋炮（又名四瓣火前膛枪）到坟园周围巡逻。夜深了，还由祠堂里派人送酒饭来消夜。闹了半个月，谁也没有看到过"倡坟"的人，但谁也不敢反对守夜。我那时还感觉很好玩，既有许多人一道打大十四（赌纸牌的一种），又可以公开喝酒，后来连不该轮值时也去了。每天黄昏时，还可以耍一通武器；我们带洋炮的，就噼叭砰訇地乱放一阵。

洋炮引起大家的兴趣，只有刀剑的人都要求改用洋炮。祠堂的首事就把佃客之一宿铁匠找来开红炉打洋炮。不几天，工人一大堆。又不几天，新洋炮制造出来了。后来还制了些车车炮（一种土手枪）。我族制了百多支枪，邻近的地主也来订制。后来连地主家的佃户也发了洋炮，被迫帮助守坟。这大批洋炮，到第二年成了孙泽沛同志军基本队伍的唯一武器。宿铁匠以后被称为宿洋炮，反正初期就被同志军请进城当四相堂土兵工厂的总技师。

筹组同志军

1911 年农历七月，成都市民和各校学生，响应铁路股东会和谘议局的号召，罢市、罢课来反对赵尔丰的血腥镇压。保路同志会在全省各县普遍成立。那时我还是一个“两耳不闻窗外事，一心只读圣贤书”的书呆子。罢课后无书可读，就迁回青石桥我家书铺（后名樵经馆）憩宿，每天都要到南校场学校去打听消息。铺里的先生、徒弟、匠人（主要是刻字工人）在吃饭时总要把得来的道听途说消息转播一遍，我就把这些消息整理记录，印证报纸上的新闻，三五天一次专人送回乡下的家里，供父亲作为经营书店的参考。当时家里存有一些川汉铁路的股票，因此家人对保路运动的发展非常关心。祖父本是个极端保守的人，他购买股票，主要是受了父亲的怂恿，我的父亲是一个“实业救国论”的狂信者。这时面临着“铁路国有”

的威胁，股票本息有化为乌有之势，祖父便每天痛骂父亲是“败家子”。母亲也拿出许多张50两银子一张的股票向父亲絮聒。七月下旬，父亲要我回家当面报告消息。在回家的路上已出现手持刀叉等武器的人了。

我向家人重述七月十五日（阳历9月7日）赵尔丰屠杀平民的惨案、成都市民的反抗情绪及各地同志会组织武装准备包围成都援救蒲、罗的情形后，母亲特地嘱咐我不要跟着去送掉性命，祖父认为形同“造反”，那还了得。可是几天之内，我家有了意想不到的变化。

我家里天天有人来聚会，商谈组织同志军的事。来开会的有距我家几里路的天林寺两所小学堂的教员张凤仪、王华峰（都是父亲在优级师范的同学）和宿靖南、帅级三、余显之等，他们都是有新思想的人。他们还常到茨街子的川主宫开会，参加的人有原来准备留学日本和考保定军校的，而且有从灌县、大邑来的，逐渐又加入了袍哥的代表如元通场的黄心斋、石观音的黄福盛等人。父亲衣兜里常带着一支叫掌心雷的六轮小手枪。

有一天，是石观音赶场的日子，父亲叫我和常来的那些人跟他一道去赶场。我们刚在戏台下面的茶铺里坐下，一个矮胖子率领着一群人也来了。他们不住地作揖打拱，彼此互相问好，有的还同我父亲作着特别的行礼姿势，后来我才知道我父亲已加入江湖，当了一步登天的大爷。据介绍：矮胖子就是绰号叫黄么肥的肉店老板（人们还叫“开案桌”），大名鼎鼎的黄福盛，他是掌码头的大爷。而那一群人都是附近各场的大爷和大管事以及灌、郫等县袍哥的代表。我人小年轻，不愿在茶铺里受拘束，就托词到河边去玩。那位黄么肥大爷很是殷勤，立即派一个“兄弟伙”给我带路，同我上街的好几个年轻小伙子，也跟我一道溜达。这个场很小，河边有一排树林，我就坐在树林边上看河水。那位“兄弟伙”很会摆龙门阵，几句话就把我吸引住了。他说了许多江湖上的黑话和故事。在我已感到非常新奇；他说孙泽沛今、明天就要到了，更使我大为惊异。

不多久，打更匠传锣：“请黄大爷的客去坐席了。”席是9大碗，分别摆在好几个地方。木贩子王子尼被派来陪我处的客人。吃过一道菜，有几个人簇拥着黄大爷，手捧杯盘向各桌客人敬酒。大麻子帅级三跑来向我打听保路同志会号召组织同志军援救蒲、罗等人的事。吃过饭不久，人们被请到石观音庙内，只听到帅麻子的大喉咙演说组织同志军的道理。他的口才真行，把我刚才告诉他的话，如亲临成都一般，说得有声有色，许多听的人不住地点头（那时鼓掌习惯还没有传来）。我趁人们闹哄哄的机会就溜回家了。

孙泽沛当统领

据说这群商量组织同志军的人，原准备推举父亲为绅粮（地主）代表的。事情给祖父知道了，立即大发雷霆，声称“要下州去揭发造反的逆子”。这一下把家人吓坏了，祖母、母亲跪在祖父面前求情，父亲躲到佃户家里，不敢回家。我悄悄去看他，那些说客们仍络绎而来交换意见，但已不是要他当头子，而是另找一个人来充当。他们的计划是：事情成功了，权力操在他们这伙人手里；如失败了，就由充当头目的人去当灾。谁来当头目呢？大家想来想去，最后想到孙泽沛。绅界知识分子和民团、袍哥又共同研究之后，一致同意找孙泽沛；当然，袍哥和团界都不知道里边的计谋。接着是绅界出钱，由黄福盛大爷邀约著名的几位大爷和灌县方面接头，买通衙门官吏、差人们，趁收风时把化装的孙二木匠带进班房，第二天放风时，孙泽沛穿着他兄弟二木匠的衣服出监狱，由二木匠替他“守法”。

孙泽沛弄清楚要他当同志军的头目时，抵死不答应；他认为这形同造反，和他打富济贫的行为两样。据说后来给他当参谋的帅级三和余显之两人，凭三寸不烂之舌，说了两天，又加上平常关照他的黄么肥大爷对他加压力，他才勉强同意了。接着是筹划组织队伍，由孙邀约以前和他一道做过案子及有胆力的“兄弟伙”不到100人，先组成一支基干，用了将近半个月的时间才从崇、灌、大邑等处把这些人集中起来。这批雄纠纠的大汉和“刀客”，武器很差，只有随身的“小插子”，个别人有马刀。于是发起人决定向绅、团借炮火。父亲和陈致棠首先派人送10支洋炮、10把刀剑和两面有“孙”字的大旗。

余显之请祖父给孙泽沛刻印，被祖父狗血淋头地骂了一通（余和我家有亲戚关系，又是主佃）。祖父认为有逃难的必要，第二天就率领全家老弱妇孺，人夫轿马一长串到街子场井沟杨巡风家去了。第三天孙泽沛就到我家借枪来了。

借枪是事前商量定了的，父亲怕以后受地主们的埋怨或攻击，决定由孙亲自出马。与孙同来的有70多人，包括毛遂自荐的军师余显之、帅级三等。大约是上午10点钟后，孙泽沛坐在我家大花厅里，我才瞻仰到这个久已慕名的人物。瘦长的身材，微白而略胖的脸；

长衫外拴一条黑绸带子，左腰挂一把剑，两腿之间斜放着一支洋炮；头上是青纱“炮头”，左右两耳旁各吊一节青纱，额上有一个“英雄结子”，配着他的面貌，活像一个舞台上的小生。他的态度有些拘束，说话也有点不利落，常常说半截儿话，剩下的半截儿由余显之补充完。见面以后，我很失望，觉得这个人太平常了。

距我家不远的土老肥夏家，有一支劈山炮不愿意出借，被孙泽沛的人立即抓去，抬着劈山炮走前头。土老肥哭丧着脸，他的妻女一串串跪着哭，却没人替他讲情。

木贩子王子尼忽然心血来潮要办同志军，他拥有砍匠、锯匠、木匠和抬工多人，算是他的基本队伍。人马集中的那天，许多替地主收租谷的临时挑脚看见了，就把装着谷子的口袋挑到营门，扁担成了武器，当天就聚集了100多人。一个放鸭蓬子的1000多只鸭子，正在谷春里寻吃，王子尼一声令下：“打赵尔丰！”他的队伍马上散开捉拿鸭子，吃不完的也用竹竿打死。像王子尼式的队伍，几天内各地都出现了，而且都打着孙泽沛的旗号，附和他，算是他的部下。孙泽沛从班房里学会了吃鸦片烟，对外交际都由余显之一伙人代办，只有码头上发生的事情才问他。我的父亲此后就不再同这支队伍发生关系了。

三渡水的胜利战斗与队伍的扩大

队伍成立不久，县城的同志军在洋马场被清军打得落花流水，转入西北山区。郫县同志军首领张瓜瓜来通知，邀约孙泽沛参加讨论进攻成都的会议。他起初怕去，经帅级三等人劝说，才带了大约千人经赵家场过河到了郫县。会后孙泽沛派王子尼部（余显之当军师）割断金花桥以南的电报线，破坏赵尔丰进攻新津同志军的交通；他本人率领大队驻合江殿、廖场、温江、崇庆交界一带。八月下旬，清军一连人，由成都送子弹来崇，支援守县城的军队。温江同志军吴庆熙部与孙泽沛联络，约定在三渡水两岸夹击。清军过河时，东岸无动静，孙泽沛的基干队利用河岸芦苇丛生的地形埋伏下来，乘清军无丝毫准备，一涌而出，在敌人的前后左右，用马刀一阵乱砍，杀死了100多人，获得快枪（五子枪，当时叫“漏底玉子”）100多支和几万发子弹。从此这支同志军力量强大了，声威也远扬了。

孙泽沛的队伍分散驻扎在廖场、太平场一带，接收自动来投的队伍和征发粮食都很便利。大小地主都逃难走了，粮食听凭他开仓使用。事实上他是倚靠大地主，专整土老肥的。他惩办了一些偷鸡摸狗的东西，声誉大著。再加上给他当军师的那一伙人到处吹嘘，于是乎他就成为全县最有纪律的“仁义之师”了。

孙泽沛名义是“统领”，这是一个可大可小的职位。据说他经常听左右的人给他讲同志会的历史以及行军打仗用枪炮等道理。

三渡水之役以后，赵尔丰派了一个团的兵力，由大邑来县城镇压，原来的县官薛宜璜从古寺回城又做起州官来。那些作战无力、扰民有余、占据县城的马光耀等烂队伍都逃窜了。清军的目的在控守县城，没有力量也不愿下乡和揭竿而起的同志军打仗，更不敢与号称人马几万的孙泽沛交锋。实际上，孙泽沛确能指挥调动的不到千人，而且都从温江、崇庆交界一带移到崇、灌交界柳街子和靠山区的普照寺一带去了。这样相持到十月初七日（阳历11月27日）成都独立，赵尔丰交出政权，据守城内的军队自动撤回成都，各路同志军才又从山里出来活动。

“光复”后的改编

成都独立，蒲殿俊这个光杆政客做了都督，发出告示，要各界共守原来秩序，要同志军和民团即刻放下武器仍回到农村做庄稼。这对孙泽沛的同志军是一个打击，因为他的部队里绝大部分人本来是希望出头升官发财的，当然不愿轻易被解散。孙泽沛采用了观望的态度：要是所有的同志军都“释兵归农”，他孙泽沛也不例外，否则走到哪里算哪里。不久，成都的巡防军、陆军和地痞流氓“打起发”（孙部的先头侦察10多人也参加抢藩库银子），帅级三等人到成都去活动。接着，尹昌衡继蒲殿俊任都督改变了处理同志军的办法，决定大部分解散，小部分改编成正规军。孙泽沛是川西著名的统领，编制名单上就提出他来。

关于改编孙泽沛同志军的事，流传过一个笑话。据说军政府震惊于孙统领的好名声和人马众多（许多人估计有三四万人），初拟将他的军队缩编为一个协（旅），委他任协统（旅长）。参谋部派人和他洽商。他问：“协统带多少匹粮子”（旧军队的一个基层编制单位，一般人叫一匹粮子，即吃粮的意思）。他了解要管辖几个标时，连声说：“不干，不干！我管不到那样多人。标把人还差不多。”后来果然委他为川军第四师的一个标统（团长），他表示非常满意。在凤凰山成军的那天，都督府给他送标统关防来，并按编制表发表军官和军佐名单，全标官兵都赏一个“沛”字银牌。贺佩修等当了管带（营长），王华峰、宿靖南、张书府等任队官（连长）。原来的军师10多人没有位置，怨言四起，有人提出“没官做就大家一齐走”，弄得孙泽沛无办法，一再打拱作揖，要大家原谅，而且诚恳挽留大家，表示要开大锅饭，有福同享。不久，标改称团，团部书记官规定只有两个名额，他的团部却有9个之多；各营各连的文职也都一例，加倍来安插多余的人。

打着孙泽沛的旗号、附和过他的队伍，一律发遣散费遣散，也有遣散费都没领自动解散的。以王子尼的队伍为例，在酝酿改编时，余显之活动了一个连的师爷的位置，急急忙忙收拾行李自去做官。王子尼失去了军师，大为恐慌，不知道怎样办。恰好在青羊宫附近营地遇着“打起发”得了几百两银子的汪某，大家研究以后的出路。汪某说准备回家买田，王劝他做生意，王说：“我是做木贩子的命，不是做官的命，还是做老本行有办法。”离开青羊宫时，王子尼命令和他一路的三四十个人，费了很大的力气，把由成都南门到草堂寺公园之间被砍倒的电线木柱和凌乱电线捆起来，运回茨街子，向人夸耀他得到了“顺风耳”宝贝，价值几千银子云云。

孙泽沛同志军改编后不久，原来跟随他的那一伙人又有一番变动。少数人安心做军佐，较多的人各自另谋出路。比如帅级三，先对孙泽沛表功做了参谋，后又向军政府表白收编孙军有功，做了雅安知府。也有的人本事实在太不行，当一个连队的司书也干不下来，只好自动辞职回家当土律师，如余显之就是一例。

孙泽沛部改编后，我去看望过这批人，他们对我热情招待。据说，孙泽沛做了标统，待人接物还是以前那样谦虚，只苦于头脑简单，言行常常闹笑话。标部成立那天，依照预定礼节程序，他必须“讲话”。他识字不多，读事先准备好的讲稿很为难，对新名词更难记忆，以致讲话开始就滥用“一个”，比如“我今天来宣一个布，独一个立”等。

讨袁前后的孙泽沛部及其结局

孙泽沛的列名川军，全是时势造成。当时有民党与军阀之争（成、渝两个都督府）、有军阀与军阀之争（尹昌衡和胡景伊），到处是争夺和拉拢。孙泽沛原来倚靠的有谋略的人如帅级三之流，自己飞黄腾达去了，剩下的是唯唯诺诺的一群无法帮他应付这个复杂局面的人。别的团长甚至营连长们都不断在升官，他却没有办法。袁世凯派陈宧带北洋军来任四川督军，对原来的同志军首领逐步采取了压迫手段。王子尼被关进陆军监狱一年多，受了电刑，腰干几乎轧断。孙泽沛和温江的同志军首领吴庆熙，都栗栗自危，后来只好打起铺盖卷，领了一笔钱，回石观音老家“养病”了。

孙泽沛回家后，买了 20 多亩田，收租吃饭以外，整天睡在床上吞云吐雾，自得其乐。由于他从来不露锋芒，不得罪人，不管地方上的大小事，不包庇过去的“兄弟伙”，才解除了陈二庵（陈宧的号）对他的严密监视，在许多民党和同志军首领被关被杀的恐怖时期，他才侥幸地安然无恙。

孙泽沛在当团长的几年中，经常受到军阀争权夺利的阴谋活动的影响，感到极大的苦闷。被迫辞职家居，更是郁郁不得志。辛亥革命后，孙中山先生的革命思想逐渐浸入他的脑中，他多少知道了一点“民主共和”的道理。所以当反对袁世凯帝制的运动兴起时，他就积极参加了。

1915 年末，蔡锷在云南起兵，宣布护国，熊克武等民党人士在重庆一带密商反袁，卢师谛派丁泽煦来川西，邀约孙泽沛和吴庆熙、张达三等人招集旧部反对洪宪帝制，响应渝中。孙泽沛立即赞成，接连在布经寺密议起事步骤。事为负责监视他的崇庆县知事向远源所诇知，1916 年农历正月初三日（2 月 5 日）率县警备队 200 多人前往捕拿，一无所获。川督陈宧派北洋军指挥黄树成带一营人来捕孙泽沛，把石观音的场上乡下大大骚扰一通，烧了他的房子。人民对北洋军痛恨已极，不仅盼望孙、吴、丁、张（他们的告示上列衔次序）的队伍打胜仗，消灭北洋军，而且纷纷组织队伍，响应他们的号召。他们人械两缺，筹划逾时，直到 3 月初，才在刘家濠打出四川护国军的旗帜，司令一职，在互让之下，由吴庆熙担任（他是地主，人、械、粮食担负较大），孙任副司令，丁任总指挥。旗帜打出来又遭北洋军从双流、温江两路夹击，他们向南退沙渠镇，仍从崇温河边绕道向布经寺集中，这时已有 700 多人。黄树成率兵掩袭，被伏兵打败，撤退到何家场吃饭，又被孙、吴军前后夹击，城内的川军李维翰飞跑前来应援，才免全军覆没。打了两天两夜，双方才各自后撤。

孙、吴、丁、张的起义，虽然军事上处于相持形势，但影响川西、川南和川北却很大。县中少壮军人宿靖南、徐勉等在元通公议组织一军进攻县城，黄树成的队伍又调回成都。到了 8 月，孙、吴亲带 3000 多人来合攻县城。恰恰罗佩金继蔡锷任四川督军，改编各路护国军，孙泽沛和宿靖南都被委任为团长，孙泽沛的队伍驻扎灌县城。后来，以刘存厚为首的川军与滇黔军混战开始后，孙不愿参加，又缺乏准备，就被刘存厚的队伍缴了枪。孙泽沛第二次退职回石观音，后病死在家中。

（选自全国政协文史资料研究委员会编《辛亥革命回忆录》第3集，中国文史出版社2012年6月第2版）

犍为同志军见闻录

宁芷邨*

“水电报”和组织同志军

辛亥年我在成都府中学堂（后改名石室中学）读书，参加了保路运动。七月十五日这天，发生了赵尔丰屠杀请愿群众惨案。就在这一天，我们听说南门外红牌楼要“齐团”。“齐团”是乡间遇有匪警等重大事件，召集农民携械赴会的方式，也就是开民众大会之意。这回“齐团”就是商议保路同志会的事务，也可以说是一种示威运动。我同几个同学一起，出城去看热闹。到了红牌楼街上，看见附近的农民，老的少的，携着刀、矛、火枪等各色各样的武器，

---

* 宁芷邨：时为成都府中学堂学生，后任重庆平民银行总经理，大夏、和成银行董事长。新中国成立后，任四川省工商联执委，重庆市政协委员。

陆续到一个广场齐集。天气很热，到会的人还是很多，有一个同志会的人员也是哥老会的大爷，出来说："现在得到成都同志会的通知，我们争路的事，赵大帅已经出奏，只要我们齐心，朝廷一定要答应的，但是恐怕有不肖之徒扰乱地方，我们要把团练编好，各户有钱出钱，有力出力，大家愿不愿意？"全场都没有不同的意见。大家当场就做了人事和财务的安排，一直开到下午才散会。我们回城时已进不了城，绕道东门去看，也是一样，只好在一家客店住宿。第二天，看见郊区的同志军已源源开到，拿的武器有刀、有矛、有前膛枪和牛儿大炮，大多数都是农民。晚上，有军队出城弹压，在九眼桥和同志军发生了战斗。同志军死伤了十几人，暂时退却。我们也受到驱逐，我只好搭船到嘉定（乐山）顺道回犍为清水溪的老家。

船行河中，发现很多的木片顺水漂流，捞起来看，上面有不同的写法，大都是报告消息，主张抗粮、抗捐，组织同志军，坚持力争等语。大家就叫这种木片为"水电报"。这种"水电报"是在成都关城以后陆续发出的。后来有两种说法：一种说法是路子善他们搞的，捏造罪证，证实蒲、罗诸人的罪名；一种说法是革命党人搞的。从它发生的作用来说，我以为后一种说法比较近理。船经过沿河码头时，都看见很多人在岸边守候"水电报"，并且非常关心，满怀义愤地来询问我们成都的详情。并向我们说，他们一方面继续在候"水电报"的消息，一方面已经按照"水电报"所说的办法进行。

当晚船停江口，看见街上，通夜有人行走，或者是传递书信，或者是互相访问。我们是成都刚到的船，来访的人更属不少，大有应接不暇之势。所有活动的人都是袍哥，并利用哥老会的组织进行联系。当时川南沿河袍哥，本甚普遍，因之，各地保路同志会的组织差不多都以袍哥组织为基础。我回到了我的家乡——犍为清水溪，知道清水溪的同志会也和各地一样，正在联合本地各道公口（哥老会上下三堂，每堂又分几个公口）组织同志军。清水溪要算犍为的首场，有 3000 多户人家，又为雷（波）、马（边）、屏（山）三边的一个出口，据马边河的下游，出河进山，交通颇称便利，平时就是各地袍哥活动的场所，这次对保路同志会更表现得特别热烈。哥老会本来不为官府认可，只是一个半公开的组织，士绅之流参加的也不多。这时的情况就不同了，很多的士绅因为参加了同志会而参加哥老会，甚至出面领导哥老会以实行同志会的活动。我的三哥宁子周，是四川法政学堂的学生，原来就是我们家中唯一的袍哥，还是清水溪仁字旗清流源公口的舵把子。这回不但自己出来活动，当了清水溪同志军的首领，并且还在本地和邻近各乡镇拉出了很多的人加入袍哥，组织同志军。犍为县官李某，曾以抄家灭门相威吓，亦所不顾。清水溪同志军大约有一营之众，虽仅有土枪土炮，但士气颇为旺盛，听说汉军统领朱敦武带了一营人到了犍为县城，将要下乡剿办同志会，大家就决定先行围攻县城，并立即联合各码头的同志军合围。

同志军首领胡潭和犍为战役

袍哥最崇拜的是任侠尚义、不畏强暴的英雄人物。我们犍为上下两河最出色的袍哥就是胡潭胡大爷（后改名胡重义），他是犍为河西的农民出身，为人诚实不欺，慷慨好义。据说他的父亲曾借当地某保正的高利贷过期未还，某保正就把他家中的耕牛和猪都牵去了，并凌辱其父，他的父亲因此气死。他立志报仇，终将保正刺死，因此流落江湖。好在当时的官方缉捕人员多系袍哥，对他的缉捕只是虚张声势，暗中还给他传递消息。

辛亥的前一年，学堂放了寒假，我同我的三哥宁子周由成都包船回家。岷江上游，河流比较平稳，晚上可以行船。一天晚上经过小三峡（乐山上游五六十里）的时候，岸上有一人呼请搭载。时间已晚，又在下雨，而且也怕遇着歹人，但子周是袍哥，以济人为主，马上招呼靠船，将那人接上船。见面之下，才认识是胡潭胡大爷，因避人耳目而夜行。偶然相遇，畅谈至破晓而去。当时我们对他就颇为钦佩。

同志军兴，官民已形成对立，胡潭在“水电报”号召之下，早就成立了一支队伍，准备公开反抗。犍为各地决议围城，胡潭很服众望，就一致推举他为总首领，并提出一个响亮口号“杀猪来祭坛神”。“猪”就指朱敦武，“坛神”就指胡潭。围城的队伍共有2000多人，由各地的小队分段负责。朱敦武和县官被围了十几天，大约是得到了成都反正的消息，即全部从北门冲出与同志军接战。官兵当然较有训练，武器是一律的九子步枪，又较犀利，而同志军奋不顾身，决不退让。这一战役同志军的牺牲很大，阵亡了三百几十人，军队和县官一起都跑掉了，大家才将这些无名英雄们掩埋在县城北门外大路旁边，垒成一系列的红苕梗，成为一个农民革命的纪念场所，至今供人凭吊。

地方治安和改编军队

同志军进入县城，由总首领胡潭胡大爷兼管县政，维持地方治安。哥老会的成员比较复杂，在打仗之后，更难约束，胡大爷的第一道命令就是要“听吩咐”（听招呼，不乱来之意），把官法和袍哥礼法兼施并用。如像我们清水溪有一个名叫杨刀疤子的，早就是浑水袍哥（不杀人、不抢人的袍哥谓之清水袍哥，杀人、抢人者呼为浑水袍哥），这个时候就仗着有几个弟兄，有几支枪，就在本地抢人，街面上闹得惶惶不安。胡大爷听说后，把杨刀疤子叫去，问他为何不听吩咐？他说自己弟兄何必认真。胡大爷说：“值价一点，拿去打吓。”手下人把杨刀疤子拉去，不是用板子、棍子打，而是枪打。这样办了以后，一般的袍哥都不敢乱来，清水溪方得平静。

各路同志军在犍为城内驻扎不久，就由四川军政府新编的陆军第二师师长彭光烈，把胡潭所统率的这次在犍为参加战事的队伍改编为一标（一团），以胡潭为标统（团长）。胡大爷做了军官，才改名为胡重义。军队编制是以枪械为标准，胡潭能够号召的人当然还多，而枪支则勉强凑够 3 营，故编为一标（番号已记不清楚）。清水溪的同志军愿意从军者不多，故子周和本队的弟兄们均未参加改编。这要算上川南的一支队伍，听说川西、川北等处的同志军，也是按照这种办法改编为正式陆军的。在成都方面，一共编成陆军 3 师，后来成、渝军政府合并才逐步有所增加。

胡重义标改编后，即开到成都，驻扎陕西街陕西会馆，离我的学堂不远，我是常常到他那里去玩的。

胡大爷离开犍为后，犍为县政由四川军政府委派胡大爷的部下潘大爷为县知事，他是仅次于胡大爷的袍哥。潘大爷不习惯于闹官派，有一次他坐着大轿子带着衙役打算下乡，行经十字街口，看见茶馆内坐着一位老大爷是刚由乡下进城的，潘知事马上就叫住轿，亲自跑到茶馆内去开茶钱，周旋了一番而去。当时反正不久，清朝官吏的架子十足，经过街上要叫两旁的人站起来，白帕子揭了，以表示其威严；潘知事这样一个举动，对比之下，使人不胜惊异。

（选自全国政协文史资料研究委员会编《辛亥革命回忆录》第3集，中国文史出版社2012年6月第2版）

松、理、茂、汶藏族人民反清斗争

索观瀛 *

先父索代兴（怀仁）、七叔索代赓（季皋），曾参加辛亥革命四川保路运动的活动，并追随松潘、理县、茂县、懋功、汶川人民起义。事后经常谈及，因得略知梗概，但亦不详，兹仅就所知记述如下。

汶川瓦司二十二世土司索代兴、二十三世土司索代赓兄弟二人，素与灌县、郫县、崇宁、温江等州县的一些开明人士有往来。代赓则是汶川、理县哥老会首领，与灌县哥老会首领张捷先、姚宝珊的关系甚为密切。辛亥年（1911 年），保路运动蓬勃开展，各地保路同志会纷纷成立，消息不断传到汶川，但由于交通不便，总觉不太详明。

---

* 索观瀛：系四川汶川瓦寺第二十二代土司索代兴之子。
新中国成立后，任四川省阿坝藏族自治州副州长，国务院民族事务委员会委员，第二、三届全国政协委员，第一届全国人大代表。

7月中，姚宝珊来汶川，将灌县已组成武装民军的情形详告代兴、代赓，并邀请他们出屯兵参加，并商定了进攻威州、理番（今理县）等地的计划。8月下旬，代赓亲自率领五屯士兵300余人到灌县参加起义。这支藏族义军，自是便和川西起义民军一道，转战于郫县、崇宁、灌县等地，屡予敌人以重创。他们英勇杀敌，在历次战斗中，光荣牺牲的先后共有200余人。一直到四川完全独立，他们方才回到故里。

代兴与姚宝珊密约后，即积极联络各县藏族土司、守备和哥老会，准备起义。长时期以来，清统治者对藏族地区的控制，一直是毫不放松，当时各县县官全系满族，无一汉人。这时，清军在这一地区的防守也颇为严密：松潘驻有清巡防军一营多，计七八百人；茂县、汶川各驻有巡防军约200人。这些清军，均扼守要隘，企图负隅顽抗，阻止同志军进入藏区。此时，在各屯守备及哥老首领中，有两种不同的态度：一种是继续为清王朝效忠，拼命维持封建统治，巩固自己的地位，如理番五屯守备杨辅廷就曾写信给索代兴，表示要“食君禄，报君恩，不计其他”；一种是随斗争情况的发展变化为转移，见到同志军声势日益浩大，因而愿随索氏兄弟行动，如守备高益斋、桑福田等人均是。

防守这一地区的清军，其具体布置的情况如下：汶川县官关某亲自率领巡防军和哥老会头子马万顺（回族）等驻守灌县道上之娘子岭、龙溪一带；理番县县官荣启率五屯守备屯兵守威州；松潘巡防军与茂县哥老会头子王鼎、蒋秀江则扼守铁溪和白水寨，这样就完全封锁了汉藏交界的进出要道。9月中旬，灌县起义民军首领派宋辅清率民军五六百人进攻娘子岭，代兴自率士兵内应，前后夹击，一举突破娘子岭要隘，将县官关某俘虏，并击毙了马万顺。清军节节溃退，民军乘胜猛追，直逼威州，以抬炮轰击威州城，守城屯兵四散。威州守备高益斋、桑福田早与代兴有约，乃乘势反正，威州遂定。由是，灌县至威州间的大道已通畅无阻，民军声势更为大振。不久，崇宁战事紧急，民军回师增援，威州则交由索代兴驻守。

松潘为清王朝治边重镇，驻有重兵。赵尔丰曾调驻松潘巡防军增援成都，因威州为民军占领，出路阻绝，清军只能困守松潘。为了攻取这一重镇，代兴乃派员持信与松潘哥老会首领联系。得到了他们愿参加起义的表示后，代兴遂率起义藏族民兵攻击铁溪和白水寨，经一日战斗，即将该线突破，击毙了蒋秀江。清防军统领见大势已去，乃率部投降，松潘即告反正。随即派高明星去理番与当地哥老会首领陈鹏九联系。当理番县县官在威州战败之际，陈鹏九即率哥老会及民众将驻该地和杂谷脑的巡防军数十名包围缴械，得到代兴来信后，当表示愿率队归附，接受节制。代兴复派卧龙关林总管往懋功（小金）说降，懋功沃日土司及守备不作表示，犹豫观望。该地哥老会接获代兴来信，得悉松、理均已起义，遂群起将县官扣捕，宣布反正。同时，代兴又派松潘反正军官王直三去绥靖屯（大金）策动反正，王与当地哥老会首领结约，组成民军一队，驱逐守吏，收复了绥靖。至是民军完全控制了松、理、茂、懋、汶整个地区，推翻了清王朝在这一地区的统治。

（张汶杰　整理）

（选自全国政协文史资料研究委员会编《辛亥革命回忆录》第3集，中国文史出版社2012年6月第2版）

四川袍哥与辛亥革命

陈书农*

1911年，清朝政府把川汉、粤汉两条铁路收归国有，激起了民愤。四川同盟会利用时机，进行革命活动，联络各地哥老会袍哥，把立宪派利用“保路”来反对清政府的“保路协会”改组为“保路同志会”。又于同年8月于资州的罗泉井约集川西、川南的袍哥领袖秦载赓（仁寿人）、罗梓舟（雅安人，别号“八千岁”）、胡重义（犍为人）、胡朗和、孙泽沛（温江人）、吴庆熙（崇庆州人，另号“二大王”，又称“机关枪”）、张达三（郫县人）等开会，一致决定起而响应革命，并改称“保路同志会”为“保路同志军”。

9月9日，由孙泽沛等率领的一股同志军，在成都南门外的红

* 陈书农：曾任川军第二师第五团第三营营长，国民革命军第四十七军军长。新中国成立后，任四川省政协委员，四川省人民政府参事室参事，上海市政协委员。

牌楼与巡防军接战，由张达三率领的主力军则集结于郫县的犀浦至灌县地区，与川督赵尔丰的巡防军主力对峙。

据亲身参加张达三所率川西同志军的王蕴滋谈，该军共分5路：第一路大统领张达三自兼；第二路大统领张捷先；第三路大统领姚宝珊；第四路大统领刘丽材；第五路大统领张国藩。后4人都是“上五县”（温、郫、荣、新、灌）的“舵靶子”，张达三则是郫县新场的“总舵靶子”。张原是武秀才，受贺均山的影响而反清。贺是川东人，参加过洪杨起义，失败后，潜回四川，隐居在张家。

张达三与灌县崇义镇的“舵靶子”张捷先交往最密。张捷先当时是个小学校长。当时人称他们两人为“房谋杜断”（房指张捷先，杜指张达三）。

姚宝珊是灌县“舵把子”，在松（潘）理（番）茂（县）一带有威望。二张（指张达三、张捷先）联络他，要他打通后路，以便作万一退守之据。

路潮发生时，同盟会派王蕴滋去张达三处联络。王看见张在看《饮冰室文集》，遂在鸦片烟铺旁直接说明来意，并把同盟会誓词——“驱逐鞑虏，恢复中华”给他看，张立即坐起来愤慨地说：“同盟会是革命的，我决定参加。郫、崇、灌一带算我的！”即延王去见贺均山。时贺已80多岁。于是借“做方首”（袍哥立码头）为名，请都、绵（州）、龙（安）、茂（县）各地袍哥齐集张达三处，成立了“保路同志军”，向成都进攻。

五路队伍，先后在新津二渡水、新都、崇宁等地与巡防军作战3个多月。当时因同志军武器太差，常用棺材装火药充地雷，埋在隘路桥头，用以杀伤敌人，然后进行伏击。在崇林附近，即曾以此法消灭巡防军几百人。赵尔丰仓新军六十六标王铸仁率部驰援，中途被围。王派一队官与同志军协议，让新军进入灌县，以达成赵的命令，但随即回师原驻地，永不与同志军作战。以后，巡防军亦以同志军声势浩大，不敢进攻。双方遂成相持局面。

自川西发难后，川东、川南亦相继起事。10 月 27 日胡重义率同志军进攻犍为，与清军管带朱登武部作战，罗梓舟由雅安进攻嘉定，与标统叶金所部作战。其后，各地起义反正者络绎不绝。

据亲身参加胡重义军的李乐伦谈：胡重义所部袍哥凡3000多人，多数是土抬炮、鸟枪、大刀、矛子、梭镖等武器，很少“硬火”（后膛枪）。当时的口号是：“打倒清廷，打倒赵尔丰，打倒周驼子（指当时的劝业道周孝怀），打上成都。”队伍至犍为所属么姑沱，与清军朱登武部相值，失败后，重新整顿队伍，围攻犍为，又值朱登武部，又失败了。胡随时以手指胸前所佩匕首向所部说：“这块子，龟儿子，失败抹了就是！”

在么姑沱作战中，有个袍哥叫彭为周，豪迈地说：“这块红肉就在这里送了！这腔热血就在这里洒了！”说完就笑眯眯地拿着矛子向清军冲去，最后壮烈牺牲。

袍哥的组织很密，纪律很严。有谁犯了纪律，就要按纪律自裁。所以袍哥间有句口号，叫作“三刀六个眼，自己找点点”。

队伍每到一处，都由当地的“码头”上酒饭招待，同时还送钱放在胡重义的房内。兄弟伙需用钱时，只要向胡重义说一声，就按规定等级自己到胡房里去取，丝毫不乱。拿钱的等级，最少至铜钱200 个，多的为两吊（每吊合铜钱 1000 个）。队伍中常说：“望屋吃饭”，就是说，有人住处，就有招待、有饭吃、有钱用。

在同盟会的组织和影响下，川省各地袍哥，不论是清水袍哥，或者浑水袍哥，都一致起而革命。由于袍哥组织遍及城乡各个角落，声势浩大，使清军顾此失彼，到处挨打，甚至以一个队（相当于连）的武装力量，都不敢下乡活动。加上端方所属新军反正，各州府县纷纷起义，赵尔丰困守成都孤城，一筹莫展，遂不得不于11月27日宣布下野。

（选自全国政协文史资料研究委员会编《辛亥革命回忆录》第3集，中国文史出版社2012年6月第2版）